U0032163

一起去看宋朝的活色生香

陳華勝 著

《推薦一》

生活在宋朝

余遠炫　文史工作者・歷史專欄作家

第一次在歷史課本讀到宋朝歷史時，覺得那是一個國勢衰弱不堪的朝代。國土疆域最小，四周強鄰環繞。打不贏遼國，勝不過金朝，差一點連西夏都快咬不動，更別說蒙古鐵騎了。

外患這麼多，內鬥就更慘烈。新舊黨爭之間，不但朝野傷了和氣，還把就事論事的蘇東坡，貶官貶得要多遠有多遠。看到宋高宗趙構，連下十二道金牌，把想要直搗黃龍的岳飛調回京師，就氣得猛搖頭，這個朝代真令人傷心失望啊！

認真理解宋朝，卻反而是在故宮博物院中，看見宋人的精彩生活與文化。宋人的詩、詞、書、畫令人讚歎，宋詞雖不如唐詩的圓潤多變，卻也嚴謹有度。宋詞不僅有嫵媚的姿態，更有爽朗的豪氣，開創韻文的境界。就連宋徽宗本身就是個藝術家，鑑賞書畫外，還能寫出一手漂亮的瘦金字體。張擇端的《清明上河圖》展現的就是首都汴京的風俗與風情，宋朝的精緻文化，不但勝過當時世上任何國家，人口數量更首度破億，堪稱世界第一，令人不敢小覷。

所以，雖然敗給遼國，但卻能用經濟實力換取和平。雖然遭金國欺凌，仍能愛國護民保有一線生機。雖被蒙古踐踏，但仍護守文化薪傳，藉由雜劇散曲，說出心中的憤怒與激昂。

宋朝不像我們表面所想的那麼簡單，在宋朝開國時，他就承載著五代時期的先天不足與軍人亂政，在開國皇帝趙匡胤的善誘下，逐步改善體質。儘管強幹弱枝也是另一個問題，但宋朝皇帝大致上愛護臣民，公務人員薪資優厚，老百姓安居樂業，商業繁榮。這個時期沒有過度的宦官為亂，更少軍人跋扈干政。

宋朝與我們想像的不一樣，所以歷史學家湯恩比說，如果可以選擇哪個朝代定居，他會想去宋朝，因為宋朝是一個超前的時代。這個時代裡，活字印刷術發明了，羅盤應用在航海上，火藥也出現在戰場中，這些驚人的成果，讓宋朝充滿著理性。另一方面，宋朝文人創作的詞，婉約優雅，開拓了詩的領域，成了這個時代的文學標誌。宋人的工藝水準更是高超，五大官窯與八大民窯，讓瓷器呈現各種風采，由其流傳世上的汝窯，如玉般的內涵，素樸簡單典雅高貴的情緻，訴說著宋朝的感性面。

宋朝是一個理性與感性兼具的時代，在強國環伺中，大多時候都能表現出堅韌的精神。這本《一起去看宋朝的活色生香》就是用常民生活的角度，帶著讀者去探訪宋朝的生活。

在那個最早出現「夜市」，喜歡用姓氏當成店名的時代，充滿著個人的特色，你可以在這裡找到個性化的商品，也可以享受著工序繁複的宋代茶飲，喝著那用竹筅打出泡沫的茶飲料，說不定還想幫他加個拉花。更高級的夜生活大概就是到勾欄瓦舍，體驗宋代的歌舞娛樂，欣賞宋代精緻戲曲。

想了解宋代的生活，就請打開這本《一起去看宋朝的活色生香》，帶你穿梭時空，遍覽宋代的衣食住行吃喝玩樂，而在我們驚歎之餘，也可再想一想，為何宋朝可以成為文化、文創大國，他有哪些思維是走在前面，值得後人學習，又有哪些專業態度，可讓後人仿效。

宋朝看似積弱不振，但卻是文化強國，影響後世深遠的可敬時代啊！

《推薦二》

活色生香躍然紙上

螺螄拜恩 暢銷書人氣作家

宋朝？怎麼有人想穿越去宋朝？現代女性不都爭先恐後穿越去清朝，和那些一二三四五六七八九十的禿頭（薙髮）阿哥調情談戀愛、享受被「九子奪女」之尊爵不凡。

雖然我不懂那些腦殼如蛋殼般光潔滑溜的阿哥們有什麼好？竟能讓女性觀眾的賀爾蒙如錢塘江大潮凌風添怒勢襲來，觀劇後更似水淹金山寺，全濕了……欸我說的是眼淚。

阿哥們再怎麼不堪（喂），但談起宋朝，兒時歷史老師莫不搖頭晃腦評：積弱不振！軟弱無能！佞臣當道！忠臣遭陷！連課外讀物也不放過宋朝，字字血淚敘述宋高宗一天內連發十二道金牌召岳飛班師回朝（那時有FedEx就方便了），「靖康恥，猶未雪；臣子恨，何時滅？」滿腔激憤，至今句句烙印心頭。

所以作者你說說宋朝如何活色生香了？這和十二年國民教育灌輸給莘莘學子的印象全然對不上啊！這本書想挑戰我數十年來的價值觀和人生觀嗎？

滿懷不服之氣，我默默細讀一個鐘頭，固有價值觀天翻地覆，從此反轉（腦波也太弱），看完只想塞百兩黃金到作者手上（順帶添十兩銀子疏通，幫我安排時光機前排商務艙），快快快！快帶我穿越去宋朝!!

第一站講不夜城汴梁第一酒樓——樊樓，不僅有客座散席、夜店包廂，還有啤酒五百喝到飽……呃，不對！羹湯自飲。一喚店小二，這冷菜、細菜、熱菜便流水架似的送上來，貪戀風月者，不缺鶯鶯燕燕脂粉香氣環繞。

茶館、夜市自是少不了，今有海底撈吃鍋做美甲，昔有大宋茶館喝茶兼泡澡，誰比較囂張？導遊（作者）細細講述投宿指南，比Booking、Agoda、Trivago還詳細，保證你不會誤住十字坡孫二娘的黑店，今晚躺床褥、明早躺蒸籠。

身為歷史上經濟最發達、商業最繁榮的朝代，心靈體驗當代政經文化風俗、身體品味吃喝玩樂，一點都不能少。除了導遊，處處皆有資深地陪陪你賞玩文物風景（事後別忘了打賞，團費不含地陪小費），比如：范仲淹教你如何和宋朝人打交道；花和尚魯智深領你參觀皇家寺院趕廟會；潘驢鄧小閒的西門慶指導投資一本萬利之法則（咦，西門官人您應該教房中術吧）；衣袖一掀，露出「特級廚師」臂章的蘇東坡引你一嚐舌尖上的大宋，御膳坊大菜不講，光南宋時興的菊花餅、甘露餅、棗箍荷葉餅、玉延餅、神仙餅，就吃到你不知今夕是何夕。

其他如勾欄瓦舍、青樓文化、強身健魄體育運動，及大宋時尚先驅、宋詞的風雅、宋朝日報頭條社會新聞、節慶假日等，包山包海、無一不缺，最後還帶團員去紀念品店，挑幾盞千峰翠色、紫口鐵足，買幾副湖筆、東庭樞閣、澄泥硯，包你在蘇富比拍賣大發利市。

導遊（作者）口條極佳，知識博大精深、行文行雲流水、用詞生花妙筆、形容栩栩如生、讀之趣味橫生，以各種趣聞軼事化繁為簡，循序漸進揭開宋朝的神祕面紗，凸顯不為人知的動人與嫵媚，此情此景躍然紙上。無怪乎文壇大家余秋雨亦道：「我最嚮往的朝代是宋朝。」幸虧我腳力強，先他搶到最後一席位子。

往後要拍穿越劇就選宋朝吧，幻想我佇立宋徽宗身旁、一臉嬌羞幫天子磨墨（就磨個墨嬌羞什麼），天子噙著笑意看我，不疾不徐畫下一幅《辣螺山禽圖》作為定情物，其後又捲入宋徽宗、名妓李師師和周邦彥的四角戀，心似雙絲網、中有千千結，豈不更加活色生香。

《序》在宋朝的無數種活法

首先聲明：本書適合夜間閱讀，配合著做夢。

湯因比（Arnold Joseph Toynbee，一八八九～一九七五年）老頭做了一個夢，一個穿越的夢。

在夢裡，他來到了中國的宋朝。

湯因比老頭不姓湯，也不是中國人。

他的夢開啟了一個課題，一個對宋朝研究的課題。

這位英國的洋老頭子是研究歷史的，橫向縱向順向逆向反覆比較挑三揀四，最終選了中國的宋朝作為第一志願：如果有機會，他願意生活在中國的宋朝。

湯因比之後，宋朝的粉絲群日益壯大，大家都想穿越去宋朝，以至於我們不得不開出這麼一個「宋朝自由行」的定點時光旅遊專案，以滿足不同年齡、不同性別、不同膚色、不同文化程度，但同樣喜歡做夢的人士的穿越需求。

我們確保目的地宋朝的生活真實不假，在旅行過程中，請你拋棄垃圾電視劇對你根深蒂固的不良影響，跟我們去體驗一次真實的宋朝生活。另外，這次組團絕對是超值深度旅遊，除了吃喝玩樂、衣食住行，我們盡可能地向你介紹大宋朝的政治、經濟、文化、風俗各方面，以便你全方位、無死角、零距離地真實體驗一回當一名宋朝人的滋味！

為了讓這次旅行順利展開，出發之前我們需要對目的地做一些功課，下面導遊將發放《宋朝旅行攻略》，讓你對目的地有一個大致上的瞭解，在感性接觸之前先有一個理性認識。

我們先來看《宋朝旅行攻略》之「序」——

與其他朝代相比，宋朝是最具夢幻特徵的。

一個區域產生一種文明，總有一定的壽命，興衰存亡新陳代謝。古人又不懂得生態保護，當一個區域地力用盡，繁華也就跟著灰飛煙滅。所以秦漢之後不可能再有秦漢，隋唐之後不可能再有隋唐。惟有這宋朝卻是大規模地繼往開來——全盤繼承中華文化，開創了一個永遠屹立於世界的中國。筆者翻爛二十四史各種鉤沉，發現「中國」這個詞彙在過去只指一個地方，類似於我們今天說的「中原」，從宋朝開始才特指一個國家，也兼做了中華文化的載體。換個了不起的說法便是：自宋之後，方有中國！

宋朝是歷史上經濟最發達、商業最繁榮的朝代，GDP占當時全世界的一半以上，一年的貨幣發行量（鑄錢量）最高達五百萬貫，而明朝二百七十六年的歷史中，總貨幣發行量也不過一千萬貫。可惜那個時候，大衛・李嘉圖（David Ricardo，一七七二～一八二三年，英國經濟學家）和亞當・斯密（Adam Smith，一七二三～一七九〇年，蘇格蘭經濟學家）都還沒出生，否則《皇宋度支實錄》之類的皇皇巨著就是今日經濟學碩士、博士的必修課。中國人至今驕傲的「四大發明」，有三大發明是在宋朝：活字印刷的推廣就是當年的互聯網，沒有羅盤的發明哪來蘋果的手機定位？火藥的作用就更不用說了，沒了這玩意兒，從AK47到洲際導彈統統是道具。另外，像石油這種今天被認為是最重要的戰略資源，一千多年前就已經在為中國人服務了，不信你去翻翻沈括的《夢溪筆談》。

宋朝也是歷史上最開明的皇朝，對外推行多求友、少樹敵，有利於人類團結的和平外交；對內重視知識、尊重人才，實行有利於發展生產的寬鬆政策。到了二十一世紀，全世界都提出了和平與發展的口號，任何國家都不敢再公開提出征服別人的國策，但是在古代，大凡王朝都是宣稱要開疆拓土的，一點也不隱諱，一點也不客氣，西方的羅馬帝國是如此，東方的蒙古帝國是如此，漢唐明清各個朝代都是如此。只有宋朝的開國皇帝趙匡胤最具普世價值觀。

西元九六〇年，那是一個春天，趙匡胤在地圖上畫了一個圈。史書上記載，他以玉斧畫河（大渡河）說：「此外非我有也！」——尊重領土與主權完整，尊重各民族和平共處，多麼超前的思想！這位開國皇帝還在太廟裡樹立誓碑，告誡子孫後代做皇帝的，不得擅殺讀書人和進言勸諫者，終宋一朝，言論寬鬆、議論自由是那個時代的大趨勢。還有，在當今世界上，英國的文官制度一直為人稱道，但如果追本溯源，這種制度實際上來源於宋朝的科舉。宋朝的科舉制度比隋唐時更強調公平、公正、公開地選拔人才，不分地域、不分階級、不問民族、不問出身，只要你有志於參政議政，只要你有真才實學，統統歡迎，白屋亦能出公卿。去《宋史》查閱一下，兩千多人在《宋史》裡有自己的傳記，其中平民出身的高達六十%。

好了，先看到這裡，真要說下去，天花亂墜可就說不完了。現在回過頭來討論一下，湯因比老頭想生活在宋朝，如果你也想生活在宋朝，那麼你會是怎麼個活法？宋朝人又是怎麼個活法？

當然可以有無數個選擇：

如果你是個有志向、有抱負的青年，那麼，你可以向仕途發展，參加宋朝的公務員考試。「書中自有黃金屋，書中自有顏如玉」，宋朝皇帝親自題詩號召你們好讀書、讀好書。前面也說過了，宋朝的科舉制度比較公開、公平、公正，連代考、作弊都還沒有發明，所以你只要好好學習，天天向上，說不定你就是下一個范仲淹、王安石。

如果你喜歡做生意，崇尚孔方兄，那正好，大宋朝的經濟活動「每一交易，動輒千萬」，你可以一擲千金，豪情萬丈。什麼？你還怕千金不好帶？沒關係，我們大宋朝已經有了世界上最早的紙幣——交子（注意，不是餃子！），它可是信用卡爺爺的爺爺的爺爺！另外，你放心，大宋朝做生意基本上還是誠實經營，也沒有股市風險和經濟危機，用不著你跳樓。

如果你是個享樂主義者，那麼宋朝的勾欄瓦舍每天熙熙攘攘，娛樂休閒活動通宵達旦，市民生活水準在當時世界絕對首屈一指，你只要生撲上去，大可以樂不思蜀流連忘返。當然了，也得提醒你，身體要注意，要控制前列腺抽搐的快感，不要落得跟西門慶一樣。

如果你是個愛情至上主義者，那好，宋朝沒有博弈論，沒有呆頭呆腦的數學公式，有的是一曲曲精緻的宋詞，靡麗纏綿淒婉動人，你盡可以在絲弦弄音的七夕之夜人約黃昏後，在輕煙嫋嫋的小樓裡用詞章去歌詠愛情，歌詠「金風玉露一相逢，便勝卻人間無數」的愛情。只要你願意，白天歌誦月亮，夜晚歌誦太陽，活得像張先、活得像柳永，七顛八倒都沒有關係。

也許你是個喜歡八卦的人，最喜歡看宮廷劇，離了這個就茶飯不香，沒關係，大宋朝有許多可以讓你充分發揮想像力，將自由八卦進行到底的事情：比方說宋朝的十八個皇帝中，有八個皇帝沒有親生兒子繼承大統，非皇帝親子即位的比例竟然高達五十％！「斧聲燭影」、「狸貓換太子」，沒了這些宮闈祕事，編劇們哪還有飯吃？好好研究研究，下一個王牌編劇就是你！

或許你苦大仇深，一心想著「男兒何不帶吳鉤，收取關山五十州」，那好，大宋朝外侮邊患不斷，正是你建功立業揚名立萬的好時機！「醉裡挑燈看劍，夢回吹角連營」，先從你家門口的石車輪開始練起，十八般兵器樣樣俱會了，狄青、岳飛、楊家將、呼家將，小時候書裡的英雄都是你的榜樣。

當然了，宋朝最讓人浮想聯翩的還是當個文人，幻想著江南細雨霏霏的時節，在西子湖畔看雨打芭蕉的搖曳生姿，聽落紅委地的一聲嘆息，伊人正撐一把油紙小傘緩緩消失在杏花飄香的小巷深處，你可以黯然神傷於「落花人獨立，微雨燕雙飛」的情懷，也可以怡然自得於「小樓一夜聽春雨，深巷明朝賣杏花」的歡喜。從本質上來講，宋朝是一個文人的時代，作為一個文人，你盡可以舞文弄墨淺斟低唱；宋朝又是一個最講究精緻生活的朝代，作為文人你當然最有資格講求品位。這種品位是有傳承的，連宋朝皇帝也都是文人出身，他們不僅以身作則愛好文學藝術詩賦書畫，還親力親為處處引領時尚潮流。像宋徽宗填的詞、作的畫，甚至他監製的茶具瓷器，直到今天依然是精品中的精品。總之，在宋朝當個文人可以很任性，像蘇東坡、陸放翁、秦少游、柳三變、林和靖。

蝴蝶夢中家萬里，往事越千年。煽動你的鼻翼，依然能嗅到那三個多世紀，汴梁（今開封）與臨安（今杭州）傳來的梅花香氣；豎起你的耳朵，依稀能聽到詩人詞家那一吟三疊的華麗詠歎。宛如蛻變中的蝴蝶，在掙扎中綻放絢爛的羽翼，在迷夢中失去故國的方向。它的精緻與脆弱，它的嫵媚與嫣然，帶給我們的是怎樣的心動！怎樣的緬懷！

時光機器即將啟動，請大家凝神屏氣三分鐘，配合著做夢的姿勢，一起穿越，一起去體味宋朝的活色生香。

目錄

第八章 舌尖上的大宋

第九章 大宋朝的娛樂產業

第一章

夜汴梁，你是一個不夜城

天黑請睜眼！

歡迎大家來到西元十世紀的東京汴梁。

時光旅行的好處是永遠沒有時差，也不用牽掛行李。你們來的正是時候，眼前這座燈火輝煌的城市就是大宋朝的首都——東京汴梁。這趟「宋朝自由行」將從體驗大宋朝的夜生活開始。

喜歡旅遊的朋友都知道，城市的夜生活才是旅遊的精髓所在，剛才我聽到幾個團友在議論紐約、巴黎，還有拉斯維加斯的夜生活。是的，要看到一座城市的五光十色就非得跟上夜的腳步。不過，我要提醒你們：我們現在是在西元十世紀，這個時候的紐約、巴黎、拉斯維加斯還是一片荒漠！你不用驚詫得合不攏嘴，這麼說吧，要是再上溯幾百年，去到唐朝，你還看不到夜生活。因為唐朝是嚴格實行宵禁制度的，一到夜裡，長安城就是漆黑一片，跟個鬼城似的。要是不幸深夜才抵達，三更半夜還在長安城的三十八條主要大街上晃蕩，那就快別看星星、看月亮，從詩詞歌賦談到人生哲學了，趕緊找個角落躲起來吧！否則，唐朝的城管叔叔可就對你不客氣，直接把你逮了關到九門兵馬司去，有護照也沒用。

唐朝時政府有明令規定，城、坊、市門必須在太陽一下山就關閉。唐朝的京城長安城廓極大，占地面積世界第一。但這座規規矩矩、方方正正的城市裡所有的道路都是筆直的，像一個格子狀的圍棋棋盤在平原上四散鋪開。這方格一共有一百零八個，被稱做長安城一百零八坊。每一個坊都像後世的那種街區、社區一樣，住滿了住戶，熙熙攘攘。每個坊與坊之間也都有門相通，但一到夜晚卻是照例關閉，互相隔絕，所以整個長安城就像是一個大鳥籠。不僅相互隔絕，而且實行宵禁，連張燈燃燭都有限制，「只許州官放火，不許百姓點燈」說的就是這個。

而真正把老百姓從「大鳥籠」裡解放出來的，正是偉大的宋太祖趙匡胤先生。

宋太祖年輕時候是混江湖的，跟我們一樣喜愛夜生活，當了皇帝後倒也沒有對百姓刻意去限制。天生不喜歡循規蹈矩的趙匡胤看著那整齊劃一的街道就心生反感，橫一條豎一條的，怎麼就沒有一點創意？於是，他在建設首都汴京開封時就宣佈：廢除坊廂制，道路也是自然延伸，「世上本沒有路，走的人多了也就成了路」，何必橫豎劃一呢？然後再隨街設坊、面市建屋、破牆開店、沿街設攤，拆除鳥籠搗毀棋盤，舊城改造重新來過。等這座汴京城按著她的生動格局星羅棋佈地建成後，趙匡胤又詔令開封府三鼓以後夜市不禁。於是，才有了宋朝人民的夜生活：道路已打通、街區不封閉、城門不關禁，從前的籠中鳥變成了清水裡自由自在的魚。

中國古代城市中真正有「夜生活」一說的，要從宋朝開始。而在當時那個世界，放眼全球，夜生活最絢爛的也就東京汴梁這麼一座城市。所以說，你們這第一站真是來對了。那絕對是獨一無二，舉世無雙的風景啊！

現在我要隆重推出今天夜遊的地陪，絕對高規格的接待——大宋朝仁宗皇帝趙禎先生！讓我們跟隨趙先生的視野和思緒，一起神遊宋朝的夜色吧！

晚風拂面，多麼清爽。大宋朝的夜色絢麗明亮。汴梁城內，皇宮中處處掌燈，一派金碧輝煌。

汴京的金山上光芒照四方。大宋子民從小被這樣教育，那是一個多麼令人神往的地方！但是二十三歲的趙禎不這麼看。酒樓、茶館伎藝人，指下口中傳來的作樂聲，伴著市民的歡笑聲，絲竹管弦、燈紅酒綠，男歡女愛，聲聲入耳。這些聲響一陣陣、一段段地傳入宮中，傳到趙禎的耳畔，讓他鬱悶得一塌糊塗：憑什麼我只能被關在這深宮之中，「家事、國事、天下事，事事關心」呢？

世界那麼大，我想去看看。喜愛夜生活，皇帝也是人啊！

皇帝羨慕城市的夜生活，在宋朝以前還從未有過這樣的記錄，在宋朝以後也不多見。

趙禎後來有沒有踏出宮門？都說侯門深似海，可比這宮門總還差兩個檔次，好比iPhone4和iPhone6。趙禎要咬一口蘋果還真不是那麼容易。因為他是一位好皇帝，被歷史定位了的好皇帝。我們後來叫他宋仁宗，這個「仁」字豈是那麼好當的？孔夫子一輩子不就追求這麼一個字嗎？你再看看他的年號：天聖、明道……一個個光芒萬丈，注定了不食人間煙火。

這一年，垂簾聽政的劉太后剛剛駕鶴仙去。按說趙禎可以自己當家作主了。但是，劉太后替他聘請的一班「董監事」的老師還在：王旦、文彥博、歐陽修……個個都是按照聖人標準出生的，還有那個黑炭一樣的包拯[1]，這廝連龍袍都敢打！

算了，算了，皇帝要以身作則，為民表率，爭做道德模範，還是存天理、滅人欲，克己復禮！克己復禮！真不知道青年趙禎自我勉勵的時候到底咬碎了幾顆牙？

外面的世界很精彩，皇帝趙禎很無奈。

精彩當然是由於大宋皇朝的富民政策和寬鬆的投資環境。按歷史學家的說法叫做：為城市商業的繁榮拓展了空間和時間的維度。所以，宋朝的時候，除了京城開封，像揚州、明州、杭州、廣州、泉州、江陵等也都是人煙輻輳、市肆羅列的大城市。再引用歷史學家的話來解釋一下：大規模的城市化改變了原來農業社會的結構，大量的商人、手工業者、小業主構成了市民階層的主體，也象徵著中國社會市民階級正式產生。

注意：宋朝是中國歷史上第一個市民社會。市民朋友來逛市民社會，那真是來對地方了！

來到市民社會就精彩了！可惜這精彩，作為政策制訂者的大宋皇帝卻享受不到。

很多年後，大宋朝作家協會的一班作家朋友，十分同情青年趙禎在人性與欲望中的苦悶掙扎。順便說一句，按照佛洛伊德的說法，作家的「原欲」特別旺盛，所以他們總是喜歡離經背道，在他們的話本小說中，青年趙禎邁出宮門去了夜店。

城中酒樓高入天，烹龍煮鳳味肥鮮。公孫下馬聞香醉，一飲不惜費萬錢。招貴客，引高賢，樓上笙歌列管弦。百般美物珍羞味，四面欄杆彩畫檐。

這是宋話本《趙伯升茶肆遇仁宗》中的一首〈鷓鴣天〉，說的是宋仁宗微服出宮來到城中，看到東京的著名酒樓樊樓時所發出的一番感歎。從文學角度來說，這首詞並沒有什麼出色之處，可是它的意義在於，用皇帝的視角突顯出了酒樓在宋朝城市生活中，作為城市繁榮象徵的特殊地位。

天下第一酒樓——樊樓

在這裡，我要將宋朝夜生活中最亮麗的酒樓情況跟大家做個說明：東京汴梁的酒樓大多集中在九橋門街市一段，那一帶酒樓林立、繡旗相招，竟然可以遮蔽天日。忻樂樓、和樂樓、遇仙樓、鐵屑樓、仁和樓、清風樓、會仙樓、時樓、班樓、潘樓、千春樓、明時樓、長慶樓、狀元樓、登雲樓、得勝樓、慶豐樓、太和樓、三元樓、太平樓、五閑樓、賞心樓……光這些名字排過去，你就可以想像這一條街的規模有多大了。

而這許多酒樓中的佼佼者，就首推樊樓！

樊樓，原來的名字叫白礬樓，因一幫販白礬的商賈經常在這裡聚會談生意而得名，就像今天的煙草大廈、民航大廈。因為建築在稠密的店鋪民宅區，寸土寸金，只好向空中發展。它的樓有多高呢？從《事林廣記》的圖上來看，應該是三層樓，但那時候的樓高與今天是不同標準的，如果換作宋朝人到我們今天的樓房去看一看，那只能叫鴿子窩。而且宋朝的三層大建築往往是先建二層磚石台基，再在台基上立永定柱做平坐，平坐以上再建樓，所以雖說只有三層樓，實際已經是非常高了。話說高到什麼程度？宋朝皇宮是以高大聞名於世的，樊樓卻還高過它！站在樊樓西樓的第一層就可以俯瞰皇宮。

宋朝以前的城市並非沒有高樓，像我們經常在電視裡看到的阿房宮、大明宮就都是高聳入雲的建築，但這些高樓都在皇宮大內。像這樣供市民飲酒作樂過夜生活、專事贏利的營利性高樓，在宋朝之前是不可想像的，更別說蓋得比皇宮還高了。就是在今天，也要問你個「僭越」！

中國史專家，日本的加藤繁博士於三〇年代寫的論文《宋代都市的發展》中，就專門闢出一節講「酒樓」。根據他的考證，宋代城市的酒樓，都是面朝大街，建築宏大的高樓，這些情形都是宋代才開始出現的。

現在，跟著古人的圖畫和記載，我們到樊樓去感受一下一千多年前的夜生活。

停車！停車！趕緊停車！有沒有看到樊樓門前豎立著朱黑木條互穿而成的杈子，這在魏晉以後要官至三品以上的府第才有資格用，今日你只有在軍事重地門前才看得到這樣的擋馬。不過，那時候它豎著可不是為了擋客，而是提醒你下馬下轎，還有專人伺候，類似於今天代客泊車的服務台。

酒樓門首紮縛著彩樓歡門，讓你還沒進酒樓就感受到一股華貴的氣氛。酒樓每一層的頂部都紮出山形的花架，妝點著花形、鳥形的飾物，就像今天夜店的霓虹閃爍。門前站著兩個迎賓的夥計，他們「頭戴方頂樣頭巾，身穿紫衫，腳下絲鞋淨襪」，對人彬彬有禮，口裡喊著「晚上好！歡迎光臨」，恍惚之中，自己好像成了「少爺」、「公主」。其實，宋朝的酒樓說是酒樓，卻又不是單純喝酒那麼簡單，基本上它就類似於今天的夜店、CLUB。

來，來，我們繼續往前走。進了酒樓是一個筆直的主廊，南北天井兩廊各列小室，也就是我們今天所謂的小包廂，當時稱為「酒閣子」。《水滸傳》裡寫宋江、柴進喬裝改扮進京扮作閑官上了樊樓，「尋個閣子坐下」，指的就是這種小包廂。宋朝的酒樓，達官貴人、平民百姓都可隨意出入，但進酒樓也有個規矩，不可輕易登樓上閣。如果不準備破費太多，不如在樓下散坐，因為包廂是要收包廂費的，這一點先跟大家說明白。

不管包廂散座，只要你一入座，凡是下酒的羹湯，都是隨意享用，全場免費，就像今天的韓國料理，泡菜是免費供應的。即使來十位客人，每人要一味羹湯也不妨，飯店廚師熱情招呼，菜單應有盡有，上百種菜肴，傳唱如流，酒未到先設數碟「看菜」——冷菜先上！待舉杯又換細菜、熱菜，極意奉承，服務品質絕對令人滿意。

酒樓的器皿餐具也極盡奢華。宋話本《俞仲舉題詩遇上皇》中，主人公俞良到豐樂樓借口在此等人，「酒保見說，便將酒缸、酒提、匙、箸、盞、碟放在面前，盡是銀器。」如果是二人對酌，一般用一副注碗，兩副盤盞，果菜碟子各五片，水菜碗三五隻，而一桌銀酒器下來總得要個百餘兩紋銀。怪不得書上記載說，官辦的酒樓裡供飲客用的金銀酒器就價值千餘兩。看來，奢靡之風果然由來已久！順便說一句：想要見識宋朝酒樓裡銀質酒具的朋友，可以到四川博物館去看看。

寫《東京夢華錄》的孟元老特意對這種貴重的銀酒器皿作了記述，根據他的記載，那時候如果是空手來沽酒，酒樓還允許你將銀酒具帶回去，貧下市民、妓館來店沽酒，酒樓也照樣用銀器供送，第二天去取回，也不見丟失。偶而有酒樓丟失了銀器，文人就當新鮮事情記錄下來，發到朋友圈去。看來，那個時候的道德水準和市民素質還真贊。

酒樓是個好地方，大家都想去。

宋仁宗的大臣魯宗道就經常換上便服，不帶侍從，偷偷跑到酒樓去飲酒。有一天，宋仁宗急著要召見魯宗道，偏偏魯先生在喝夜老酒。太監宮使好不容易找到他老人家，好心跟他說：「皇上如果怪您來得遲了，應該找什麼理由來回答？請您事先想好了告訴我，我們統一一下口徑。」魯宗道為人耿直，素有「魚頭」之稱。這魚頭果然不開竅，說你只管照實稟告皇上好了。回到宮中，宋仁宗果然查問宮使遲遲不回的原因，宮使也只好一五一十地老實坦白了。宋仁宗就板起面孔責問魯宗道：「你為什麼私自到酒店中去喝酒啊？」沒想到他居然振振有詞：酒肆百物具備，賓至如歸！

想想宋仁宗，自己在天理人欲之間掙扎徘徊，還不如一個大臣來的自由！真是人比人氣死人，當皇帝也不是一份好差事。

醉翁之意不在酒，在乎山水的，當然也只是歐陽修這樣的少數幾個，像魯宗道之流恐怕還是喜歡酒樓的歡場氛圍。

開酒樓，有素就得有葷

宋朝的酒樓裡都有吹拉彈唱的樂伎在旁邊伴奏助興。這些吹簫、彈阮、歌唱、雜耍的人叫做「趕趁」。經常有市民在生活無著的情況下，選擇去酒樓當「趕趁」。《水滸傳》裡魯提轄拳打鎮關西，也就是因為在酒樓喝酒時遇上了「趕趁」的金老漢、金翠蓮父女。精明的酒樓經營者對唱好唱壞、耍優耍劣不太挑剔，那是客人的口味問題，只要會唱個曲兒能逗個樂的，就予以接納，讓他們在酒樓謀生。獨樂樂，不如眾樂樂。一個人發財，也要讓大家發財。宋朝的酒樓生意興隆，跟經營者正確的經營理念是分不開的。酒樓之所以歌管歡笑之聲通宵達旦，就是因為酒樓的經營者運用了娛樂的手段，終日歌樂喧天，笙弦聒耳，弄得好皇帝趙禎在皇宮裡都坐立不安了。

當然了，「趕趁」的吹拉彈唱畢竟都屬於素菜，開酒樓，有素就得有葷，沒有葷腥也吊不起胃口。再說了，飽暖思淫欲，古人也不是個個聖人。為了籠絡客人，酒樓還得雇傭妓女作招待。一到晚上就集中了數百名濃妝豔抹的妓女，聚坐在約百餘步長的主廊上，環肥燕瘦，鶯歌燕舞，等待酒客的召喚。

不過，酒樓畢竟不是青樓，這些妓女未必全是從事皮肉行當的，她們的作用主要是陪酒，使酒樓的氣氛更加活躍，類似於吧女或者說三陪[2]。想一想，酒客們在這樣的環境當中瀟灑悠閒，舉杯推盞邀當壚美人共話，醉了，就在花團錦簇中品嘗秀色。如果還有進一步的想法，互留LINE和手機，下回再說。當然了，也有陪酒又賣歡、兼營妓院皮肉行當的酒店，這些酒店門首都有紅梔子燈作為標記，不曉得是不是現代「紅燈區」一詞的出處來歷。大家等會兒分散行動的時候，要注意區別，千萬別誤打誤撞，叫人家笑話你素質太低。

話說這礬樓聲名遠揚，很有些國際影響，就像好萊塢、拉斯維加斯一樣成了大宋朝的文藝地標，大金國的臣民看得眼紅，強烈要求引進，金國皇帝也只好順應民意，吸引外資在燕山腳下也蓋了一座秦樓，統統依樣畫葫蘆，「樓上有六十閣兒，下面散鋪七八十副桌凳」（宋話本《楊思溫燕山逢故人》），連酒保都是雇傭流落北方、有礬樓工作經驗的離職員工。其實，替金國皇帝想想，也不用這麼麻煩，再過幾年，連開封汴梁都是你們的了，小小一座樊樓連鍋端了拆回去不就得了。但是金國皇帝手下的虎狼之師手腳有些野蠻，毛手毛腳地活生生把這麼一座樓給拆沒了。南宋的皇帝逃到臨安杭州，想想有些可惜，就在西子湖畔又蓋了一座豐樂樓，據說「高徹雲漢，上可延風月，下可隔囂埃」，人們簡直就把它當作南宋中興的一個標誌了。當然，這些都是後話，導遊我在這裡交待一些前因後果，也便於大家參觀。

怎麼？有幾位年紀大的團友受不了這重金屬高分貝「貝斯」的干擾？想找個相對清淨的地方？茶館，磕磕瓜子，擺龍門陣？這幾位團友念念不忘他們的龍門陣。好，好，我們下一站就去茶館看看。

茶館中的寫意人生

大宋朝人民喜歡上酒樓宵夜，也同樣熱愛泡茶館消閒。宋朝的酒樓像夜總會，宋朝的茶館當然也不是清茶一杯。杭州、成都的團友說了，在他們那裡的茶館，有各色自助小吃，隨意取食。放心！那都是從宋朝茶館裡學來的。宋朝的茶館別說自助小吃，就是酒菜麵飯，只要你開口，自有茶館的小廝去替你買來。大宋朝的服務原則是：客官至上。就是你們現在說的，顧客就是上帝。所以，只要有銅錢銀兩，你就能買到所有的服務！

要說我們大宋朝茶館的花樣，比起你們現在的茶館那可是多了去。有中間建有浴池的，一邊喝茶還可以一邊泡澡，水包皮、皮包水「雙結合」都在一起了，據說後來有日本的導遊專門來學了去，現在日本還有這樣的茶館。也有兼做雜貨生意的，茶館裡可以買賣衣物、圖書、花環、領抹，簡直就是一個百貨超市。還有，有暗藏臥室的「花茶坊」，那裡面幹什麼？只要你夠「花」當然就想像得到。《夢粱錄》還做了個統計，說這樣的花茶坊在杭州就有五家：市西坊南潘節乾茶坊、俞七郎茶坊、保佑坊北朱骷髏茶坊、太平坊郭四郎茶坊和張七相乾茶坊。作者總結說：「此五處多有炒鬧，非君子駐足之地也。」作者自然是君子嘍，可是，不去「駐足」哪裡知道「炒鬧」？不過，兒童不宜倒是真的。我在這裡特地留了一個心眼，告訴你們杭州臨安府的五家「花茶坊」，不告訴你們東京汴梁府的花茶坊，省得影響你們家庭和睦。

在宋朝的茶館裡，不僅以茶會友，還額外承擔辦事仲介的作用，比如《水滸傳》裡的王婆就是開著一家茶肆，賣些王乾娘酸梅湯，「雜趁養口」，活生生把武大郎的嬌妻「仲介」到了西門慶的床上。據說，這還是有生活原型的！根據野史記載，宋徽宗看中了京城名妓李師師，就跑到一個叫周秀開的茶館裡，一邊喝茶一邊花錢讓周秀去李師師那兒傳話，周秀這個茶博士就做了媒，「奉旨拉皮條」，替皇帝辦成了世紀佳緣。所以《夢粱錄》把這種茶館稱為「人情茶坊」，在這樣的茶肆裡，再有身分的人也要講人情，甚至連真龍天子也和普通百姓一樣，這是大宋朝的可愛之處。

茶館總是比酒樓清靜，開BMW的朋友不願意跟騎自行車的混在一起，就把一些高檔茶樓包了下來，大肆裝修，掛名人字畫，插四時鮮花，造山水園林，這就是宋朝有錢人的會所。在這樣的會所裡，那些有身分地位的子弟們常常聚在一起習學樂器或唱叫之類，互相炫耀技藝，派頭十足，這叫「掛牌兒」。所以，你又可以把這樣的會所看成宋朝的卡拉OK、KTV。當然了，有高富帥活動的場所，也必然有白富美專用的會所，東京和臨安都有一些專門吸引仕女來遊玩吃茶的處所，謝絕男士入內，就像今天的女子生活會館一樣，在裡面做SPA、練瑜伽、修眉毛、描指甲，哪怕是隆胸、束胸，那都是她們的事了。

逛完了酒樓、茶館，我們要去東京的夜市看看。人多成眾，店多成市，老百姓最接地氣的夜生活還是逛夜市。那夜市可是商業繁榮的象徵，也是大宋朝人民內需強勁、消費旺盛的表現。

夜市裡的美味風情

大宋朝的夜市裡有什麼呢？那是應有盡有，無奇不有！你盡可以展開想像的翅膀，反正比我們今天的夜市還要熱鬧，而且花樣更多。

東京城內較大的夜市有兩處，一處是御街一帶的州橋夜市。州橋又叫天漢橋，位於御街與東西御道的交叉口，橫跨汴河。州橋夜市的範圍從州橋南去，出了東京外城的正南門南熏門，然後一直往北走，至朱雀門前的龍津橋。州橋東側的沿街開滿了店鋪，各色商品應有盡有；橋的西側則多是妓館酒樓，張燈結綵，鶯歌燕舞。沿街各處，有小販販賣乾脯、肚肺、包子、雞碎，各類小吃野食，好吃又便宜，每份不過十五文，而且東西環保，絕對沒有添加劑，喜歡小吃的團友可以放心食用。

州橋夜市的水果鋪也很有名氣。東京的水果來自全國各地，有河北的鵝梨、西京的雪梨、真定的濁梨、河陰的石榴、溫州的甌柑、福建的荔枝、江西的金桔、河東的葡萄、衛州的白桃、南京的金桃、洛陽的嘉慶子、嶺南的橄欖等數以十計。你問什麼叫嘉慶子？你就來自洛陽，怎麼從來沒聽說過？嘉慶子就是李子，因為當時東都洛陽嘉慶坊的李樹產的果子甘鮮絕倫，所以稱嘉慶子，現在不這麼叫了，你不知道也很正常。

對了，建議你們嘗嘗江西的金桔，這玩意兒在宋朝可是稀罕貨，因為江西離汴京較遠，那時候物流不發達，京城百姓一開始都沒見過這東西，後來有人帶了幾顆到酒席上，樽俎之間光彩灼爍，宛如金彈子，吃起來又清香爽口，京城人視為珍果，連仁宗皇帝的溫成皇后都特別喜歡吃，所以這東西的價格就上去了，文獻記載說是「價重京師」，你們都聽說過「一騎紅塵妃子笑」的故事，唐朝的楊貴妃喜歡吃荔枝，宋朝的溫成皇后喜歡吃金桔，這玩意兒就是宋朝的「妃子笑」，所以，大家來了不可不嘗，看看跟今天的金桔有沒有什麼不同。

好了，逛完了州橋夜市，我們要去另一處夜市，那就是《水滸傳》裡寫梁山泊好漢潛入東京汴梁多次提到一個地方，叫馬行街，這條街長達數十里，街上遍佈鋪席商店，家家門前紮縛燈棚，照耀得如同白晝，各處攤店百貨陳列，供人隨意挑選，而裝有茶湯的車擔、賣茶湯的小販則是提壺上街四處遊走，方便那些走得累了、脣乾口燥的市民呷一口香茶、飲一碗甜湯，提提精神，繼續去趕夜場。宋元之際的著名書畫家趙孟頫留下了一幅《鬥茶圖》，從他的畫上來看，這些小販的大茶壺底部都裝著小火爐，能始終保證茶水滾燙，應該說設計得十分科學。年復一年，日復一日，馬行街的夜市在東京汴梁是出了名的，連大文豪蘇東坡都不無感慨地寫道：「蠶市光陰非故國，馬行燈火記當年。」

如果夜市逛累了，兩條腿發痠想要坐計程車、UBER，那是尋不到的，出租的毛驢倒是通宵營業，租上一匹晃晃悠悠地騎回家或回酒店，驢主人還會殷勤地替你牽著驢，親自送你到家門口，服務周到真是沒話說。

說句良心話，那時候的夜市不僅喧囂熱鬧，而且還比我們今天的夜市有文化、有品位。你看，這裡就有一個落魄的秀才在夜市裡當街賣詩，由顧客題字出韻，立馬提筆作詩，每首標價三十文，如果才思受阻，停筆耽擱或者假借磨墨來磨洋功，則要扣錢。這樣的功夫，你叫今天的詩人來試試？

說到這裡，我又要扯到後面的事去了。到了南宋，這樣的夜市仍舊在臨安延續。當一天的暮雲與十里華燈同時升起，以臨安天街為中軸的夜市便把京城生活推入一個新的高潮。天街的飲食、百貨商店以及各種服務性店家，燈明如晝，門庭若市。成串的紅紗燈籠，吸引著各色人等進進出出。還有那些售賣點心的攤販，他們的車、架、擔、盤以及壺、匙、碗、筷都擦拭得乾淨鋥亮，若是從吳山上俯瞰全城，那就是一條晃動的燈龍，浮著沸沸聲浪，橫亙在天底。

咦，這位團友怎麼脫隊了？圍著一個瞎子在幹什麼？哦，想要算算你來年的運程，生意好不好，桃花旺不旺，那你應該去南宋臨安的夜市！

兩宋時期，算命占卜在城中十分流行，兩宋都城的夜市中，卜肆生意極為興旺，尤以南宋杭州為盛。算命先生與飲食店鋪一樣，一直要開到三更，臨安御街兩旁，「術士三百餘人設肆」，其中著名的有蔣星堂、玉蓮相、花字青、霄三命、玉壺五星、沈南天五星、鑑三命、泰來心等，還有一些流動的賣卦人口裡唱著：「時運來時，買莊田，取老婆」，舉著幌子一路招搖。有個溫州瑞安陶山的卦士每年下山一次來臨安賣卦，他的卦據說是「易筮如神」，所以價錢也挺貴，一卦要千錢。而且這位算命先生也挺牛的，每次只算十卦，超過一卦都不肯接了，拿了賣完十卦的錢盡買一年中所需的生活用品，雇頭毛驢載了回陶山去。飄飄然還真有些仙人的風骨。

跟上，跟上，我們接著往前走。

聽！那邊緊鑼密鼓，絲竹盈耳。看！女主角在舞臺的上方咿咿呀呀地唱，得意洋洋地甩著白色的水袖，貼面的黑片子上的珠花閃著藍色的光。兩塊狹長的胭脂從眼皮一直抹到下巴，烘托出雪白的瓊瑤鼻。武生的彩臉看上去異常闊大，像個妖魔的面具。他一個騰空，灰塵飛揚，引來台下一片喝采……那裡就是大宋朝最負盛名的勾欄瓦舍了。

可惜今天時候已經不早，我們得找個地方投宿休息了。好在，勾欄瓦舍白加黑、五加二[3]，全天候營業，這個娛樂大世界我們稍晚再去。

不急，不急，夜未央，夜正長。星月漸隱，夜色深沉，天街上依然是萬家燈火，一片笙歌，大宋朝的夜色就是這麼絢麗明亮。而當今世界上的許多大城市，紐約、倫敦、東京、巴黎，那時都還在一片荒漠中。

❶……後世尊稱「包青天」，顏面烏黑是其招牌形象。但據考證，包拯其實臉不黑，是個白面書生。

❷……陪飲、陪唱、陪跳。

❸……一週五天上班後，週末兩天繼續，即沒日沒夜的工作。

第二章 大宋投宿指南

帶著初來乍到的欣喜，淺淺地體驗了一回宋朝夜生活的滋味。有些團友抱怨酒沒喝上一口，茶沒吃上一杯，戲沒看上一齣，就這麼走馬觀花了一回。別急，來日方長，酒一定讓你喝，茶一定讓你品，戲一定讓你看，一切都會有的。宋朝的酒文化、茶文化、勾欄文化獨樹一幟，在日後的行程中會安排各位深度體驗，現在天色不早，我們得趕緊去住宿安頓。

對了，請各位把身分、職務證明準備好，現在導遊要來收了。請注意，一定要有職務證明！不管你是公務員還是老百姓，都請準備好相關證明。為什麼要職務證明？那當然是大宋朝的規定了！大宋朝住宿須知：要按官職大小依次排隊。容我細細跟大家說明。

來到大宋朝找酒店，驛館、正店、腳店任你選，但千萬不要住黑店！不是我嚇唬你們，先來看一段文字：

武松自從三月初頭殺了人，坐了兩個月監房，如今來到孟州路上，正是六月前後，炎炎火日當天，爍石流金之際，只得趕早涼而行。約莫也行了二十餘日，來到一條大路上，三個人已到嶺上，卻是巳牌時分。……三個人奔過嶺來，只一望時，見遠遠地土坡下約有十數間草屋，傍著溪邊柳樹上挑出個酒帘兒，武松見了，指道：「那裡不有個酒店。」

相信大家對這段描述不陌生吧？此文出自四大名著之一的《水滸傳》。讀過這本書的人都知道，武松要去投宿的酒店就是十字坡孫二娘的黑店。虧得他多長了一個心眼，否則，叫蒙汗藥蒙倒，早做了十字坡的人肉包子了。

讀《水滸傳》，感覺裡面特多黑店，孫二娘開的是黑店，朱貴開的也是黑店，搞得人心惶惶，這宋朝的酒店業怎麼這麼不安全，這樣誰還敢出門去？

其實，《水滸傳》說的是強盜草寇黑社會的故事，情況有些特殊。大宋朝的酒店住宿業其實沒有想像中那般恐怖，也還滿正規的。

按照宋朝的道路交通法規，各州府通往汴京及後來的臨安都修有官道，這些道路由政府出資修築並維護，道路兩旁栽種榆、柳、松、杉等樹木，有些路段還挖有排水溝。在北方靠近邊疆的地方，為了防止遼、金鐵騎長驅直入，這些樹木栽種得特別茂密，五步一棵、十步一樹，好歹也擋一下你的馬隊。現在陝西有個地方叫「榆林」，據說就是這麼來的。後來，遼國還特別提出過外交抗議，說我們兩國已經達成和平協定，你這麼搞是破壞和平。但抗議歸抗議，大宋朝終究沒有讓步，繼續栽樹，對外說是綠化造林、造福子孫，對內口徑一致，這叫寓國防於綠化。哈哈，怎麼樣？宋朝人聰明吧！

官道上標記了道路里程、國界、州縣界或其他交通規則的路標，叫「堠子」，類似於我們高速公路上的提示牌。通常官道上二十里置馬鋪，有歇馬亭，就好比休息區；六十里設驛站。驛站有「餼給」，也就是後勤供應，專門用於接待公使和來往官員的。

寄快遞、郵件請去驛站

驛站是中國古代特有的文化，從秦朝一統，秦始皇修築秦直道開始，歷朝歷代都有驛站建設，宋朝稱驛站為「鋪驛」，也叫「遞鋪」。古時候沒有電話傳真，更沒有郵件E-MAIL，驛站的主要功能就是傳遞情報兼營郵政服務。對了，到了大宋朝，蘋果、三星手機統統作廢，要想跟家人聯繫，就到遞鋪去投寄快遞。那個時候的快遞小哥不歸DHL、FedEx管，統統是國家公務人員，吃皇糧的。

宋代的郵傳分為馬遞、步遞、急腳遞三種，此外還有一種加急的，稱「金字牌急腳遞」，專門傳遞皇帝的緊急文件，金牌上刻著「御前文字，不得入鋪」。快看，前面一騎驛卒（宋朝叫「鋪兵」）飛馳而來，驛站節級（相當於主任）早已帶了人牽著供替換的馬、端著供驛卒填肚子的茶水飯食在鋪外等候。驛卒喝一口水、換一匹馬繼續向著下一站飛馳，這叫八百里急遞。催岳飛回師的十二道金牌就是這麼接力傳遞的。當然了，說八百里急遞，其實是做不到日行八百里的，打個對折，日行四百里也算是急腳遞了。

說到快遞小哥，團友們都挺羡慕他們每月的收入。不過，風裡來、雨裡去的辛苦也不是人人都吃得消的。宋朝的鋪兵同樣是高收入的職業，不過，鋪兵傳遞郵件，必須在規定時間內送到，否則是要受杖刑，甚至遭流放的，責任比今天的快遞小哥重多了！鋪兵傳遞的郵件，都是裝入皮筒、竹筒或紙角封固，稱為「遞角」。急遞的郵件要用牌符分出等級。

哈哈，我是不是有些離題了？還是回來說說驛站。

驛站的另一個功能就是接待來往官員和使節，有點類似政府招待所。這個政府招待所只認級別，你若不是政府官員，就算有錢也別想住進去。所以我要你們準備職務證明，或許今天的官員回到大宋朝去也可以有個「外匯牌價」兌換。喔，你是市長，失敬失敬！在當年相當於四品的知府；你是人民武裝部部長？那相當於五品的團練使；至於你，你是什麼副廳級巡視員，這個有些麻煩，吃虧一點，只能是六品的員外郎了。

我們等會兒進去可以看到，驛站的客房當然也有豪華精裝和一般裝修的區分，這裡可不講先來後到，只認官品官級的大小，今天你的官品最大，請你住上房；明天來了比你更大的官兒，對不起，請你將上房騰出來，換到下房去住，如果連下房也沒有了，那你就只能卷鋪蓋走人了。有一則筆記，說是一個州官到外地出差住進驛館，驛館裡還住著一位「太子洗馬」（太子的老師），這位州官居然不知道太子洗馬是什麼官，冒冒失失地問老先生：「日洗幾馬？」意思是每天要洗幾匹馬？這當然是則笑話，一般情況下約定俗成，大家都懂規矩的，也就沒有什麼尷尬了。

毛驢就是你的Ubike

對了，忘記介紹我們這一站的地陪——大名鼎鼎的詩人陸游，陸放翁！

別急著討簽名，陸詩人今天心情不好，有些鬱悶。我們先跟著他走。宋孝宗乾道八年（西元一一七二年），四十七歲的詩人陸游騎著一頭驢子，在細雨中經過劍門關，緩緩地向成都進發。

衣上征塵雜酒痕，遠遊無處不消魂。

此身合是詩人未？細雨騎驢入劍門。

詩人總是自視頗高，除了寫詩弄文，還總想著經世濟國施展抱負，唐朝的李白是這樣，我們的陸詩人也是這樣。但是，詩人在仕途上大多走得跌跌撞撞，陸詩人自詡北伐中原的大計了然於胸，儼然諸葛亮再世。但朝廷卻看他是個臭皮匠，沒把他當一回事，他此去成都赴任的官職只是成都府路安撫司參議官。一個小小的參議官，連騎馬的資格都沒有，只能騎著一頭瘦驢，披著蓑衣，衣服上還沾著隔夜的酒痕，冒著絲絲細雨趕路。一首〈劍門道中遇微雨〉的詩讓陸游此行的落魄形象躍然紙上，那是怎樣的一種心酸場景！

如果這一趟他是鮮衣怒馬過劍關，那他會不會像前朝的李太白那樣「仰天大笑」呢？問題是詩人騎驢倒不是為了追求意境而故作落魄，實在是因為宋朝的主要城際交通工具恐怕也只有驢了。

我們在電影、電視裡看到的都是古人高乘駟馬的威風模樣，其實大多時候，中原朝廷的馬匹供應一直是個問題。漢朝初年，漢高祖劉邦登基時，偌大一個中國甚至找不出四匹同樣顏色的馬來替新皇帝拉車，大臣們上朝一般都乘牛車，這麼老牛拖破車地艱苦奮鬥堅持下來，一直到漢武帝征服西域，才算扭轉局面，確保了馬匹供應。

宋朝的情況一點都不比漢朝初年好。我們有幾位西北來的團友都知道，中國自古能養馬的地方就是燕趙、陝西以及西域一帶，前兩個地方長期受漢人控制，而西域不是經常受控，馬匹產量不穩。但任何一個王朝只要能持有燕趙、陝西一帶，馬匹還是有相對穩定數量的供應。可惜，北宋是少有的前兩個地方都不能牢固持有的王朝，陝西大部分落在西夏手中，燕地也在遼人手中，能養馬的只有河北部分地區，但因遼人佔領了燕地，趙地門戶大開，經常受侵襲，因此趙地也難以提供穩定的馬匹。

讓我們來看一些資料：遼道宗時，遼國擁有戰馬百萬匹以上，幾乎可以到人手一匹，上馬為兵下馬為民；就連西夏國也有戰馬五十餘萬匹。而宋朝的戰馬就少得可憐，數量最多的真宗時代也不過二十萬匹。任你楊家將、岳家軍用雙腳跟人家騎兵對抗，總還存在著差距，宋朝軍隊在對外作戰中一直處於劣勢，裝備上的缺陷是一個大原因。

有人會問，那麼宋朝的馬從哪裡來呢？

其實大多只能從外族高價進口，遇到國際形勢緊張、貿易禁運時，馬匹就更加稀缺。為了保證購買的數量和品質，政府多次禁止民間私人買馬，同時鼓勵廣大人民群眾自力更生一起養馬。但是養馬不比養雞，馬性喜高寒，養馬得有草場，中原地帶要養好一匹馬哪裡有這麼容易。好不容易養好了一匹，趕上戰爭時期，政府又來強制徵用，凡有敢私自藏匿的，或者背著政府私自買馬的，發現了都是死罪。《續資治通鑑》上就說，太宗太平興國五年，對遼國作戰，「乃詔諸道市所部吏民馬，有敢藏匿者死。」在這樣的政策下，你要老百姓提升養馬的積極性，實在也有些不現實。所以，馬匹在宋代絕對稱得上是奢侈品，不是大官巨富或軍人武職，一般都輪不到騎馬，就像今天的藍寶堅尼也不是我們平頭百姓坐得起的。

出行沒有馬怎麼辦？活人總不能讓尿憋死，那就用牛車、驢子、轎子代替。轎子用的是人力，雖說那個時代人力成本還不像今天這麼高，但抬轎的人總也得吃飯、也得養家，所以雇個轎夫還是價錢不菲的；牛車安穩，但是行動太慢，從一個城市跑到另一個城市，悶都可以將你悶死，所以只好作短途使用；好在小毛驢吃苦耐勞，屁股上打上一鞭，也能跑上一陣子。所以，對一般老百姓來說，陸路最好的交通工具就是驢子了。你可以仔細看看《清明上河圖》，是驢子多還是馬多？卷軸的右端就是一群毛驢進城的景象。做官做到像王安石那樣當朝一品，退下來後仍舊是騎頭毛驢晃蕩在鐘山腳下。所以，你陸游先生就忍著些吧，好在，騎毛驢的慢生活也是挺有型的。

條件允許，你當然可以自家養驢，不用擔心政府徵用，也沒有人告你藏匿；不是經常出門，你也可以去租賃鋪租一頭驢騎騎。剛才說了，宋朝的交通工具出租的都是毛驢。在後面的旅程中，大家可以雇毛驢代步，不過這是自費項目，我可是事先聲明。去汴京城轉一圈，街巷橋頭處都有驢子出租，價格不算貴，頂多百文錢，尤其方便想郊遊踏青或者出門辦事的人。租頭毛驢上路，那可就是真正的驢友了！當然，長途租賃、異地還驢，那價格就得上去了。陸游先生的毛驢不知是租是買，還是官家配給的，他沒有交待，這種細碎的事情詩人哪裡會交待，我們也就不去瞎猜了。

輕舟已過萬重山，水陸交通世界無雙

俗話說：上帝關上了一道門，必然替人打開一扇窗。大宋朝的陸路交通頗受交通工具限制，水路交通就堪稱世界領先了。宋朝的造船業相當發達，很多地方設立了造船場、造船坊，特別是東南沿海的廣州、泉州、明州、溫州以及杭州等地，都是造船的重要基地，不但有官方的造船場，也有很多民間的造船場。宋太宗時，各州一年製造的船隻就有三千多艘，有遠洋航行的海船，有用於作戰的戰艦，也有一般的座船、遊船，大小船隻，功能齊全。

宋朝的造船品質也比前朝更上一層樓，船體更巍峨高大，結構更堅固合理，行船工具更趨完善，裝修更為華美，特別是開始使用指南針（司南）進行導航，開闢了航海史的新時代。宋船頭小，尖底呈V字形，便於破浪前進。身扁寬，體高大，吃水深，受到橫向狂風襲擊仍很穩定，同時，結構堅固，船體有密封隔艙，加強了安全性。底板和舷側板分別採用兩重或三重大板結構，船上多檣多帆，便於使用多面風。大船上又都設有小船，遇到緊急情況可以救生、搶險。每艘船上都有大小兩個錨。行船中也有探水設備。所以，選擇水路出行，坐在雕樑畫棟的船頭，如同在平地行走一般，倒是個不錯的享受。好在南方地區水網密佈，雇一艘船，想上哪裡就去哪裡，豈不快活？「船上看山如走馬，倏忽過去數百群」，大文豪蘇東坡父子三人從四川眉州出山，就是這般坐船來的。

你看我，說著說著又跑偏了，沒辦法，導遊就是話多。說完了宋朝的交通工具，我們的酒店也快到了，還是回來說住店那些事吧。

住宿規矩要遵守，官大一級壓死人

剛才說到驛館住宿分三六九等，以陸游參議官的身分恐怕是住不了驛館的上房，若是住了上房，政府方面自有周到的服務，也不會讓我們的詩人衣服上帶著昨夜的酒痕上路了，所以陸游頗有些牢騷。不給你們簽名，不要埋怨他架子大，人煩著呢！

驛站也算政府機構，有專門的官員負責管理，明朝的王陽明就在貴州當過驛站的負責人。自古以來，驛站都是政府出資公款招待的，到了明朝末年，崇禎皇帝心痛自己的荷包，下決心要杜絕浪費，就開始裁撤驛站，不少驛站工作人員因此失業，其中就有一個人叫李自成，後來造反，抄了崇禎的老窩。崇禎要是後來曉得，恐怕連腸子都要悔青。

不過這些都是後話，大宋朝的皇帝待官員是十分仁厚的，所以官員們住進驛館，也就像今天的某些離休（離開崗位但不脫離幹部地位）幹部住進療養院一樣。後來，宋朝皇帝想想，這樣下去不是辦法，度假福利太好，政府承擔不起還是小事，公務員都學會了偷懶，動輒出差揩公家的油，怠政惰政可不是鬧著玩的。於是又出了新規定，《慶元條法事類》卷十〈職制門七・舍驛〉篇中，白紙黑字明文規定：「諸居占館超過三十日，徒一年。」意思是長期霸佔驛館騙吃騙喝，是要被罰流放一年的！

停車停車！司機請停車！前面就是一家驛館，市長先生、部長先生還有巡視員先生，請先下車就館，祝你們好吃、好喝、好心情！這就叫：萬般皆下品，唯有做官高！噢，對了，如果哪一天來了更大的官兒被趕出來了，也別著急，記得叫驛館工作人員聯繫導遊，接你們回來繼續跟團旅遊。好，好，慢走，慢走。

哎，你怎麼也下去了？你的職務不夠資格住驛館。什麼？你是黑龍江來的？哦，大金國！在宋朝你屬於外賓，接待外賓有專門的涉外賓館。

汴京城內專門招待海外諸國或蕃客使者的有八處國賓館。跟今天的涉外賓館不一樣，大宋朝的國賓館是按國別分類專門接待的，省得大家語言不通，雞同鴨講。汴河北岸位於舊城光化坊的叫都亭驛，是專門接待遼國使節的。遼國是北宋最強、最大的鄰國，在外交上處於優先地位，遼使到東京活動也最多，在宋遼共處的一百多年間，遼使來汴京達三百次左右，平均一年兩次以上，人數約在七百人以上；新城內城西廂惠寧坊，有家都亭西驛，是接待西夏使者的；接待回紇、于闐使臣的叫禮賓院，在新城內城廂延秋坊，汴河南岸金梁橋附近；接待高麗使臣的同文館位於閶闔門外安州巷，高麗使者來汴京也是很多的，「韓流」一般較為龐大，少則幾十人，一般為一百多人，最多的一次竟來了二百九十三人；南番、西番、大食（阿拉伯）的貢奉客使可以住在興道坊的懷遠驛……咦，大金國，大金國的客人住哪裡？

讓我查查。哦，大金國的貴賓要住班荊館。這裡其實就是大宋皇帝龍袍加身的陳橋驛，在封丘門外東陳橋附近，後來改名叫班荊館。在大金國還沒有興起之前，這裡是專門用來宴請遼國使節的，我查了一下檔案，館裡收藏保存的，僅蘇東坡代筆起草的宴請遼國使者文書，就達成十八件之多。可是後來，大遼國被大金國滅掉了，班荊館就改作招待大金國貴賓了。可你不是大金國的使節，只不過是一般草根百姓，所以，很抱歉，你還是不能住班荊館，以後記得叫大金國寫封介紹信來。

驛館、國賓館安全乾淨、吃住自在還公費招待，用不著自己掏腰包，但平民布衣是無權享受的。我看了一下這裡的團友，大多數還是平民百姓，那麼，普通老百姓外出投宿還是得找酒店，好在大宋朝的酒店業也頗發達。

在這裡導遊要特別關照一下：現代的酒店賓館是以住宿為主，餐飲作為配套設施的；而宋朝的酒店則是以吃酒宴飲為主，住宿作為配套。宋朝酒店有正店、腳店之分，那個時候沒有地方評星級，但是正店是有國家牌照，可以專賣官酒，甚至可能自釀官酒的，自然也是上檔次、上規模的，好比今天的星級賓館；腳店則是小旅館、招待所，當然也可以賣酒，但那算分銷處了，從正店或者官酒場裡批發來零售的小本生意。

東京汴梁城裡僅正店就有七十二家，州橋以東的汴河兩岸都是各大旅店的集中區，交通便利、地理位置優越，是進京貿易往來商人的首選之地，像前文所說的樊樓，就是七十二家正店中的頭牌，好比今天的麗思卡爾頓酒店。如果你是到了南宋的都城臨安，那麼六部橋、三橋址一帶則是旅店集中的區域，這裡的旅店規模檔次都不輸東京汴梁，客舍寬敞明亮、陳設雅致，服務也頗周到，只是價格當然也不便宜。

需知兩宋時期，汴京和臨安可都是全世界最大的都市，汴京城裡住著二十萬戶人家、一百多萬人口，那個時候的倫敦還只有四萬人口，紐約還是一片荒地，你到今天的紐約、倫敦去住酒店，看便宜不便宜？

如果你不是「腰纏十萬貫，騎鶴下揚州」般財大氣粗，住不起大牌的正店，那也不要緊，各種私營的腳店多如牛毛，隨便找一家進去投宿，起碼也乾淨衛生。對了，宋朝時住宿開房叫「解房」，這個你要學會，否則沒地方去開房。

如果不想開房，還有一種特殊的投宿去處，那就是寺院。每一座寺院進門都有一尊韋陀菩薩塑像，你可要看仔細了。如果那尊韋陀塑像是站立著，金剛杵拄地的，那表示這家寺院不接待掛單的遊方僧和其他客人投宿；如果韋陀菩薩是手捧金剛杵，一副慈眉善目的樣子，那你就可以放心地去投宿，出家人慈悲為懷，總是會給你方便的。

那些囊中羞澀的書生似乎特別喜歡到寺院裡投宿寄居，張生與崔鶯鶯的「西廂故事」就發生在寺院裡。當然了，你不要盡想著好事，不是每回在寺院裡投宿都會碰著崔鶯鶯的，《聊齋》裡的女鬼也都是在荒寺郊廟裡出沒。為了大家的旅途安全，我們還是安排了正店入住，每人一個房間，沒有雙人房，要嘛只有去腳店裡住大通鋪，類似今天的小招待所。

現在大家來拿鑰匙，沒有房卡的。對了，以上我所說的情況都是指城市和一些熱鬧的農村，下回你們分散活動，如果到了治安不太好的地界，前不著村後不著店，那你可得小心，千萬別錯過了宿頭，弄不好真會一腳踏進十字坡的黑店，孫二娘的下一籠包子還沒有入籠呢！

第三章

怎樣跟宋朝人打交道

不好意思，這麼晚把大家召集起來開一個緊急會議。

大家都已經拿到了房間鑰匙，裡面的設施還可以吧？啊，有沒有Wi-Fi？怎麼大家到哪兒第一個就問Wi-Fi，好像離開了網路就活不下去。大宋朝沒有互聯網、沒有路由器，哪來的Wi-Fi！空調、電視機當然也沒有，要想寫信，桌上倒有文房四寶。大家辛苦一下，穿越時空到大宋來，早就應該有心理準備的。

我這會兒把大家叫來是通報一些情況。

剛才，二八五號房的客人下去打熱水，為了搶一個老虎灶（舊時賣開水的地方）的龍頭跟其他人發生了糾紛，吵了起來，二八五號的客人還用杭州話罵人家「六二」（杭州方言，活死人的意思），幸虧人家聽不懂，要是弄不好打起來，捉到縣衙門去，我們這趟旅遊也泡湯了。其實，房間裡沒有熱水供應，你出幾個小費讓小廝給你打了送上來就是，何必自己提著個水瓶吃力去打，還跟人家吵架。出來旅遊嘛，一要開心，二要想通，想通就要會用錢。

導遊都希望你們多花錢，可是花錢也要花得值得。剛才有一位團友告訴我，他已經去街頭小販那兒兌換了銀子，一兩官銀只兌了三十個銅板回來，蝕煞老本！所以，我趕緊把大家叫來開一個會，普及一下旅遊須知，免得再去闖禍惹事或者吃虧做冤大頭。

首先，我們先來認識一下身邊的人。這位是本站地陪——范仲淹范老師，大家在中學時都讀過他的〈岳陽樓記〉。鼓掌，歡迎范老師！

話說旅店裡進進出出那麼多客人，都是從哪裡來的？我可以明確地告訴你們，穿越過來的就我們這麼一個團，其他的都是大宋朝的子民。

宋朝的江湖都是哪些人在混？

你看街上熙來攘往，感覺宋朝人民好像一個個行色匆匆的樣子，其實，這是假象。

宋朝人民熱愛家鄉，誰不說咱家鄉好，一般都不輕易離開家鄉，如果要做個統計調查的話，估計六十%的人從出生到往生，一般只在一個地方待著，老老實實，安安分分，從來沒有想過外面的世界。《金瓶梅》裡，像西門慶這樣的角色，一輩子也只去過東京汴梁一趟，那還是去走蔡太師的關係，遞門生帖認乾爸爸的，其餘時間都待在清河縣一隅之地作威作福。來，我們先聽聽范老師怎麼說：

有句成語叫「安土重遷」，出處是東漢班固的《漢書・元帝紀》：「安土重遷，黎民之性；骨肉相附，人情所願也。」意思是在一個地方住習慣了，生於茲長於茲，祖墳祖宅都在這裡，你還想跑到哪裡去？留戀故土，不願輕易挪動，把搬遷看得很重，不隨便遷移，這是我們大宋朝人的普遍想法。再則，宋朝的城市化進程也較之前代大幅提速，有台灣學者研究，宋朝是中國歷史上城市人口比例最高的時代，北宋為二十・一%，南宋為二十二・四%，其後幾個朝代均不及大宋。

除了汴京、臨安這樣的大都市，像導遊剛才講的清河縣這樣的小縣城，也如雨後春筍，這些大小城市的城市功能越來越完善，娛樂、旅遊一條龍，應有盡有，大可以叫人足不出戶盡享繁榮。當然了，道路交通太不發達，不像你們飛機、火車日行千里，宋朝人出一趟遠門總得一年半載，俗話說出門一里不如家裡，所以大家還是喜歡做井底之蛙，各自守著一口井。

聽到沒有？范老師講了，你們在這裡碰到的，大部分還是東京汴梁本地人，俗話說，強龍不壓地頭蛇，為了搶一個老虎灶、一罐熱水，犯得著跟人家地頭蛇去鬧？弄得不好，碰著宋朝的皇帝、大官微服出行，你也去衝撞人家？不是導遊嚇你們，開封府那個老包市長最喜歡微服出行了。不過，他倒好認，面皮比較黑，額頭還有一隻月亮掛在那裡。

當然了，在旅店住下的總還是以旅客為主，那個時候同城約會開鐘點房的，還真是聞所未聞。你可別笑，看你的樣子就是開慣鐘點房的，當心被臨檢！導遊我歸納起來，那個時候，走出家門闖蕩江湖的大凡有三類人：

第一類是做官的，像范老師，今天在這裡做官，明天一紙調令到另一個地方上任了，這叫「宦遊」。宋朝的地方官員大多三年一任，連任者較少，常常調任其他地方。這種宦遊負擔最少，沿途都有當地政府接待，等於是公費旅遊，只不過宦遊的人當中有人春風得意，「把酒臨風，其喜洋洋則矣」；也有人灰心喪氣，「去國懷鄉，憂讒畏譏，滿目蕭然，感極而悲者矣」。范老師的千古名篇〈岳陽樓記〉已經把這兩種宦遊人生寫得淋漓盡致。

遭遇不同，心境不同，遊法自然也不同。像前一站的地陪陸游先生那樣，騎驢出劍門也算是宦遊人生，只是他的官做得不大，以至於連匹馬都騎不上。范老師就比他厲害，上馬為將下馬為相。事實上，范老師也是那個時候的大旅行家，一生任宦四十年，足跡遍佈全國各地，每到一地，在工作之暇多登覽當地的山水風光，留下不少優美的遊記散文。若問范老師〈岳陽樓記〉是怎麼寫出來的？哈哈，范老師倒還真沒去過岳陽樓！他的朋友滕子京出任巴陵郡守，讓人畫了一幅岳陽樓的圖畫寄給范老師，范老師發揮想像力，點染一下景物，發一通議論，就這麼寫了一篇課文出來，厲害吧？鼓掌鼓掌！再次為范老師鼓掌！不過，公款旅遊的事就不要渲染了，那個時候規定還沒有這麼嚴格，做官宦遊也算是一種福利。

好了，來說第二類人。第二類是讀書人，赴州、府及上京趕考，這叫「遊學」。四年一次大比之年，天下士子紛紛出動，等於是集體串聯，且不管能不能魚躍龍門攀龍附鳳，先飽覽一番祖國的大好河山，美其名曰「讀萬卷書行萬里路」也是好的，反正盤纏、路費都是家裡出。若是路上還能演齣「倩女幽魂」式的愛情故事，那當然更加浪漫且充實。

第三類則是商人了，像西門慶府上的韓道國是西門大官人雇傭的職業經理人，就要走南闖北替東家長途販運。這些人雖然也闖蕩江湖，跑過三關六碼頭，但宋朝跟中國歷史上的所有朝代一樣，從來都不提倡「重商主義」，商人再有錢再有能耐，也還是不太被看得起的，對他們的評價只有一句話：「天下熙熙，皆為利來；天下攘攘，皆為利往。」像韓道國那樣拚死拚活替西門慶賺銀子，到頭來家裡的老婆王六兒都被東家西門慶給偷走了。

以上三類人應該是我們碰到的主要群體，如果說還有什麼大規模的遷徙、移動，那就只有逃荒的難民了，當然難民是用不著投宿正店、腳店的。

給大家講一個故事：

熙寧七年（西元一〇七四年）春，正是王安石變法的年份，這一年天下大旱，饑民流離，汴京城裡一下子湧來大批饑腸轆轆、面呈菜色的難民，神宗皇帝憂形於色，當朝嗟歎。王安石當然不以為意，說：「水旱常數，堯、湯所不免，此不足招聖慮。」但他顯然低估了事情的嚴重性，那幾句話也不足以打消皇帝的憂慮。這個時候，有個管城門的小吏鄭俠畫了一幅《流民圖》獻給神宗皇帝，圖畫上都是流民扶老攜幼的困苦之狀，皇帝看了果然十分震驚，當即下旨罷免王安石、停止新法的頒行。這是中國歷史上第一次有人用一幅畫扳倒了一位當朝宰相。所以，下次到街上行走，看到難民模樣的也要注意避讓，連宰相都栽在他們手裡，我們還是少惹是非。

怎麼？這位先生有興趣探討《流民圖》？看來你是肯鑽研歷史的。所謂《流民圖》的流民，其實就是逃荒的農民。鄭俠不過是一個小官，他敢於繪圖上疏，指名道姓胡說八道誣告宰相，很可能是受到了保守派大臣的唆使。整個事件策劃得非常巧妙：攻訐者事先知道了神宗的猶豫心理，這至關緊要。把逃荒的農民繪成《流民圖》也是富於巧思的，圖片宣傳總是比文字宣傳來得有力。我們現在講圖像時代，其實那個時候也一樣，讓身處深宮廣殿之中，看慣錦上添花的皇帝和太后們，猛地一下看看從未見過的老百姓顛沛流離之狀，「少見多怪」就可能引起轟動效應。果然，這個精巧的設計奏效，兩位太后流淚了，神宗的疑心也更大了，你王安石這個宰相還能當得下去嗎？一場轟轟烈烈的王安石變法就被一幅小小的圖畫給搞掉了。

這個故事也說明：儘管大宋朝經濟繁榮、天下熙攘、南來北往、熱鬧非凡，但真要是走江湖的人多了，朝廷還是會擔心的。范老師剛才說的對，中國的農業社會根本還在於安土重遷，而不是背景離鄉。像《水滸傳》上描寫的那樣，個個都在路上，「說走咱就走，風風火火闖九州」，那就要鬧出事來。

總結一下，大宋朝不提倡旅遊經濟，人家經濟已經夠繁榮了，世界第一，用不著靠旅遊來拉動內需。所以，我們也不要以為自己是遊客，遊客利益至上就自覺高人一等，大家還是和平共處、平等相待。好在大宋朝的道德水準和全民素質比我們今天不知要高多少，人家可是「存天理，滅人欲」，講理學的，跟宋朝人打交道，你不用擔心坑蒙拐騙，不用擔心假冒偽劣，不用擔心缺斤少兩，不用擔心以次充好，這裡沒有三聚氰胺，沒有PM2.5，沒有電信詐騙。可以這麼說，我們現在來到的絕對是個「君子國」，宋朝人的誠信簡直讓你不敢相信。

清朝一個姓徐的老頭輯錄編纂了一本《宋人小說類編》，其中第四卷〈傳奇〉中就記載了一個故事。汴京樊樓旁邊有一家茶肆，桌椅整齊，衛生清潔，所以生意很好。福建邵武有一個姓李的邀客在此飲茶，結果把數十兩金子遺失在茶肆的桌子上。三、四年後，李先生又來到這家茶肆，說起當年失金之事，茶肆主人當即將收藏好的那包金子從櫃檯裡拿出來交還，一秤，分毫不差。李先生為感謝店主，想分一半給他，被店主拒絕；想請店主至樊樓飲酒致謝，店主也堅辭不肯。這麼一則拾金不昧的故事，體現的是大宋人民的高風亮節，這樣的故事要放在今天都可以上「真情指數」了。

跟這麼一群最可愛的人打交道，你用不著顧忌、用不著擔心、用不著害怕，用不著緊張。什麼？你剛才兌銀子的那個小販？一兩官銀只兌給你三十個銅板？那個小販鐵定不是宋朝人！沒聽說過大金國都流傳這麼一首歌嗎？「俺們這兒都是宋朝人，俺們宋朝人都是活雷鋒，那個小販不是宋朝人……」

好了，好了，碰到個把無良商販也是難免，怪只怪你自己太性急，沒搞清楚外匯牌價就去盲目兌換，這個我等下要說，也是旅遊須知，我們現在還是先把怎麼跟宋朝人打交道講清楚。

要打交道首先就得過一過稱謂、語言關。

小姐不要亂叫，養娘未必是娘

人在江湖，我們來自五湖四海，大家南腔北調，又如何交流呢？這個倒不用替古人操心，現在有普通話，宋朝也有普通話，只不過今天的普通話以北京話為基礎，宋朝的普通話當然是以開封話為基礎了，後來遷到了杭州，仍舊把開封話移植過來，所以現代的杭州話與周邊的南方語系截然不同，有些接近河南話，語言學上稱為「南宋官話」。剛才二八五號房的客人用杭州話罵人家「六二」，我告訴你要小心啊！很多杭州方言都是從這裡移植過去的，說不定人家聽得懂！

語言的問題解決了，還有一個要注意的是稱謂。人在江湖嘴巴要甜，大伯大媽地叫人家，你敬人一尺人還你一丈，總是不錯的。但是，語言是進化的，稱謂當然也在變化，宋朝的稱謂跟今天還真有些不一樣。

舉個簡單的例子，今天你在大街上問路，看到一位漂亮的年輕美眉，你上前稱人家一聲小姐，人家就不高興了：你媽才小姐呢！因為「小姐」這個詞在今天的詞彙意義上已經等同於「雞」了，儘管與它相對應的「先生」，在上世紀三、四十年代曾經是開化、文明、新生活的用語。不過說來也巧，宋朝時「小姐」也只是對樂戶等地位低下的女子的稱呼。所以，你見了宋朝的年輕妹紙千萬不能稱「小姐」，要稱「小娘子」。當然了，娘子前面一定要加小，否則那是人家老公的專屬稱呼，你不可以去佔便宜。

「小姐」是對賣藝、賣唱的樂戶女子的稱謂，也可以說是當年的三陪；而專職的妓女則又有另外的稱呼，叫「行首」，當然也有沿用前朝的稱呼，叫「錄事」的。陸游先生曾經跟我講過一個笑話：蘇東坡的次子蘇過於宋徽宗政和年間來到汴京，聽到有人將妓女稱為「錄事」，他嚇了一跳，以為是什麼官職，後來翻書查了一查，才知原來那是唐代的叫法。

還有一個稱呼叫「養娘」，這可不是繼母、乾媽的意思，而是富人家裡的女僕。宋朝話本《碾玉觀音》裡的養娘秀秀，就是韓世忠郡王府的一個女婢，你要是把她看成是韓世忠養著的一個娘，那就大錯特錯了。

宋朝女人一般自稱奴、奴家，據清代的錢大昕考證，婦女的這種自謙稱謂是從宋代開始的。還有，丈夫稱妻子為「老婆」也是從宋代開始。當然了，北方還是習慣將妻子稱為「媳婦」、「渾家」。家裡的女兒稱「大姐」，兒媳婦稱「新婦」，貴婦人要稱「安人」。有一點要特別注意，宋朝的女性一般以身分稱呼，大多沒個正名，像李清照、朱淑真這樣有正名字號的，得有相當的社會地位。一般像《水滸傳》裡孫二娘、顧大嫂這類叫法，在當時比較普遍。所以，碰到宋朝的女性不要去問人家名字，不是她不告訴你，也許人家真沒有。

以上是對女性的稱謂，那麼男人之間呢？

看看《說岳全傳》，岳飛的父親被稱為岳員外，員外這個稱呼現在一般都解讀為地主，其實北宋時開封富人都稱員外。那麼，開封有多少富人呢？《續資治通鑑長編》卷八五記載，開封城內「資產百萬者至多，十萬而上比比皆是。」所以，你到了汴京開封，逢人稱他員外，就像今天稱人老闆，一般都不會錯。「員外」這個詞來源於朝廷六部尚書的副屬長官「員外郎」，再往前推，它的原意是指「添差」，也就是超編官員、編外人員的意思。有錢人互相調侃，錢雖然有了官沒當上，權且算自己是個超編官員，於是就有了「員外」的稱呼。

員外之外還有一個郎字，這也是宋人稱呼中較為常見的。楊家將中有楊七郎、《水滸傳》中有宋三郎、武二郎，還有一個挑擔的武大郎。「郎」的稱呼也來自朝廷的官銜，它是宋代中下級文武官員的寄祿官通稱。除了員外郎外，還有承務郎、承信郎等，後來被用作了男子的通稱，一般以排行來序次，但也不一定。從文學作品來看，二郎、三郎的稱呼多出現在男女私情方面，譬如潘金蓮暗戀小叔武二郎，閻婆惜不愛宋三郎卻喜張三郎。宋江家裡只有一個弟弟宋清，並不是排行老三，叫他宋三郎顯然不是以排行序次，恐怕二郎、三郎在宋朝更多的是一種親密的稱呼。而六郎嘛，則有好男兒的意味。

我們都知道楊家將中的楊六郎楊延昭，按小說中的說法他是排行老六，其實考證歷史，是因為楊延昭在邊關名聲日隆，契丹人習慣將了不起的男人稱為「六郎」，所以就稱其為「楊六郎」，這就跟有些地方至今仍習慣將好男兒稱為「五哥」一樣的道理。後世小說戲曲家以為「楊六郎」就是楊業的第六個兒子，還編排出大郎、二郎、三郎、四郎乃至七郎的故事，其實都是不符合歷史的。從楊業死後，宋朝廷對楊家子嗣的封賞上來看，楊延昭應該是楊業較為年長的兒子，不是老大就是老二，因為在雍熙北伐之時，只有楊延玉、楊延昭兩個兒子跟隨父親，誰是老大、誰是老二，史書上沒有明說，延玉與父親楊業一同陣亡了，延昭受到朝廷的撫恤封賞，從封建社會的推恩慣例來說，延昭比其他兄弟要年長，這是肯定的。所以，從長幼排序上講，他不可能是楊業的第六個兒子。

這有點扯遠了，好在我們是深度旅遊，研究一些宋朝的歷史問題也是好的。現在回過頭來聊聊稱謂。

戲文裡，丈夫稱老婆「娘子」，老婆一般稱老公「官人」或者「相公」。其實，相公這個詞在宋朝時可不是用來稱呼自己老公的，而是作為高官的尊稱，比如南宋的抗金名將岳飛就被人稱為岳相公、岳老爺。見了一般當官的，你還可以稱呼人家「大夫」、「保義」。

說到「保義」，你一定會聯想到山東呼保義宋江，保義是「保義郎」的簡稱，原稱「右班殿直」，是武官的一種。你也別管人家文官、武官，見了面稱他們「大夫」、「保義」，意思就是做官的人，就是一種尊稱了。除非他的實際官職做得比大夫、保義要大，那你不能把人家叫小了。宋時的風氣是官僚之間互相過稱官名，明明是諸司使卻稱司徒，就好像今天的副處長、副局長，我們在稱呼時一般都將那個「副」字自動去掉一樣。好話人人愛聽，這也是古已有之。

丈人本是岳父的稱謂，但是宋朝岳父多稱「泰山」，丈人倒成了士大夫私交之間的互相稱呼。宋朝士大夫往來書信多以「丈」互稱。朱弁《曲洧舊聞》記載：「近歲之俗，不問行輩年齒，泛相稱必曰『丈』。不知起自何人，而舉世從之。」如司馬光被稱為「司馬十二丈」、蘇東坡被稱為「東坡二丈」，你如果不曉得這種習俗，看信的時候倒真是丈二金剛摸不著頭緒了。

其他，如市井的巫師、醫生、祝卜之類三教九流，都稱「助教」；手藝工匠一般尊稱「待詔」；村裡教書的窮先生稱「學究」，比如智多星吳用就被稱為吳學究；官員稱自己的家奴為「院子」，主管的僕人叫「內知」或「宅老」，類似今天的管家；官二代稱「衙內」，中產階級的子弟可以稱「小官人」。另外，特別提醒一些喜歡發嗲的少婦，不要老公、老公地叫妳的丈夫，在宋代那是稱呼太監的。妳總不想丈夫去做太監吧？

稱謂這麼複雜，怎麼搞得清楚？沒關係，導遊我帶了幾本宋朝的話本小說，《簡帖和尚》、《錯斬崔寧》、《碾玉觀音》……多看一些宋朝的話本小說，這些稱謂慢慢就搞清楚了。

對了，范老師讓我特別說明一下，宋朝的男人取名喜歡用「老」、「叟」、「翁」字命名，如孟元老、杜莘老、徐清叟、王岩叟、陳敬叟、劉辰翁、王次翁等，這是宋朝人寄託長命百歲的寓意而取的名字，不是說他生下來就是一個老頭，所以千萬不要望文生義。

宋朝的輿論環境比較寬鬆，老百姓茶餘飯後也喜歡議論朝廷的事情、聊一些皇家的八卦。他們提到皇帝的時候，不是像電視劇裡那樣稱皇上或者萬歲，而是叫官家或者大家。官家，顧名思義，皇帝是天底下最大的官了；大家嘛，同樣也顧名思義，趙錢孫李，百家姓中還有大得過趙姓皇帝的嗎？其實，這樣的稱呼從漢代就開始了，漢朝稱皇帝為「大家」，唐朝則稱「天家」，宋人一般喜歡叫「官家」，據說這樣的稱呼來源於「五帝官天下，三王家天下」。宋朝老百姓私底下議論仁宗皇帝，說他「百事不會，只會做官家」；還有秦檜羅織岳飛「莫須有」的罪名時，有一條就是岳飛曾經說過「官家又不修德」，這樣矛頭直指皇帝的大不敬的話。

不僅是私底下稱呼，宮中的人當面也這麼叫皇帝。宋仁宗有一天退朝回宮，口渴得厲害，便嚷嚷道：「渴甚，可速進熟水。」嬪妃們趕緊替他遞上了開水（熟水），同時說：「大家何不外面取水而致久渴耶？」

當然了，宮裡的稱謂你不一定用得著，但是江湖上的稱呼你一定要記牢，否則，那可就是江湖凶險了。

大宋朝究竟多有錢？來聊聊皇帝的年薪

說罷稱呼，現在來聊聊大家最關心的匯率問題。大家知道，匯率是經常浮動的，物價也有個起伏，所以，宋朝的一兩銀子相當於多少貫錢，折算成今天的人民幣又是多少元，這個問題還真不好回答。這麼說吧，宋朝大中祥符八年（西元一〇一五年），一兩銀子折一千六百文銅錢（一千文為一貫）；到了咸平中年，一兩銀子只能抵八百文；而到了南宋孝宗時，一兩銀子又可以換三貫銅錢了。黃仁宇先生在他的《中國大歷史》中，基本以黃金的價格作為基準來換算。他是依據一兩黃金＝十兩銀子＝十貫銅錢這個假設，而以國際金價四百美元一盎司來推算，一兩銀子今天的價值就是四百六十五元。一兩＝一千文，那麼一文錢只相當於四角六分了，這樣的估算恐怕又偏低了。所以說了，很難用人民幣換算，從實際購買力來說，我更傾向於把一文錢看作一元錢。

這是匯率和換算的情況。剛才這位朋友到路邊小販那裡兌換，一兩銀子只換了三十個銅板，那是大大吃虧了，至少可以換一千個銅板，也就是一貫錢！

說到錢，大家來勁兒了，好幾個團友問我：宋朝是歷史上經濟最發達、人民最富裕的一個朝代。那麼，大宋朝究竟多有錢呢？讓范老師來講個故事：

陳恕當三司使財政大臣的時候，宋真宗剛剛即位，命令他將全國的錢糧總數報上來。過了很長時間，陳部長一直沒報告。皇帝急了，屢次催促他，可陳恕卻一拖二延始終不報。真宗皇帝終於忍不住了，命令宰相去責問他：「你這個財政部長怎麼當得這麼糊塗？連個經濟總量都搞不清！」

陳恕倒好，振振有詞：「天子正年輕，如果讓他知道國庫充實，恐怕會生奢侈之心。」

你看看，不肯露富，連皇帝都要瞞著！

好在他瞞不過我們，我們手頭有《朝野雜記》等資料，足可以將趙宋的家底摸個一清二楚。宋朝剛剛統一中原時，全年的財政歲入是一千六百萬緡錢（一緡是一貫錢，也即一千文），這已經是唐朝的兩倍了，所以宋太宗洋洋得意，以為撿了個大元寶，了不起得一塌糊塗；到了天禧末年，這個數字已被翻新到二千六百五十餘萬緡；

嘉祐年間，又增加至三千六百八十餘萬緡。這之後，宋朝的經濟更是開上快速道路，「月增歲廣」，各項指數全面長紅，到了王安石變法的熙豐年間，全國經濟總量衝破六千餘萬大關；到了南宋淳熙末年，這個數字又變成了六千五百三十餘萬緡。

大宋朝的ＧＤＰ佔當時全球的一半以上，有人甚至說佔八十％以上，當然了，那個時候沒有聯合國，也沒有世界銀行，所以要確切數字還是有些困難，但肯定富得冒油，大家就隨便說吧。不過，縱向比較，有一個數字是錯不了的：宋朝鼎盛時期，一年的貨幣發行量（鑄錢量）高達五百萬貫，明朝總共二百七十六年的歷史，總鑄錢量也不過一千萬貫。

作為全球第一經濟體的ＣＥＯ，宋朝的皇帝當然很厲害了！那麼這個ＣＥＯ的年薪是多少呢？比起今天的美國總統又如何呢？

雖說「普天之下，莫非王土；率土之濱，莫非王臣」，但那畢竟只是一句口號，皇帝自己也知道不能光靠口號吃飯，作為一份工作還得有薪水，做皇帝也是工作。皇帝的工資叫「好用」，宋朝每個皇帝都有一千二百貫的「好用」，每月如此，相當於月薪。如果以一文兌現在的人民幣一元，那麼一千二百貫就是一百二十萬！月薪一百二十萬，年薪就是一千四百四十萬，相當於二百四十萬美元，而且不用繳稅。美國總統聽了恐怕都要自歎不如。

宋朝的開國皇帝趙匡胤很有意思，他拿到這份工資就悄悄地找了個地方藏起來。他把這個地方叫做「封樁」，明白嗎？封存起來不用的。

難不成做皇帝還要藏私房錢？

其實你們都誤解他了！他是有著崇高理想和遠大目標的。他說，五代時的那個賣國賊石敬瑭把燕雲十六州割給了遼國，讓那裡的老百姓受異族的統治，我很同情他們，準備把這個封樁庫的私房錢存到四、五百萬緡，然後就去跟遼國談判。如果他們答應把失地還給我們，就用這筆錢去贖買回來，省得大家動刀兵破壞世界和平；如果他們不肯，那我就高懸賞格，收購遼國士兵的腦袋，二十匹絹買他一個人頭，他們的精兵不過十萬，只要用二百萬匹絹就可以把他們的腦袋收購完了。

趙匡胤心裡清楚，北方的長城險要都在遼國掌控之中，要跟他們戰場上見分曉是不可能的任務，所以他想到了用經濟手段來解決領土問題。咱有錢，咱用錢砸死你！你不要笑他土豪，一千年後美國人不也是花錢從俄國手中買走了阿拉斯加嗎？這說明趙匡胤先生的理念還是滿先進的。只不過，他的算盤打得精，可惜這筆生意永遠沒有做成。

趙匡胤後面的皇帝當然也沒有再動腦筋去與遼國做這筆注定做不成的生意。至於他們的「好用」是怎麼用的，書上沒有記錄，我們也不好瞎猜。不過，作為一項制度，大家倒是嚴格遵守這個一千二百貫的定額，沒有一個皇帝像今天的企業肥貓那樣，年年替自己漲工資的，倒是有個別皇帝風格滿高，宋朝的仁宗皇帝就主動放棄了年薪。《宋史》上記載，「仁宗帝命罷左藏庫月進錢一千二百緡。」

怎麼樣？夠高風亮節吧！

宋朝皇帝的年薪如此可觀，不過皇帝也不是人人能做的，這份工作的稀缺性使得這個年薪沒有可比性。所以，你們私底下恐怕還是更關心宋朝官員的薪水吧？那問問范老師就知道了。

宋朝是歷史上實行高薪養廉的朝代，從宋太祖到宋徽宗，都不斷為文武百官加工資，唯恐他們鈔票不夠用，所以在宋朝當官可真是你的福分啊。不過，宋朝的職、官是分離的，貴為朝廷的一、二品高官，被派去當個四、五品地方官的情況也是經常有的，所以宋朝的官俸制度也十分混亂，很多官員其實並無實職，照樣可以領俸拿薪水；而有實職者則可以另外加錢。

除正俸外，還有服裝、祿粟、茶酒廚料、薪炭、鹽、隨從衣糧、馬匹芻粟、添支（增給）、職錢、公使錢及恩賞等各種福利及職務補貼，地方官則配有大量職田。根據《宋史》的職官志記載，一個宰相的本俸是月薪三百貫，大概也就是三十萬元人民幣，年薪就是三百六十萬了，還不包括各項補貼和福利；一個普通從八品的縣令最低的月薪是十五貫，也就是一萬五千元，年薪約二十萬，考慮到宋朝一個縣令不過管幾千戶人家，這樣的薪酬標準也算不錯了。

那麼一般的公務員呢？都不大好意思說，一般公務員的待遇較之官員就有些冰火兩重天了。

仗義疏財的前提是得先有錢

宋朝的官吏是嚴格分開的。官員由朝廷除授，「籍在仕版」，有組織部備案，考核升遷管理任命都由朝廷負責，薪酬標準也有明文規定，旱澇保收；而一般的公務員則只能稱吏，吏的身分就有些不堪了，他們或是出於召募、或是應於差役，也有家族傳承頂職上崗的，這幫人作為各級官府及其下屬部門的各類辦事、管理人員，原本是沒有俸祿的。也就是說，朝廷沒有公務員工資的財政預算。

這聽起來有些不可思議，不過皇帝已經給官員發高薪了，吏作為官員的雇傭屬員，他們的工資就得由官員發了，所以朝廷不再編制另外的預算。但是要官員從自己到手的薪酬裡拿出錢來養吏，誰會願意？更何況，大部分的吏並不是現任主官聘用，而是前任或者前前任留下來的，再要自己拿出官俸餵養他們，當然有些肉痛，豈止肉痛，簡直是心痛！所以，官員們對吏有沒有俸祿這回事，都睜一眼閉一眼裝作不知道，反正又沒有明文規定要當官的拿出自己的俸銀養吏員。再說了，這份工作你若不幹，還有大把人搶著要幹，用不著擔心。

對於吏來說，沒有俸祿就是沒有正式工資，沒有工資難道叫他們喝西北風為人民服務啊？他們可沒有仁宗皇帝的境界，也沒法達到這個境界。那該怎麼辦？於是只好靠剋扣、受賄或者侵漁百姓為生了。《宋史》上對這些惡吏、贓吏，尤其是獄吏、倉吏，貪贓聚斂乃至致死人命等惡行多有揭露。如果你覺得《宋史》看起來太吃力，那麼我們就來看看《水滸傳》：

林沖誤闖白虎節堂被關進開封府大牢，林沖的丈人張教頭第一個想到的就是「買上告下，使用財帛」，後來被判刺配滄州道，臨行之前，在州橋下酒店裡坐定，酒至數杯，張教頭又「將出銀兩齎發他兩個防送公人」。而這兩個公人董超、薛霸卻是吃了原告吃被告的祖宗，受了張教頭的銀兩後，又去受了高太尉府陸虞侯的十兩金子，一心還要害了林沖性命。想想惡吏有多厲害！

惡吏自然已經昧了良心，就是一般的好吏也做不到兩袖清風。武松被張都監陷害，下入孟州大牢，這時知府已得了賄賂，一心要結果武松，多虧有個「忠直仗義，不肯要害平人」的葉孔目極力保全。但就是這樣一個正直的小吏，施恩托人轉送他一百兩銀子，他也照單全收了，隨後，「出豁」（開脫）了武松。葉孔目收了銀兩又怎樣呢？水滸故事的講述者不還是賦詩稱頌他「西廳孔目心如水」嗎？連武松在重過十字坡，對張青、孫二娘講述孟州這場牢獄之災時，也還稱讚葉孔目仗義疏財呢！

仗義是仗義，疏財恐怕未必。來東溪村投奔晁蓋的劉唐被派出所長雷橫當作盲流捉住了，晁蓋將劉唐認作外甥保了下來，隨後又送雷所長十兩銀子，雷橫略推了推就收了，揣入腰包。雷橫和晁蓋是朋友，捉劉唐又不是捉賊捉贓抓的現行，只是覺得一條大漢在廟裡睡著覺得蹊蹺，頂多是有些嫌疑，便將他捆了，還吊了小半夜，晁蓋既已認作外甥，放人就是了，難道捉錯了人還要收人家謝禮？哎！晁蓋是曉得的，都是做小吏的，生存不易呀！

仗義疏財的前提是得有錢呀，這錢從哪裡來呢？梁山泊最仗義疏財的兩位要算宋江和柴進。柴大官人天潢貴胄，金枝玉葉，莊園裡多養幾個閑漢諒也無妨；而山東及時雨宋公明哥哥，他的錢就有些來路不明了。

按說宋江家裡不過是鄆城縣一個小地主，他本人也只是身為小吏，田裡所得、合法收入想來有限，但是接濟江湖好漢卻是流水一樣，花錢眼睛不眨一下，莫非他接濟好漢的錢真是從天上掉下來的？正常收入和開銷相差如此之大，在今天也是要問個「巨額財產來源不明罪」的。其實，來源還是有的，各種外快宋江都沒有落下，梁山好漢劉唐送來的一包金子，若不是叫閻婆惜拿贓拿住了，也沒有後來的殺惜官司。好笑的是，宋公明哥哥後來自己落入了獄中，碰到典獄長戴宗先生，一開始不知道他是宋江，照樣罵罵咧咧來討常例銀。

不僅是雷横、戴宗這樣的吏員，像武松這樣頂天立地的好漢，在公門時也有收受禮金的行為，書中講武松住進張都監府後，「但是人有些公事來央浼他的，武松對都監相公說了，無有不依。外人俱送些金銀、財帛、段匹等件。武松買個柳藤箱子，把這送的東西都鎖在裡面，不在話下。」他可沒有上交紀委！在《水滸傳》的作者看來，這些也都是「不在話下」的。

吏員們「不在話下」的問題終於被朝廷拿來當了話題。到了王安石變法時，認識到這個問題的嚴重性。熙寧三年八月，因為發現倉吏侵佔軍糧嚴重，宋神宗在王安石的建議下決定搞廉政建設，創立「重祿法」，本著「增祿不厚，不可責其廉謹」的思想，首先給倉吏以厚祿，全體倉吏的歲額總計為一萬八千九百貫，這筆經費將從政府財政中開支，從此倉吏也有了正式的俸祿；與此同時，又立法對貪贓受賄者施以重罰，規定貪贓不滿一百貫的流放一年，一千貫流放二千里外，滿一萬貫的，發配最為險惡的沙門島。

這項規定又逐步推廣到各類吏員，到了熙寧六年正月，政府向一般公務員支出的吏祿已經達到十七萬一千五百餘貫。從此，大宋朝全國的公務員也都拿到了薪水。王安石說，現在好了，我們可以高枕無憂了。

但真的可以高枕無憂了嗎？《水滸傳》裡的故事可都是發生在王安石變法之後的。所以，反腐工作得常抓不懈，即使在道德水準較高的宋朝也是一樣。

好了，關心過別人的錢袋，我們還是來關心一下自己的吧。剛才說了一元錢換一文錢，我們的團友可都帶了幾萬塊錢，這裡又不能用信用卡，換成銅錢帶著還怎麼旅遊？不是說宋朝就已經有紙幣了嗎？大家不要急，聽導遊慢慢說來。

腰纏十萬貫，騎鶴下揚州？仙鶴表示：行李超重了！

大家嫌銅錢太重，其實，宋朝人用的錢很多還不是銅錢，而是鐵錢！哈哈，怎麼樣，更重了吧！

宋朝崇尚和平，所以也崇尚佛教，寺廟多了，佛像就得增添。宋朝的佛像大多是用銅來鑄造的。這裡就出現了一個問題，前面說過，宋朝鼎盛的時候一年的鑄錢量是整個明代的一半，銅錢銅錢，鑄錢也是要用銅的，佛像造多了國家就無銅鑄錢。兩者一權衡，政府想了想，還是精神層面更要緊，再苦再累也不能虧待了菩薩，所以就大量改用鐵錢。川蜀一帶首先改鑄鐵錢流通，當時四川地區的十貫大鐵錢淨重為一百二十斤，十貫小鐵錢的淨重也達到六十五斤，富商大賈如果要腰纏萬貫，即使車載馬運恐怕也難以行動。

有句俗話叫「腰纏十萬貫，騎鶴下揚州」，人生最土豪的莫過於此了。但這十萬貫錢如果淨重一百二十萬斤，不要說仙鶴，恐怕連飛機都飛不動了。

那該怎麼辦呢？面對這種流通不便的情況，四川的十六家富商坐在一起召開「G16峰會」，商討金融改革辦法，決定聯合發行世界上最早的紙幣「交子」。

通常的交子都是萬貫、百貫的大面額鈔票，用一色的紙張，印上城垣、樹木、房屋、人物，以及各種複雜的圖案，加押印信，各戶都設置紅黑二色相間的暗記，以貫為單位，面值不限。生意往來，大家可以直接使用交子付賬，也可以用交子兌換變現，只是兌換現錢時，每貫要扣除三十文的利息。最早的交子有點像十六家之間的私人借款字據，也有點像今天的有價證券。但由於這小小的紙張被賦予了貨幣資本的特性，很快就推廣開來。

四川這十六家富商是有魄力、有膽量的，歷朝歷代發行貨幣可都是朝廷的特權，誰敢私鑄銅錢，那可是掉腦袋的事兒！他們居然就敢拿張印刷紙來代替大把大把的銅錢。這說明了什麼？一則是財大氣粗，有錢就有說話權！二則也說明了宋朝經濟環境的寬鬆，要是放在漢武帝的時候，早就滿門抄斬，十六家一家不剩了。所以，好的創意和創新也得有寬鬆的環境，這是一點都不假的。

四川一帶頭，其他地方的大佬們也群起效法，於是陝西交子、淮南交子、湖北交子……紛紛出籠，讓人眼花繚亂。

當然了，宋朝政府面對民間湧現出來的許多紙鈔票也不能不聞不問。宋仁宗天聖元年（西元一〇二三年），為加強國家對金融事業的管理，皇帝下詔不准民間擅自經營交子，改由政府統一發行。對票面也做了規定，一交統一價值一千文，即一貫錢，每次發行有一定的限額，並且有流通期限，規定每兩年為一界，每界發行額為一百二十五萬六千三百四十貫。交子的票面上也蓋上了官印，兌付時要將字型大小登記入簿，按字型大小銷帳，以防偽造。為此，政府還專門設立了官辦的交子務作為管理機構，專門負責交子的印刷、發行和回籠。

若是依此狀況順利發展下去，不要說現代鈔票，恐怕連銀行信用卡都要提早問世了。怪就怪大宋朝的經濟學家沒有現代貨幣準備金的概念。天聖元年，官辦四川交子務設立，並發行首界官交子的時候，倒是準備了三十六萬貫鐵錢以備兌取，到了後來，越印越開心，越印越順手，都忘了還有準備金這檔子事。

今天的人都知道，政府濫印貨幣的結果就是通貨膨脹，宋朝人不曉得什麼叫通貨膨脹。當時正值西北戰場對西夏用兵，戰亂頻起，軍費開支浩大，財政收入一時入不敷出，不知哪個財政部長腦子一發熱，就開始用超額發行交子來彌補財政缺口，於是引起了中國歷史上第一次的大規模通貨膨脹，貨幣急劇貶值。宋哲宗時，一交紙幣已經貶值到二百五十文，即面值的二十五％。宋徽宗時，交子改名叫「錢引」，一引還是相當於一交。但這「錢引」也引不來真的錢呀，一引的鈔票只值一百文錢，僅為面值的十％。

到了南宋的時候，交子的信用在老百姓心目中徹底破產，於是政府又改頭換面，宣佈發行「會子」，這就好比國民黨在大陸後期用金元券代替法幣一樣，其實是換湯不換藥。而且會子的發行量也是越來越多。乾道五年（西元一一六九年）初發行時，以一千萬貫為界額，但到第十五界時，差不多達到了兩億三千萬貫。如此巨大的發行量，再加上無現錢可兌換，真是難為了宋朝的老百姓。

宋朝的這一場通貨膨脹對後世影響深遠，但此後的經濟學家也都沒有抓到貨幣準備金的要義所在，反而是對紙幣敬而遠之，於是現代金融業並沒能在中國誕生。

其實，大宋朝雖然經濟總量世界第一，但「錢荒」也鬧了不少次，對於錢荒的原因，專家考證結論不一，有的說是「銅幣外洩」，都流到遼、金、西夏去了；也有說是因為商品經濟發展，導致貨幣供應不足；有的說是因為民間大量私銷銅幣，因為銅鑄貨幣長期幣值高於幣價，經過多道工序加工製作而成的銅幣，一經銷毀反而可以獲利五倍以上，所以這種幣制本身就包含了一種自我消亡的因素；也有專家說是因為物價失控。總而言之，大宋朝雖然錢很多，但市場上卻還是鬧錢荒。

宋人的一則筆記挺有意思。某一年，京城忽然缺現錢，街市上人心惶惶。有位官員找來一位理髮師替他梳理頭髮，埋單付賬時將五錢折半當作二錢用，賞給了理髮師。

哇噻！這是怎麼了？太陽從西邊出來了，大人今天怎麼這麼大方？

大人朝理髮師笑，是那種不懷好意的笑，皮笑肉不笑。理髮師被他笑得越來越不自在，捏著五文大錢一直在發抖。大人向他勾勾手，附耳過來！這種錢在幾天之內，朝廷就會下旨不再使用，你要及早用了它。

我勒個天！理髮師這回可是第一次得到內線消息。趕緊上朋友圈，結果群裡分享，一傳十，十傳百，不出三日，內線消息傳遍京城——舊版鈔票，過期作廢，大家手腳加快，消費要趁早！

於是，京城的現錢一下子都出來了。

政府要拉動內需，老百姓太會存錢也不是好事，內線消息的好處就是反其道而行之。

好了，關於世界上最早的紙幣「交子」都跟各位講清楚了，大家自己掂量著，究竟是換銅錢銀子，還是換會子、交子，導遊的建議是：力氣夠大背得動的，還是儘量換銅錢銀子，反正也沒有其他行李，安全問題還是有保障，這裡離梁山還遠著呢；力氣不夠那就只好換會子、交子，匯率上吃虧一點，但畢竟帶著方便。

時候不早，今天的會就開到這裡，明天一早我們還要穿越到臨安，去看皇帝放鴿子。

第四章 大宋朝的早晨

各位團友，聽到正店外面有人敲鐵牌子的聲音了嗎？該起床了！這裡是東京，一千年前的大宋朝首都——開封汴梁。

當公雞報曉、晨曦還在城市的面龐上閃動，巷陌裡就傳來了熟悉的鐵牌子的敲打聲。新的一天開始了，宋朝人的一天就是被這塊小小的鐵牌敲醒的。

打開聽書APP，坐在床上先聽一段文字：

且說這石秀每日收拾了店時，自在坊裡歇宿，常有這件事掛心，每日委決不下，卻又不曾見這和尚往來。每日五更睡覺，不時跳將起來，料度這件事。只聽得報曉頭陀直來巷裡敲木魚，高聲叫佛。石秀是個乖覺的人，早瞧了八分，冷地裡思量道：「這條巷是條死巷，如何有這頭陀連日來這裡敲木魚叫佛？事有可疑。」當是十一月中旬之日，五更時分，石秀正睡不著，只聽得木魚敲響，頭陀直敲入巷裡來，到後門口高聲叫道：「普度眾生，救苦救難，諸佛菩薩！」

這是《水滸傳》第四十四回「楊雄醉罵潘巧雲，石秀智殺裴如海」的故事。故事本身很精彩，和尚、少婦、通姦、情殺，夠得上社會新聞頭條所有驚世元素。不過，這不是我們所要關注的，我們要關注的是故事中透露的一個資訊：原來宋朝時就有準點報時，只不過那個時候的準點報時不是由中央電視臺承包，而是寺院裡的行者、頭陀擔當職業報曉的任務。

行者、頭陀當然是一座城市中最先醒來的人。寺院裡只有清規戒律，沒有夜生活、夜店，他們理應是最先醒來的。那個時候也沒有手機鬧鐘，需要有個統一口徑。你既然醒得早，閑著也是閑著，那就去當報時員，為人民服務吧。

陸游先生寫了一首詩，報導了他們在清晨第一線的工作：「五更不用元戎報，片鐵錚錚自過門。」報曉用的器具不是後世的更梆，而是一片片的鐵牌子。這種鐵牌子在現代一些落後山區的小學校裡，還被用作上課、放學的鈴聲，也是滿有古風的。

行者、頭陀報時兼氣象局

每逢晨曦微露時，巷陌裡傳來鐵牌子的敲打聲。來自寺院的行者、頭陀一手執鐵牌子，一手用器具敲打著，沿門高喊「普度眾生，救苦救難，諸佛菩薩」之類的佛教用語，同時，以他們平日練就的念佛嗓音，大聲向坊裡人家報告現在的時辰，順帶還會報告當天的氣象：天氣晴明或者天氣陰晦之類。

佛門弟子要晨起誦課戒睡懶覺，報曉的本意也是教人省睡，起來勿失時機念佛，當然也有喚醒癡迷的象徵。漸漸地，以普度眾生為己任的僧侶們，覺得這樣的報曉不能關起門來光在寺院裡進行，但授戒的僧人晨起即要誦經，不可能出來行吟報曉，於是「臨時工」行列的非正規僧人行者、頭陀，便擔負起這個任務。

行者、頭陀打開寺門，將這樣的佛事功課做到大千世界來，既是宣揚佛法，也可得到相應的報償：善男信女將齋飯、齋錢施捨給他們。這樣的做法頗合佛陀時代初始，佛教托鉢行腳的古法。受人酬報，當然也就有了責任，那就得每日恪守時間的準確無誤。日子一久，行者、頭陀便成了職業的報曉者兼天氣預報員。

在「普度眾生，救苦救難，諸佛菩薩」的佛號聲中，老百姓的一天就開始了。各位團友，一日之計在於晨，今天的行程可是十分緊湊，要在北宋的汴梁和南宋的臨安之間往來穿越。

昨天跟大家說過，宋朝是中國歷史上首個真正誕生了城市、真正有了市民社會的朝代。眾所周知，城市的誕生必然伴隨著市場經濟的繁榮。正所謂無利不起早，早起的鳥兒有蟲吃。隨著經濟繁榮，市民早起投入市場洪流的意識也在增強。用不著等到五更報曉，在臨安的候潮門外，才到四更天，就有「無數經紀行販，挑著鹽擔，坐在門下等開門。也有唱曲兒的，也有說閒話的，也有做小買賣的。」四更天，也就是現在的凌晨一點到三點，古人也是滿敬業的。

這一點，在《清明上河圖》中也可以得到印證，長卷的起首部分：清晨的郊野道路上，樹木夾峙，兩個人，一前一後，趕著五匹毛驢向京城汴梁走來，毛驢上馱載著進京去賣的煤炭……當然，城門要在五更才打開，這是大宋太祖皇帝定下的規矩。也就是說，五更報曉之前，一切都是準備工作。

汴梁和臨安，作為大宋朝前後期的兩個京都，早晨最忙碌的還數那些吃皇糧、每天要準時點卯的各級官吏。每天的官員上朝，是這兩座城市早晨的獨特風景。

五更一到，京城的官員們便要開始上朝。當然，宋朝時，上朝並不是每天都需要進行的，否則皇帝與大臣都吃不消。所以，皇帝一般定下規矩，每月四天或兩天接見群臣。逢到這種日子，報曉的行者、頭陀就要加上一句：「今日四參！」或者「今日兩參！」以喚醒朝臣官員的沉沉酣夢，提醒他們不要錯過上班時間。遲到不僅要扣獎金，還可能丟烏紗帽的。

官員坐轎趕上朝，自掏腰包無補貼

今天我們來的正是時候，正趕上朝會的日子，讓我們一起去看看宋朝官員趕著去上朝的情形。

北宋時，官員上朝一般都騎馬，朱熹的《朱子語類》記載：「南渡以前，士大夫皆不堪用轎，如王荊公（王安石）、伊川（程頤）皆云不以人代畜，朝士皆乘馬。」大家聽聽，不坐轎子，體現的是一種人文關懷。

南宋張端義的《貴耳集》也佐證了這一說法：「自渡江以前，無今之轎，只是乘馬。所以有修帽護塵之服。」上朝的官道雖然每天有人灑水清掃，但這麼多官員騎馬經過，揚起的塵土應該還是不輕，所以官員們在官袍外面還要穿件類似今天雨披的「護塵之服」，以保持上朝覲見時的官家儀容。看看，一切都想得挺周到的。

到了南宋，貪圖安逸的官員們便開始坐轎子了，人文關懷也顧不著了。當然了，不坐轎子轎夫哪來的生計？從這個意義上理解，那又是一種人文關懷，就看你怎麼說了。世界上的事情大凡如此。

轎子的稱謂也是到了宋朝才開始有的，因「狀如橋中空離地」而取名（《癸巳類稿・釋名》）。唐朝時稱為「步輦」，如唐朝閻立本的著名畫作《步輦圖》，就描繪了唐太宗坐在步輦上接見吐蕃王松贊干布使節的情景。

史書上對轎子的最早記載是在《默記》卷上：「藝祖（趙匡胤）初自陳橋推戴入城，周恭帝即衣白襴，乘轎子，出居天清寺。」原來，歷史上第一個坐轎子的人，就是被趙匡胤趕下臺的後周末代皇帝！與步輦不同的是，轎子是四面圍合封閉起來的，這是不是因為周恭帝是退位的皇帝，為顧及他的面子用轎簾圍起來，不讓人看見的緣故？反正後來的轎子都用四面轎簾圍了起來，這也免得再穿「雨披」了。

事實上，南宋的官員們得以改善交通待遇，坐上轎子也真跟雨有關。根據張端義的《貴耳集》記載，「思陵（宋高宗趙構）在維揚（揚州），一時擾亂中遇雨，傳旨百官許乘肩輿，因循至此。」一場大雨，改變了官員們的出行方式。不過，騎馬也好，乘轎也好，都沒有公款消費這一說，全部由官員自己承擔自掏腰包，所以宋朝也就省去了公車改革的麻煩。

好了，現在我們已經穿越來到宋時的杭州。來看一看南宋京城臨安府的清晨景象：嘉會門內，隔著一個大廣場，便是宮牆環繞的皇城。每逢重大慶典和朝會的日子，廣場上樹立的一根十五米高的大旗杆上，就會升起一面碩大無比的繡黃龍旗。從各地入京的人們一踏上筆直的御道，就可以望見這面南宋的「國旗」在天空中迎風招展。怎麼樣？愛國心油然而起了吧？這裡的官員上朝也特別有意思，甚至還有一套「錯峰限行」的交通措施。

聽！朝天門（鼓樓）城樓的四更鼓聲已經敲響，一片清脆而有節奏的鐵牌和木魚聲從四面八方驟然響起，撕破拂曉前的寂靜，揭開了南宋京城一天的序幕。

不一會兒，在夜霧尚未完全褪盡的街頭，出現了一隊隊紅紗燈籠。上朝的官員乘著轎子，在侍衛家傭的簇擁下，匆匆奔向鳳凰山皇城。

轎子有大有小，因官品高低的不同，轎夫也有多少之分，有二人抬的小轎，也有四抬、八抬的大轎。宋朝的時候，一位叫李昉的翰林學士還專門上奏，要求禁止工商、庶人家坐四人以上的轎子，以維護官員特權的等級森嚴。所以，我們只要看轎子的大小，就可以知道轎內坐著的人官級的大小。不像我們今天，三教九流都坐賓士、寶馬。

轎子坐著平穩舒適，但也有缺點，那就是體積龐大、行動緩慢，所以逢到官員一起上朝時，難免引起交通擁堵。那個時候沒有「限號限行」的規定，但有尊長卑下的規矩：憑著紅紗燈籠上的字樣，遠遠見到長官的大轎來了，小官們的小轎就順勢往旁邊的巷裡避讓。杭州的中山路在南宋時是官員上朝的天街，這條路旁邊特多巷子，幾乎每隔十來步就有一條小巷，這樣的道路設計就是為了尊卑避讓，也可以說是南宋交警部門的「避高峰」措施。

三百六十行？對不起，真比這些多

這個時候，向火星迸濺處望去，有人在打石升炊，城內大大小小的吃食店和茶坊，開始升起飄散著誘人香味的白色氣團。那塞滿城內河道的船隊也蠕動起來，一早要出城的船隻，忙著擠出行列。為官署、店鋪、民宅清掃垃圾的「清潔工人」開始了他們含辛茹苦的工作。城外大路上，出現了稀稀落落的人影，挑柴的、賣米的、售花的、販菜的……向高聳在殘月下黑黝黝的城樓移動。三百六十行，生旦淨末丑，獅子老虎狗，該幹嘛幹嘛去。有人做了一個調查，根據大宋朝行業協會的年報，其數量甚至超出了三百六十行，達到四百多種。

這個時候，賣洗面湯的鋪子也開門營業了。賣洗面湯是宋朝市井街頭的一個特色，就是提供洗臉水和漱口水。一些市井小民早晨起床後就直接出了家門，來到這些攤位前洗臉、漱口，整個城市就好像一個集體宿舍。

吃食鋪的點心、粥飯也已經出鍋出籠，連酒店也點著燈燭來賣早點，熱乎乎地吃上一碗，每份不過二十文，一天的日子就這麼開始了。在六部橋一帶，這裡是政府機關辦公地點，專供中央政府官員品嘗的丁香餛飩精美異常，是京城一大名點，連皇宮裡的宮女也借選購早點和菜肴之際溜出來吃上一碗呢！從和寧門到朝天門，這是天街的南端，緊接著皇宮，這裡的東西當然貴了，剛上市的時鮮茄子，一對要賣十幾貫錢。

肉行、米行、魚行、果子行、酒樓、茶坊、藥店、錢莊一個個挑出幌子開了店門……然後，勾欄瓦舍裡就響起了鑼鼓，提醒各路票友：早場的雜劇已經開演，不要錯過了今天的情節，雜劇上演的可是連續劇哦！我們不急，下次專程去看，今天先去看皇帝放鴿子。

披著曙光的白塔站在龍山（即今天的玉皇山）渡口，迎來了第一批擺渡過錢塘江登岸的人們。這些大多是遊客，一上岸就爭購「地經」——這也許是全世界最早的實用導遊地圖了，借助於當時杭州精良的印刷技術，竟把臨安城內所有的官署、店舍、名勝、街巷、橋路刻印得纖毫不差，連供人歇腳的涼亭都無一遺漏。那些對朝廷偏安江南、丟棄中原滿腹憤慨的「持不同政見者」對此感歎不已，寫詩諷刺：「白塔橋邊買地經，長亭短驛最分明；如何只說臨安道，不計中原有幾程？」哎，當皇帝也難啊！誰叫大宋朝輿論環境這麼寬鬆，誰都可以妄議朝政呢！

好了，我們不談政治。臨安城內，此刻已是車水馬龍，熙熙攘攘，繁忙的早市達到了高潮。代替木魚、鐵牌聲為主旋律的城市序曲，是一部由叫賣聲、車輪聲、馬蹄聲、茶坊夥計招攬顧客的吆喝聲、敲打茶盞的叮咚聲……交織而成的「行在之晨」交響曲。

對了，你有沒發現，在每一街巷口處開始圍聚起一群形形色色的人，他們看起來好像遊手好閒的樣子，其實，他們是在找工作呢！他們當中有木竹匠人、雜作挑夫、磚瓦泥工……宋朝的人才市場在這個時候也熱鬧起來，或者叫人力市場更貼切些。這些人力一個個伸頸佇立，像隻鵝，只盼著來人呼喚，因為他們還不知道自己要去幹嘛。宋朝時，一部分城市人口並沒有固定工作，靠打短工為生（宋人稱為「請喚」），所以，這樣的早市就是他們一天的營生。「男的不洗臉，女的不搽粉，大家各自奔前程」。

皇帝帶頭養鴿子，粉飾下的太平

五更鼓聲敲開了各大城門。冉冉升起的紅日，照亮了「行在」。南宋統治者諱言北宋亡國，首都仍稱「汴京」，臨安杭州只是皇帝出行的所在，所以稱「行在」，意思也就是行都。有些自欺欺人吧？但好歹表示不忘收復，所以，還得給他點個贊。這時候，大群的鴿子足繫金鈴，帶著萬點金光和一片鏗鏘之聲，從鳳凰山皇城中飛出，掠空而去，白雲蔽日。

快抬頭看，那一片白色的祥雲在皇宮上空徘徊，壯觀吧？看過梵谷的《麥田群鴉》（Wheatfield with Crows）嗎？我們這裡有沒有畫家朋友？回去可以畫一幅《皇宮上空的鴿群》！現在的遊客喜歡跑到威尼斯廣場去看鴿子，一千多年前，威尼斯人可都跑到我們杭州來看鴿子！

對了，忘了介紹本站的地陪——宋高宗趙構先生。不過，現在他已經退位當了太上皇，否則也沒空來當我們的地陪。

宋高宗的業餘愛好是養鴿子，那個時候沒有信鴿協會，如果有，他是當仁不讓的會長。等到他退位當了太上皇後，更是以養鴿為退休生活的主要內容，那些名貴的鴿子都是由他親自豢養，早晚收放鴿群也都親力親為，想想也是挺辛苦的。於是，晨鴿掠空就成了紹興、隆興年間臨安府的一大景致。有人寫詩諷刺：

鵓鴿騰飛繞帝都，暮收朝放費工夫；

何如養個南來雁，能傳沙漠二帝書！

這是說高宗皇帝有這份閒心，卻偏偏忘了被金國囚禁在白水黑土的父母妻兄，跟「山外青山樓外樓，西湖歌舞幾時休。暖風熏得遊人醉，直把杭州作汴州」是一個道理。據說，趙構先生還是滿有度量的，看了那首鴿子詩後並沒有吹鬍子瞪眼生氣，更沒有利用職權打擊報復，而是將那個寫詩的人收編到「麾下」，賞了他一個官做，把他也當鴿子養起來了。

這個辦法不錯吧？不肯為五斗米折腰的畢竟是少數。

南宋的皇宮座落在杭州東南的鳳凰山上，這裡本來就是一個大鳥窩子。建炎四年，杭州曾經被金兵佔領，宋高宗逃到了海上；到了紹興二年，趙構重新回到臨安，這裡已是雜樹蔽天，野草沒膝，殿屋倒塌，狐兔出沒。數以千萬計的野鳥盤旋上空，發出震天的叫聲，掠空而下，黑壓壓地就像一片大烏雲。

有人建議，將皇宮移建到杭州西北一個叫「留下」的地方，也就是電影《非誠勿擾》裡看到的「西溪且留下」。但趙構先生卻下定決心在這裡重建帝業。他先命人將野鳥趕跑，內侍太監們花了九牛二虎之力，甚至還調來了武裝部隊，日夜用彈弓彈射，這才將盤踞其上的野鳥驅逐出境，趕到了杭州東北的臨平一帶。大鳥窩騰出來就成了大內。說起來，南宋建國之初也是滿艱苦的，大殿蓋頂蓋到一半，居然瓦片供應中斷，只好派兵去向城裡的百姓「借瓦」。

我們今天去北京的故宮參觀，看到的宮殿櫛比鱗次，一個個殿上都懸掛著匾額，什麼養心殿、勤政殿……各殿都有各殿的用途。南宋的皇帝就節約多了，只有一座金鑾殿，朝廷所有的重大活動都在這裡舉行，根據每次不同的性質，更換懸掛在大殿正上方的匾額，如遇重大慶典，就叫大慶殿；在宮內祭祀天地祖宗，就叫明堂殿；宣佈任命、詔書，接見外國使節，就改叫文德殿；皇帝祝壽，就叫紫宸殿；選拔、接見狀元，那就叫集英殿……所以，每天早上在大臣們上朝之前，太監們就辛苦了，根據當日不同朝會的內容，抬著不同的匾額掛上去，還絕不能掛錯！這是宋朝太監的一項額外工作。看，有兩個小太監抬了一塊匾過來了，上面寫的什麼？「講武殿」，那是要召見武將，討論軍事呢！莫不是北方又有什麼風吹草動？不管他了，宋高宗都當太上皇了，我們穿越過來當一趟遊客，也管不了許多。

不管怎麼樣，一天開始了，大家要開心喔！

第五章

參觀皇家寺院 兼趕廟會

上車睡覺，下車看廟！

看完了皇帝的放白鴿表演，接下來我們來到了佛門淨地——東京汴梁大相國寺。

說起大相國寺，各位團友立馬想到了《水滸傳》、想到了魯智深，很好，今天我們請到的地陪就是花和尚魯智深！

智深看見東京熱鬧，市井喧嘩，來到城中，陪個小心問人道：「大相國寺在何處？」街坊人答道：「前面州橋便是。」智深提了禪杖便走，早來到寺前。入得山門看時，端的好一座大剎！但見：山門高聳，梵宇清幽。當頭敕額字分明，兩下金剛形猛烈。五間大殿，龍鱗瓦砌碧成行；四壁僧房，龜背磨磚花嵌縫。鐘樓森立，經閣巍峨。幡竿高峻接青雲，寶塔依稀侵碧漢。木魚橫掛，雲板高懸。佛前燈燭熒煌，爐內香煙繚繞。幢幡不斷，觀音殿接祖師堂；寶蓋相連，水陸會通羅漢院。時時護法諸天降，歲歲降魔尊者來。

《水滸傳》裡是這麼寫的。開封大相國寺是我國著名的寺院之一，在宋朝，它是「為國開堂」的皇家寺院，寺門題額都是宋太宗御筆親書。據說，魯智深大鬧五臺山後就來到這裡管菜園子。這裡原是戰國時期魏國信陵君的故宅，宋朝建都開封後，皇帝常來這裡遊幸祈禱，甚至許多非宗教性的活動也常在這舉辦。宋仁宗時，朝廷在上元節夜裡賜中書樞密院的高級官員御筵，就設在大相國寺的羅漢院；文人雅士也很喜歡到寺中設宴款待客人，而最使大相國寺出名的，是它的廟會集市。

佛門中人也來叫賣

廟會的歷史可以說很久遠了，上古時宗廟社郊制度就是廟會的雛形。我們現在說的「社會」這個詞，其實就起源於宗廟社郊的祭祀集會，這麼說來，廟會其實也就是一個小社會了。廟會發展到宋朝已經大成，老百姓自發借廟會舉行酬神、娛神、求神活動，其間還有一些大型的文娛活動和商貿活動，三教九流雲集於此，廟會就是最大的展覽會，就是宋朝的廣交會，趕廟會就是宋朝人民的節日。

說到這裡，導遊我插個話：二十一世紀的中國，地方政府以經濟建設為中心，紛紛以文化搭台、經濟唱戲，搞出各種各樣的博覽會、展覽會。那年我去哈爾濱，聽人說當地在搞「哈欠會」，我心裡一怔，連打哈欠都可以開會？後來才知道，是普通話發音不準，聽錯了，人家是「哈洽會」，哈爾濱經濟貿易洽談會。這當然是個笑話，不過，宋朝地方政府官員的經濟頭腦一點都不輸今天的地方官員，他們沒有搞出那麼多名目，各地統一都叫廟會，品牌效應比今天這般琳琅滿目的更讓人記得住。

大相國寺的廟會每月舉行五次，分別是初一、初三、初八、十五、十六。這五天廟會允許老百姓在寺內做生意，大殿前還會臨時搭建樂棚，上演各種歌舞、百戲、雜耍、傀儡戲，吃、遊、玩、樂、購，在這裡一條龍，統統解決。我們今天來得正好，正趕上大相國寺的廟會時間，那就好好地去趕一趟集！

有團友說，這人山人海的從何處遊起？趕廟會也得有個攻略指南，放心！北宋孟元老的《東京夢華錄》就有大相國寺的廟會寶典。

根據孟元老的推薦路線，逛大相國寺廟會首先要進大三門，這裡賣的都是飛禽走獸、貓狗寵物之類，「奇珍異獸，無所不有」；第二、三門，都是賣一些生活實用品，蒲扇枕席、屏幃、弓劍、時蔬水果；進了這三道門，臨近佛殿就是黃金攤位了，出售的都是大宋朝的老字號大小名牌產品：孟家道院的王道人蜜餞、趙文秀的筆硯、潘谷的墨等等。在殿後資聖門前，則是賣古董、圖書，還有一些外地為官的人帶回當地的土產、香藥也在這裡出售。那個時候，交通物流沒有今天這麼發達，一般各地的土特產只能在當地買到，像香藥寶貨這些異域外國出產的進口商品，更是平常人難得一見，而大相國寺的廟會因為有了宦遊官員的加入，帶回的各地土產雲集於此，等於是購物大狂歡，當然是相當有吸引力的。

值得一提的是，民間貿易既然如此紅火，連佛門中人也按捺不住，投身其中。各家寺院的和尚、尼姑們也把他們手工製作的繡品、領抹、花朵、珠翠、帽子等拿到集市上來賣。你看，這兩個小尼姑！不是叫你看人！是看她們手中叫賣的刺繡，正宗的湘繡，繡的還是鴛鴦蝴蝶咧！

從孟元老的記載上看，這個廟會的規模非常大，而且也很有宋朝的時代特色。比如禽獸寵物市場的興隆，就與宋人飼養寵物的時尚有關，我們將在下回專程帶大家去逛寵物市場；而尼姑產品湧入市場，則與宋朝僧尼人數過多有關；至於在殿後隱藏在書籍古玩中的散任官員的土物香藥，其實是黑市走私貨或贓物，因為當時外貿是國家壟斷的，香藥寶貨不准私相貿易，所以當時人又稱相國寺的廟會為「破贓所」。不過，政府也睜一眼、閉一眼，不去破壞民間的繁榮景象。這是大宋朝的寬容之處。

廟會一般都在各地著名的寺廟附近舉辦，但即使沒有廟，也擋不住老百姓辦廟會的熱情。《水滸傳》第八十二回的回目是「梁山泊分金大買市，宋公明全夥受招安」，就是講述梁山好漢受招安後，結束山寨，「買市十日」的事。他們寫了一張告示，分貼到附近州郡村坊，「向因聚眾山林，多擾四方百姓。今日幸蒙天子寬仁厚德，特降詔敕，赦免本罪，招安歸降，朝暮朝覲，無以酬謝，就本身買市十日。倘蒙不外，齎價前來，一一報答，並無虛謬。特此告知，遠近居民，勿疑辭避，惠然光臨，不勝萬幸。」所謂的買市，就是利用山寨開廟會，歡迎各方交易的意思。

那十日買市的情形是：「宰下牛羊，醞造酒醴，但到山寨裡買市的人，盡以酒食管待，犒勞從人。至期，四方居民，擔囊負笈，霧集雲屯，俱至山寨。宋江傳令，以一舉十，俱各歡喜，拜謝下山。一連十日，每日如此。」

梁山上都辦廟會了，宋朝的廟會夠熱鬧吧！我們不可能再去梁山逛廟會了，因為梁山上的強盜都已經解甲歸田再就業了，還是跟著魯智深師父好好逛逛大相國寺吧！

嗨，這幾位團友圍著智深師父談得熱烈，在說啥話題？啊？想要出家！幹嘛這麼看不開？哦，不對，是怎麼這麼看得開！哼哼，待魯智深師父告訴你：在宋朝要想當和尚，還真不是那麼好當的！

沒錢還當不起和尚

陝西軍區種師中司令員（延安府小種經略相公，老種經略相公種師道的弟弟）手下的一名營長叫魯達，在酒樓與朋友喝酒時遇到「趕趁」唱小曲的金家父女，因為同情弱者打抱不平，三拳打死了號稱鎮關西的當地惡霸鄭屠夫，被官府以故意殺人罪張榜通緝，亡命天涯。沒想到，世界真是太小，又遇到了金家父女。此時，金女已經嫁給了趙員外為妾，趙員外感恩圖報，力勸魯達剃度出家，以逃避官府緝捕。

假設魯達聽了趙員外的話直奔五臺山，那麼，他遇到的情況可能是這樣的：

「和尚，快給洒家剃頭髮，洒家要出家做和尚！」

「施主要想皈依佛門，善哉！善哉！敢問施主可有度牒？老衲好安排給施主剃度。」

「度牒？度牒是什麼玩意兒？洒家沒聽說過。」

「度牒嘛，就是做和尚的執照。沒有執照，你怎麼做和尚？」

「什麼？做和尚也要執照？我勒個去！」

幸虧趙員外早已替魯達準備好了做和尚的執照——度牒。這份五臺山文殊院的五花度牒是趙員外早前就購買了的，此時正好派上用場。於是，魯營長搖身一變就成了花和尚魯智深。

做和尚還要執照？這份執照好像還滿值錢。身為俗家的趙員外自己又不想出家當和尚，為什麼要早早地買下和尚執照？哈哈，這就是宋朝。

做和尚要度牒的做法起源於唐朝。佛教在印度原本沒有僧籍、寺籍和度牒制度，傳入中國後，由於僧尼出家可以免除賦稅和徭役，僧尼的人數多了，勢必減少納稅人的數目，從而影響國家財政收入。所以，政府要想辦法控制僧尼人數。那幾位團友想要當和尚，莫不是也想逃漏稅吧？哦——是開玩笑的，那就好。我們接著說：

從南北朝開始，國家開始對僧尼進行登記入冊的規範管理，進入唐朝後，政府正式向入冊僧尼頒發資格證書——度牒。由於這份度牒有免稅特權，這裡面就摻雜了經濟的成份，不少人來鑽這個空子。眼看著「黃牛」氾濫，市面上度牒炒作成風，政府乾脆透過商品化的辦法出售度牒，作為開闢國家財政收入的新來源。這一做法延續到宋朝，而且越演越烈，度牒被越炒越熱。

唐肅宗時，一張度牒要價百緡，一緡是一貫錢，也就是一千文，按照當時的市價，一文錢可以買一個燒餅，我們用「燒餅計算法則」來換算，今天的一個燒餅大概價值人民幣一元，也就是說，當時度牒的價格相當於人民幣十萬元一張！而這還是唐朝的物價水準，到了宋朝，又不知水漲船高了幾個燒餅！當一個和尚要這麼多錢，出家還真出不起。

唐朝的度牒用綾素鈿軸，製作考究，像佳士得、蘇富比拍賣的絹本古畫。北宋的度牒有些偷工減料，是用紙做的。這麼貴的東西，政府還要節約成本，老百姓當然也不買賬，於是發揚中國人傳統的造假本領，一時間假度牒氾濫。當時又沒有驗鈔機之類的工具，全憑一雙肉眼對著陽光照一照，政府搞得十分狼狽。

當然了，趙員外送給魯達的那張度牒不會是假的，一則趙員外身價千萬，犯不著作奸犯科弄假度牒惹禍上身；二則五臺山文殊院這樣大的寺院，裡面的當家和尚早已練成火眼金睛，一看二摸，真的假不了，假的真不了。這種尷尬局面到了南宋得到改善，南宋政府吸取教訓，覺得這個製作成本省不得，於是改用絹制，質地和官誥（相當於現代官員的委任狀、任命書）相似。由於製作工藝複雜，假度牒從此不再出現。

度牒上詳細記述了僧尼的原籍、俗名、年齡、隸屬的寺院、師父名字、師承關係，以及官府有關職掌宗教事務人員（相當於現在的民族宗教局官員）的資訊。僧尼死後或者中途還俗，度牒必須上繳。宋朝還有規定：犯了罪的人如果剃度出家皈依佛門，則視作重新做人既往不咎，所以魯達打死了鎮關西後，化身魯智深就可以酒照喝肉照吃，用不著擔心警察找上門。

正因為有這許多好處，宋朝的度僧限制也是滿嚴格的，規定在擁有一百個僧眾的地區，方可剃度一人，比今天考大學、考公務員的錄取率還要低。做和尚比做公務員還要難。

沒有度牒的人如果想要出家，那就得先到寺院裡去當「行者」，相當於現在機關裡的臨時工，擔負寺院裡的各項雜役，如種地、舂米，還有前文所述的報曉等工作。武松沒有趙員外的相幫，所以只好當行者，比魯智深差一個等級。

行者不剃頭髮，髮型為垂髮，京劇中行者武松的扮相就是其中的典型。行者也可以從師受沙彌戒，但必須等到朝廷規定度僧的時日到來，經過官府甄別，並且經過試經等考試合格，得到許可給予度牒，並指定僧籍隸屬於某寺院，方能取得正式的僧人資格，剃度為僧。想想看，做一個和尚有多麼難，像我們熟知的孫行者、武行者，都只不過是個候補和尚而已。這就是沒有度牒的苦！

度牒行情看漲，社會上就出現了爭購度牒的風潮。一些有權有勢的世俗地主爭購空名度牒，既是表達一種佛教信仰，也是為了寄名僧籍，可以逃避國家的賦稅徭役。像趙員外那樣，說明在宋代，豪紳之家購買空名度牒，已是一種佛教信仰和擁有財富的象徵；而那些豪門官吏參與爭購空名度牒，則更主要是為了炒買炒賣，低進高出，從中漁利。從某種意義上說，度牒倒有些像今天的股票了。

股票被炒得太瘋狂，證監委就要出手干涉；度牒被炒得太熱，宋朝政府也要不安起來。北宋末年，宋徽宗就不得不下詔書，禁止這種賤買貴賣、非法牟取暴利的投機行為，規定凡是不按官方牌價私相買賣的度牒，錢鈔一律沒收充公，由國家作為罰沒款處置，已經剃度的和尚也一概勒令還俗。

可是，這道聖旨終究還是敵不過市場經濟的大潮，何況頒佈這道聖旨的皇帝都給人家捉去當俘虜了，於是度牒炒作之風到了南宋死灰復燃，越演越烈。到後來，不少俗家地主都手握度牒，真正的出家人反而買不到官價的度牒，就千方百計購買黑市度牒。在川蜀地區，一張度牒的官價是一千貫（注意，比唐朝漲了十倍，已經相當於人民幣一百萬了），而民間黑市的價格漲到了一千六百貫，比官價高出六十%。有的人想出家卻買不到度牒，竟然幹出了殺人劫牒的勾當。

益州知州張詠審問一個可疑的僧人，發現此人的度牒資訊與口供多有出入。

「這張度牒是你本人的？」

「是的，大人，千真萬確。」

「你的師父叫什麼名字？」

「叫悟空。」

「悟空是在哪家寺廟出家的？」

「是跟唐僧一起去西天取經的。」

「呔！誰讓你亂說《西遊記》來！」

張詠驚堂木一拍，大喝一聲，於是當庭下判詞：「勘殺人罪。」

衙門胥吏們都想不通，認為知州判案也太玄乎了。但後來查實，張詠的判斷準確無誤，此人獲度牒不能，乃佯裝與一個擁有度牒的僧人結伴同行，途中殺僧而劫取度牒、僧衣，自行披剃為僧，冒名頂替。為了當一個和尚，居然要去殺人，真是阿彌陀佛！

政府既然管不住了，也就乾脆開放。史書上記載，宋高宗趙構就曾下令財政支付二百道度牒給岳飛。讀史的人不免納悶，岳飛要那麼多度牒幹什麼？難道岳家軍有那麼多人看破紅塵要出家？是厭於殺伐，要放下屠刀立地成佛？當然不是，原來，這二百道度牒是作為岳飛軍隊的軍餉，和修築防禦工事的開支。二百道度牒，官方牌價就是兩億，我給你政策，怎麼用你自己看著辦吧！

原來，一代名將岳飛也做過賣和尚執照的事情。其實，度牒交易在宋朝是再正常不過，岳飛說過「文官不愛財，武將不惜死，天下太平矣！」可他並沒有倒過來說呀！帶兵打仗沒有錢可是萬萬不能，軍餉發不出，岳老爺也只好批發和尚度牒。好在後來羅織「莫須有」時，上頭沒有查他的經濟問題，也沒有拿這事整他。你說，宋朝是不是很有趣！

第六章

西門慶哪來的潑天富貴

宋徽宗年間，山東清河縣有一個財主，複姓西門，單名一個慶字，人稱西門大官人。這位西門慶在中國可是家喻戶曉，他有一段著名的財色宣言：「就使強姦了嫦娥，和姦了織女，拐了許飛瓊，盜了西王母的女兒，也不減我潑天富貴！」（第五十七回）

其實，小說《金瓶梅》一開始的時候，西門慶只不過是一個繼承了父親生藥鋪的藥店老闆，算不得十分富貴。但是西門慶後來自己估算，他累積下來的可流動資產就有十萬兩銀子之多（不考慮通貨膨脹因素和實際購買力情況，單單以現在一兩白銀折算三百元人民幣，則也有三千萬之巨）。從政和四年（西元一一一四年）到政和七年，在短短的三、四年間，西門慶積下這麼多的資產，速度可說是非常驚人。在《金瓶梅》裡，作者蘭陵笑笑生用了不少篇幅，翔實地記載了西門慶是如何在大宋朝的經濟和社會環境中快速崛起，這份記載也可看作是宋朝商業運作、經濟發展的重要一手訊息。

我們這趟深度旅遊，不能只關心自己吃喝玩樂，也得去解析一些經濟學樣本，以便更好地瞭解大宋朝。所以，我們今天就走一趟清河縣，拜訪一下西門大官人的家。當然了，這一站的地陪就是西門慶了。什麼？你想叫潘金蓮做你的地陪？那你先問問自己，「潘驢鄧小閒」[1]，比不比得過西門慶！

西門慶的事業版圖，多元化經營

根據媒婆文嫂替西門慶拉皮條，向林太太形容西門慶的介紹，西門慶的事業版圖是這樣的：

縣門前西門大老爹，如今見在提刑院做掌刑千戶，家中放官吏債，開四五處鋪面：緞子鋪、生藥鋪、絲綢鋪、絨線鋪，外邊江湖又走標船，揚州興販鹽引，東平府上納香蠟，夥計主管約有數十。（第六十九回）

其實，文嫂還漏說了很重要的一項，西門慶還在清河縣裡開著當鋪和錢莊，從事金融借貸的生意。「東平府上納香蠟」倒是提到了一句：西門慶貸款給包攬朝廷香蠟生意的李三、黃四，利息是「每月五分行利」，即每個月百分之五的利息，等於是年利率百分之六十。可見放高利貸是西門慶的一個重要收入來源。宋朝政府對於民間貿易較少干涉，像這樣的民間借貸，只要一個願打一個願挨，政府一概不加禁止。

像生藥鋪、緞子鋪等店鋪的批發生意，則是西門慶家族的傳統經營範圍。批發指的就是江湖走標船的部分，西門慶派人到原產地低價收購各種布料、藥材，然後在清河縣高價出售。

以西門慶和喬大戶合開的緞子鋪為例，一開始開店的資本其實只有一千兩銀子，然後兵分兩路：夥計韓道國往杭州採購，另一路則由家僕來保去湖州採購。按照今天的情況來說，這兩路其實可以併作一路，杭州與湖州不過百餘里的距離，但在當時的交通條件下，都要靠水路從南京走運河運回來，所以還得兵分兩路。韓道國運回了十大車貨物，價值一萬兩銀子，來保則更加賣力，運回了二十大車貨物，價值二萬兩銀子。這一趟生意下來，一千兩的成本立刻翻了三十倍，成了三萬兩。這就是西門慶做生意的精明之處，也是大宋朝商業之所以繁榮的一個縮影。

有人納悶，西門慶的生意需要大筆的本錢，一個小小的藥店老闆，事業發展所需的龐大資本從何而來呢？

其實《金瓶梅》記載的不僅僅是西門慶商海搏殺的成功歷史，更是西門慶的一部獵豔情史。這兩者居然有著密不可分的關係，我們只要回頭仔細讀讀西門慶幾次婚姻得來的嫁妝，就不難發現這些資本的來源。

先來看第三房孟玉樓的嫁妝：

南京拔步床也有兩張。四季衣服，妝兒袍兒，插不下手去，也有四五隻箱子。珠

兒箍兒，胡珠環子，金寶石面，金鐲銀釧不消說，手裡現銀子也有上千兩。好三梭布也有三二百筒。（第七回）

三二百筒三梭布少說也值幾千兩銀子，加上現金、首飾、珠寶，難怪西門慶一看到孟玉樓立刻決定在潘金蓮之前娶了她。當然，潘金蓮是純粹只有色沒有財，你還想武大郎賣炊餅給她留下多少家當？

比起孟玉樓來，第六房李瓶兒的陪嫁產則更是驚人。這婦人原是被大名府梁中書收用過的，梁山好漢攻破大名府，殺了梁中書一家，李瓶兒偷帶了一百顆西洋大珠、二兩重一對鴉青寶石逃了出來；後來嫁給了花子虛，其實卻跟花子虛的伯父、老太監花公公有些說不清、道不明，花老太監死後留給她的財富更是不可計數。花子虛兄弟為了這筆遺產大打官司，李瓶兒托西門慶從中打點關說，一下子就大方地拿出六十錠大元寶——三千兩銀子（相當於九十萬人民幣）。到了後來，更是把裝私房錢的箱子從牆頭馬上偷運到了西門慶家裡。這一場婚姻，西門慶可謂是人財兩得。也不知道他交了什麼狗屎運，滿臉桃年開，連《金瓶梅》的作者都語帶豔羨地向看官交代：

西門慶自從娶李瓶兒過門，又兼得了兩三場橫財，家道營盛，外莊內宅，煥然一新。（第二十回）

正是這連續的幾筆橫財成了西門慶產業升級的關鍵資本，有了這些資本，西門慶就跳出了小商人的經營模式，開始精確地出手投資、從事壟斷專賣行業，快速獲利。

不過，有一個細節值得我們玩味。西門慶除了自家居住的住宅外，從不投資房地產。西門慶隔壁是花子虛的宅院，花太監死後花家兄弟打官司，官府判決花家的幾處房產都拿來拍賣，李瓶兒央求西門慶買下隔壁的宅院，可西門慶就是不肯。西門慶除了自家的宅院外，只有獅子街一處房子，那還是當年李瓶兒賣掉了位於西門慶隔壁的花子虛宅院後，花二百五十兩銀子買下的房子，在嫁入西門府後，這棟房子自然成了西門慶的財產。

今天的富翁至少有半數以上是靠房地產發跡的，大宋朝的富翁西門大官人為什麼卻對房地產不屑一顧呢？原來宋朝的時候，除了朝廷的達官貴人由政府提供府第，像南宋的大將張俊官封清河郡王，政府拆遷清河坊一帶居民替他造了一座郡王府，拆遷的補償款是十貫錢一間房，也就是一萬塊一間房，而且這一萬塊還得分成兩份：房主得五貫，原先的租戶也得五貫安置費。你想想，這房產還有什麼投資價值。所以，宋朝人租房比買房的多。

《金瓶梅》裡寫到，西門慶的長官夏提刑升官後準備遷回京城去住，他在清河縣購置的房宅，最後是以一千五百兩銀子（四十五萬人民幣）的原價賣給了新來的副千戶。宋朝時人口不多，沒那麼多剛性需求[2]，房地產的增值空間也有限，在這樣的情況下，精明的商人西門慶當然不會拿熱錢去投資這樣的產業。這跟今天倒是天差地別了。

西門慶雖然不做房地產投資，但他的另一個生財之道是承攬政府特許的公賣業務。宋朝官方壟斷的特許經營項目主要有鹽、酒、茶、鐵的專賣，西門慶從事的是販鹽業務。受過西門慶熱情招待、得了不少好處的蔡狀元，在欽點了兩淮巡鹽御史後，答應西門慶比別人早一個月支領出三萬引（一引為四百斤）的食鹽。販鹽本來就是一個獲利頗豐的專賣事業，這三萬引鹽依時價，少說值二、三萬兩銀子，更何況比別人早一個月支領出食鹽，也就是說，在別的鹽商還無鹽可賣的時候，就給西門慶開了一個大發其財的方便之門。

下面請西門大官人給大家講講宋朝的專營買賣制度。來吧，來吧，反正這也不是什麼商業秘密了。

「買酒買鹽，請到全國統一趟記商號，認準官字商標。」怎麼？你就只會說這麼一句話？做生意的人門檻總是那麼精。算了，算了，西門大官人不肯透露生財之道，還是導遊我來講吧！

不該碰的千萬別碰，小心自己的腦袋

正如我們剛才說的，大宋朝的鹽、酒、茶、鐵都是由官府專賣，想要去販私鹽，那可是要殺頭的！相當於古代的販毒。

你們看《隋唐英雄傳》，知道程咬金是販私鹽的。販私鹽的罪名就跟今天的販毒一樣重，抓住可都是要掉腦袋的。所以私鹽販子也最容易鋌而走險，與政府公開對立。如果說私鹽販子程咬金的一把開山斧開創了大唐皇朝，那麼，大唐皇朝最終也是亡在了私鹽販子手裡。唐末農民大起義的首領王仙芝、黃巢，一直到後來的吳越王錢鏐都是私鹽販子出身。一群私鹽販子大鬧天宮，把強盛的唐朝玩完了，歷史就是這麼一個循環，你不服都不行。

唐朝私鹽販子成堆，那麼宋朝的情況又如何呢？

宋朝向來推崇「一本仁厚」的富民政策，宋太祖甚至有個美好的理想，子子孫孫「不加農田之賦」。但無奈政府要用錢的地方太多，後世的皇帝們也越來越會用錢，弄得財政總是入不敷出，都快變成民富國窮了。後任皇帝只好讓太祖皇帝的美好理想破滅了，「一切向錢看」的財政大臣們不僅開賣官鬻爵、鑄錢造幣、倒賣有價證券之財源，還在禁榷專賣上大做文章。按照皇家的理論，普天之下，莫非王土；率土之濱，莫非王臣。山海天地之藏，市場貨物之聚，當然也不應讓商賈獨擅其利，而應收歸國有專賣，以助國家經費。讓利於民和與民爭利，反正都有一套理論，都說得通，就看統治者想怎麼說了。

在經濟學上，鹽被視作完全無價格彈性的商品，也就是說不管怎麼貴，你都得吃都得買，這是生活必需品。所以歷朝歷代都對鹽實行專賣，以保證國家的壟斷地位。宋朝跟唐朝一樣對食鹽實行專賣，稱為「榷鹽」。宋朝對鹽的統一收價為每斤五至七文，而售價卻高達三十至六十文一斤，利潤是以十幾倍計算的。

宋朝的榷鹽制度包括對食鹽生產、運輸和銷售實行全面壟斷。西北的池鹽、四川的井鹽由官府直接經營，東南的海鹽也實行民製官收。製鹽地區有官兵巡邏，戒備森嚴，一斤一兩都不許遺漏私留。生產出來的食鹽則由官府派兵役夫運輸到銷售地區，大車插上「武裝押運，請勿靠近」的小旗。政府對各種食鹽的銷售也實行定向劃片，劃定地界專賣，不准侵越，浙江的鹽越界到了江蘇就是私鹽。至於膽敢私自加工生產或者異地走私的，宋太祖時就曾規定：「私煉鹽者，三斤，死；擅貨官鹽入禁法地分者，十斤，死。」就像今天的販毒五十克以上，死。

榷鹽是皇朝財政收入的重要來源。所以，宋朝規定，捕獲私鹽的官員可以縮短年資升官。一次查獲一千二百斤私鹽，可以提前一年升官；一次查獲一萬斤，立馬可以升一級。相反，如果地方鹽課虧欠，就像經濟指標無法完成一樣，主要官員是要受到追究的，嚴重的還可能會進監獄。由於這種規定，地方官員對徵稅稽私都不敢掉以輕心，有的人甚至另立土政策，用苛法嚴刑來對付治下的老百姓。蘇東坡在浙江當官時，對這種現象實在看不下去，上書揭露，指出「兩浙之民以犯鹽得罪者，歲至萬七千人。」

從蘇東坡的上書可以知道，宋朝的私鹽販子也是挺猖獗的。因為有利可圖，一般老百姓又不可能像西門慶那樣，搞到食鹽專賣的資格，只能提著腦袋去走私，倒也是滿拚的。

《水滸傳》裡的梁山好漢成分複雜，其中也有幾個私鹽販子，比如水軍的童威、童猛兄弟。《水滸傳》將這兩兄弟安排在江西九江一帶販運私鹽，是有一定歷史背景的。北宋時，江西正是私鹽問題較嚴重的一個地區。因為江西基本不產鹽，主要靠東南沿海生產的海鹽供應。《宋史・食貨志》說：「江、湖運鹽既雜惡，官估復高，故百姓利食私鹽，而並海民以魚鹽為業，用工省而得利厚。由是不逞無賴盜販者眾，捕之急則起為盜賊，江、淮間雖衣冠士人，狃於厚利，或以販鹽為事。」不過，宋朝總算沒有像唐朝一樣發生大規模的私鹽販子起義，也算是幸運了。

與鹽一樣列入專賣的還有酒。

《水滸傳》寫宋江潯陽樓題反詩一節，「（宋江）正行到一座酒樓前過，仰面看時，旁邊豎著一根望竿，懸掛著一個青布酒旆子，上寫道：『潯陽江正庫』。雕簷外一面牌額，上有蘇東坡大書『潯陽樓』三字。」

這潯陽樓為什麼要懸掛一面「潯陽江正庫」的酒旗呢？這就牽涉到宋朝的酒類專賣制度了。與鹽類專賣叫「榷鹽」一樣，酒類專賣就叫「榷酤」。如果說，鹽類專賣是唐朝實行得最嚴格，那麼酒類專賣則是宋朝最規範。宋朝的榷酤主要有三種形式：官釀官賣、榷曲和募民掌榷，透過這種辦法「寓徵於價」——你每喝一口酒都是在向政府繳稅，你的酒量越大說明你越愛國，大宋皇帝越喜歡你。

官釀官賣主要在各州城鎮實行。為此，政府還在各地設立酒監，相當於酒專賣局的局長。那個吟誦「纖雲弄巧，飛星傳恨」的詞人秦觀，就在浙江麗水當過酒監。這官兒好啊！當年阮籍就很嚮往。不過，秦觀是愛情至上主義者，與阮籍的「壺中乾坤大」有本質上的區別，在麗水這個地方，山高美人遠，他很鬱悶。

凡實行官賣之處，都有特設的酒場，造酒供應市場。你去過杭州嗎？杭州有一個著名的景點叫「曲院風荷」。什麼叫曲院？就是官辦的造酒廠。古代稱釀酒為造曲，酒廠就是曲院，所以，曲院風荷就是南宋時大型國營釀酒廠的所在地。這樣算起來，它應該是中國最早的工業歷史遺存了。

宋朝的這個官釀官賣也不純粹是計劃經濟，也有些市場經濟的成分，比如官釀酒的原料就不是國家撥給的，而是另行向市場購買。官釀的酒透過正庫，即是官營的酒庫批發給私商分銷零售，有的地方則是委託大的官辦國營酒樓批發兼零售。潯陽樓可能就是這樣的官酒樓，我們在宋朝夜生活一節中提到的樊樓也是。酒招上標明「正庫」字樣，一則是表明貨源來路清楚，品質保證，絕非假冒；另一方面也是告訴商販，這裡可以來批銷官酒。

官酒賣出越多，政府收入越大，據資料顯示，自仁宗朝開始，全國酒利的毛收入常年保持在一千二百萬緡以上，去除成本，淨利潤也在六百萬緡以上。所以大宋朝皇帝不會像俄羅斯那樣擔心人民都成酒鬼，而是要發動全體臣工，大家想方設法推銷官酒。

臨安府一年一度開煮新酒，甚至連妓女都被拉來造勢了。那個時候沒有車模之類的模特兒代言，只好讓妓女兼當酒模，官辦的酒庫雇來許多有名的、顏值爆表的官妓，各捧花鬥鼓兒，托著諸色果子蜜餞，親自持杯頻頻勸酒，「喝完了這杯再說吧，今宵離別後，何日君再來」。這支由官妓組成的美酒專賣宣傳隊伍，引得成千上萬的市民排列街頭觀看，浮浪子弟把持不住，紛紛持錢走出，誘之飲酒，十錢總要花去二三錢。這樣蠱惑民心的表演，一時形成了「萬人海」的場面，也算是宋朝最熱鬧的路演盛況了。

官酒實行官賣，那麼，武松在景陽崗前吃的「三碗不過崗」是不是官酒呢？恐怕不是了。山野農村總有官家勢力不到的地方，再說釀酒又不比製鹽那麼複雜，酒家自己也說：「俺家的酒，雖是村酒，卻比老酒的滋味。但凡客人來我店中吃了三碗的，便醉了，過不得前面的山崗去。因此喚做『三碗不過崗』。」

政府也知道要壟斷全部的酒業生產有困難，所以就決定控制造酒的原料——酒麴，從半成品銷售過程就進行專賣控制。

北宋時，榷曲主要在四京，也就是東京開封府、南京應天府、西京河南府、北京大名府實行。凡四京的酒戶都必須用官家釀造的酒麴，違反者重罰。官釀酒麴每斤賣到一百五十文，後來又漲價到了二百五十文，而一斗麥可做六斤四兩酒麴。這樣的利潤是相當可觀的，用官麴的酒戶等於是向政府繳了一筆額外的酒稅。有的酒戶負擔不起，只好拖欠。宋英宗時曾下詔，蠲免京師酒戶所欠的蠲錢十六萬貫，也算是皇恩浩大，而宋神宗就沒有那麼大方了，他的政策是對欠戶加倍重罰，並對用私麴的立告賞法，告發別人用私麴政府給予獎賞。

至於募民掌榷，說到底就是公開招標，承包經營。承包者一般都可以賺到大錢，但碰上倒楣的，投標開價過高，再遇上災荒之類經濟不景氣的時節，酒的銷量受影響不說，這個承包商也許要賠得傾家蕩產。這也怪不得別人，只能怪自己運氣不好。

茶葉引發的血案

除了鹽、酒，宋朝人民消費最旺盛的還有茶葉。宋太祖時，茶葉是不列入專賣的，後來一切向錢看了，茶葉自然也被看中了。宋朝歷史上最大規模的一次農民起義——王小波、李順起義，據說就是茶農造反。

淳化年間，政府在四川設置「博買務」。所謂的「博買務」，就是有官方背景的買賣公司，壟斷各種主要商品的貿易，布帛、茶葉等都被官府控制。王小波的家鄉青城縣是著名的茶葉產區，茶農以採茶、製茶為生，茶商以運茶、販茶為業。「博買務」一來，強行收購茶葉，壟斷茶葉買賣，把大家的飯碗都搶走了。王小波自稱「我土鍋村民也」，意思就是土鍋炒茶的茶農，他的拍檔李順大概是個茶販，兩位都失業了，又領不到救濟金，就開始大鬧天宮，「吾疾貧富不均，今為汝等均之！」這樣的口號，在今天聽來，還是滿蠱惑人心的。

這麼一鬧，茶葉的專賣算是鬧掉了，不過後來又反反覆覆，一會兒實行專賣、一會兒又廢除專賣，反正沒有像鹽、酒那麼執行得嚴格了，總得留給老百姓一碗飯吃。

政府壟斷專賣的東西常常質量不好，宋朝也一樣。官辦公司釀的酒薄劣如水，又酸又澀，賣不出去，政府便強令老百姓婚喪必用，按戶分配。但這樣總不是個法子，消費者買到的官鹽，品質差不說還缺斤少兩，所以儘管緝私嚴厲，到後來私鹽還是佔據了大片市場。仁宗天聖八年（西元一〇三〇年），榷鹽無法維持而改為通商，才實行一年，所交稅額反而比官營七年的總數還多出十五萬緡。

歐陽修分析說：要最大限度地取得國家利益，就不能禁榷太專。必須與商賈共同經營，流通才不會阻滯。若想把十分之利都收歸公家，只會虧得越多；不如與商賈共同致富，十分之利大家五五分賬。說得真好！

要搞活經濟，必須改革開放，大宋朝的專賣經歷也證明了這一點。

好了，今天這趟走訪大家都有點累了，不僅潘金蓮沒看到，甚至還上了堂經濟學的課，回去都能寫宋朝經濟研究的學術論文了，明天我們輕鬆點，帶大家去喝喝酒，品品茶，享受一下宋朝的休閒時光。

❶……西門慶傾心潘金蓮，王婆受人錢財為人獻策，說要想事成，必須具備「潘驢鄧小閒」。「潘」指要有潘安的相貌。「驢」指陽具要如驢子一樣大。「鄧」指具備鄧通般的萬貫家財。「小」指小心在意佳人。「閒」指要有時間陪伴她。

❷……就是人的最基本需求。比如穿衣、吃飯、工作、住房等。

第七章

大碗喝酒小盅分茶，大宋朝的快意人生

說了大宋朝的鹽、酒、茶、鐵專賣，導遊不請大家喝點酒、品個茶也有點說不過去，今天我們就去喝酒品茶，盡享一下大宋朝的快意人生，反正錢都已算在團費裡，不是自費項目，大家請放心。

喝酒品茶，其實也不是純粹的喝酒品茶，咱們是穿越時空的文化之旅，所以得講點大宋朝的酒文化、茶文化，看看宋朝人民是怎樣喝酒品茶，宋朝的酒文化、茶文化有哪些淵源，順便還可以結交幾個宋朝的酒友、茶友。

大宋朝就是從一杯酒開始的

建隆二年（西元九六一年）七月，也就是陳橋兵變建立宋朝的第二年。宋太祖趙匡胤在宮裡擺下豐盛的酒宴，請來石守信、王審琦等一班原先同在禁軍司令部、後來起兵擁戴他做皇帝的老兄弟。因為大家一起喝酒喝慣了，一點都不拘束，很快就酒酣耳熱，原形畢露。

太祖摒退了左右侍從，深深地嘆了一口氣。老兄弟們納悶了，你當了皇帝還嘆什麼氣？趙匡胤對他們說：「我要是沒有你們的幫助，就沒有今天，你們的功勞大大的！但是我做了皇帝，還不如當初做節度使時快活，說老實話，我現在是長年累月不能安枕而睡，天天失眠啊！」

老兄弟們以為趙匡胤身體不好，連忙表現出對領導健康問題的關心。太祖說了：「這有什麼不明白的呢，皇帝這個位子，誰不想坐坐呀！」這句話來得太突然，把一班老兄弟嚇得酒都醒了，石守信等人誠惶誠恐，連忙拜伏在地，再三申明自己決不敢有非分之想。太祖大度地揮了揮手，說：「我哪裡是不放心你們呀！但是，我做大哥很多年了，底下小弟們的心思還是曉得的，有朝一日你們手下的將士貪圖富貴，一旦將黃袍加在你們身上，你想不幹恐怕都不行了。」

老兄弟們此時已經冷汗一身，知道受了猜忌，弄不好就有殺身之禍了，於是一邊流淚、一邊叩首，祈求老大指條活路。

趙匡胤同志看在眼裡樂在心裡，表面卻不露聲色，話題一轉開始談人生、談理想：「人生一世，草木一秋，所以企求富貴者，不過多積攢些金銀，自個兒好好享樂，也讓子孫後代不再貧窮。你們的革命工作幹了一輩子了，也該好好歇歇了，何不多置些田地、多買些歌舞伎、每天在家飲酒作樂，我們還可以結成兒女親家，大家共用富貴不好嗎？」各位老兄弟一聽，都感激老大為大家想得周全。

於是，第二天，石守信等禁軍宿將紛紛遞交辭職報告，強烈要求解除兵權。這個故事就叫「杯酒釋兵權」。

沒有這一杯酒，大宋朝就沒有三百年的江山。

一個國家的命運與酒結下了這麼深厚的淵源，宋朝人民如何能不熱愛這杯中之物呢？

酒，它的左半邊是水，右半邊是酉，酉是「成就」的意思。一方面，酒是合水而成；另一方面，酒也可以成就人性的善惡，酒喝到一定程度就顯示出人的本性了。據說當年，一個叫儀狄的人發明了釀酒，把他釀的酒獻給了大禹，夏禹喝得搖頭晃腦、醺然陶醉，強睜醉眼下了一句評語：「這真是個好東西呀！後世一定會有人因它而亡國！」

文人手上沒有國家大器，不用怕喝酒亡國，他們儘管用詩文讚美這個「好東西」，而飲酒的風氣在文人的提倡下也越來越興盛。魏晉名士劉伶愛喝酒，拎壺酒出門，身邊還帶個把鋤頭扛在肩上的僕人，準備喝死了叫僕人隨即埋他；晉朝的陶淵明愛喝酒，當了彭澤縣令後，命皂隸（舊時衙門的差役）把公家的田地全部種上黍，以便釀酒；唐朝的文人圈裡有「飲中八仙」，其中酒量最好的恐怕還是李太白，「李白鬥酒詩百篇」，他好像已經成為一個符號，古今中外的文人沒有一個喝得過他，他自己也寫詩說「喝酒有理」：

天若不愛酒，酒星不在天；
地若不愛酒，地應無酒泉。
天地既愛酒，愛酒不愧天。

那麼宋朝呢？宋朝的文人中誰的酒量最大？很多人一定會想到蘇東坡，想想也是，能跟李太白媲美的，除了蘇東坡還能有誰？但事實上，蘇東坡的酒量是不大的，喝個兩三杯就醉了，他自己也承認「天下之不能飲，無在予下者。」儘管蘇東坡的詩文中也經常寫到酒，但那只是一種道具，一種調劑，一種助興。宋朝文人中真正喜歡喝酒、酒量又好的是辛棄疾。

辛棄疾有一首〈西江月〉詞，題作〈遣興〉，把自己酒後的醉態、憨態刻畫得栩栩如生：

醉裡且貪歡笑，要愁那得工夫。近來始覺古人書，信著全無是處。
昨夜松邊醉倒，問松「我醉何如」。只疑松動要來扶，以手推松曰「去」！

這位哥哥鬱悶，他要借酒澆愁啊！

宋朝到底有多少種酒？

好了，現在隆重介紹本站的地陪——辛棄疾先生！

辛先生是山東濟南府歷城人，他出生時那裡已經淪為金人的統治區。他的祖父雖然做著金國的小官，卻時刻不忘故國，夢想著恢復歸正。英俊少年辛棄疾常隨祖父登高望遠，指點山河——哪裡是古戰場、哪裡可成為用兵之憑藉。後來，金主完顏亮貿然南侵，被金國貴族發動政變殺死，金國政局出現動盪，二十一歲的辛棄疾毅然拉起了兩千人的隊伍，參加了耿京的抗金義軍。

曾經兩次被濟南府推薦參加金國科舉考試的他，雖未考中，但在義軍行旅中像他這樣飽讀詩書、文才過人又頗具謀略的人才，自然是鶴立雞群、出類拔萃的。耿京當即委派他做掌書記（相當於今天的祕書長），並且委派他來到臨安向南宋政府投誠效忠。

在南宋京城臨安，辛棄疾受到了宋高宗的親切接見。當他興沖沖地帶著南宋政府的委任狀、嘉獎令回到義軍大營時，耿京卻被叛徒張安國殺害了。張安國企圖帶著隊伍去投降金國。這可是你死我活的鬥爭啊！好個辛棄疾，只帶了五十驍騎，追上張安國，手刃叛徒，將這支隊伍帶回了南宋歸正。

可是回歸南宋後，這位山東爺們卻英雄無用武之地。辛棄疾一生堅決主張抗擊金兵，收復失地，曾進奏《美芹十論》，分析敵我形勢，提出強兵復國的具體規劃；又上書《九議》，進一步闡發《美芹十論》的思想，可惜都未得到採納和施行，朝廷中主和派占上風，他的主戰請求每次都石沉大海，而他的官最大也只做到從四品的龍圖閣待制。他只能「想當年，金戈鐵馬，氣吞萬里如虎」、只能「把吳鉤看了，欄杆拍遍」、只能「醉裡挑燈看劍」。哎，人生有多少憂愁都要靠酒來打發！

辛棄疾在淮上帶兵時，有一次他的老朋友陳亮來看他，照例擺開酒陣。這一回，辛棄疾喝得特別HIGH，話匣子打開滔滔不絕，而且都是指點江山、批評時政的話：南宋定都臨安是一大失策，只要把牛頭山掐住，天下勤王之師一個都別想進來！還有那錢塘江大堤，有朝一日如果決堤，京師百姓無論貴賤，都要淪為魚蝦……真不知趙官家是什麼智商，什麼腦袋！他只顧自己說得痛快，陳亮雖說也是個抗金狂人，聽得都難免心驚膽顫了。

晚上，兩個人住在一個房裡，辛棄疾已經鼾聲如雷，陳亮卻久久難以入睡，心想：這位老兄平時話不多，今天喝酒卻胡言亂語說了那麼多，他酒醒之後會不會後悔？會不會殺我滅口？陳亮越想越害怕，乾脆悄悄地起身，趁著夜色偷了辛棄疾的一匹馬逃掉了。

故事在此打住。那麼，辛棄疾他們喝的是什麼酒呢？問問辛先生，他笑笑不答。導遊我查了一下，在唐代文獻中提到的酒名，僅僅只有數十種而已，而在宋代文獻中提到的各種酒名卻在二百種以上。一般來說，宋朝人喝的酒主要還是黃酒、藥酒、白酒和果酒四大種類。

黃酒是以大米、黃米等五穀為原料，經過蒸煮、糖化與發酵、壓濾等多道工序釀製的，色澤呈黃色，宋人稱為黃酒。當然，如果裡面加了紅花、紫草之類的染色物質，或者是用紅麴來釀造，那麼這個酒就會呈紅色，宋人稱之為紅酒，其實它仍然是黃酒的一種。這種酒在江南閩浙一帶特別流行，文人雅士也特別鍾情於這種酒，飲後多有詩文稱讚，如《龍州集》裡就有「紅酒歌星西京劉郎」一首，稱讚紅酒「曲生奇麗乃如許。」

黃酒的等級劃分是按它的清濁程度來定的，酒的清濁當然跟發酵時間、儲藏時間有關。發酵時間越長，口感越醇厚；儲藏時間越久，酒經沉澱後也就越清澈。米酒是屬於濁酒，它在宋代南方民間最為流行，因為釀造方法簡單，許多城鄉家庭多自釀自飲；而糟酒則是利用收回的酒糟加米再釀製而成的酒，當然更是濁酒，一般是下里巴人的飲品了。不過，文人有時候也喜歡原生態，所謂「濁酒一杯家萬里」，「潦倒新停濁酒杯」。

古人釀出來的酒，往往含有酒糟和渣滓，所以看起來才會這麼渾濁，只有經過長時間的沉澱，或者是加入石炭，才能取得清澈的酒液，這種酒便稱為清酒了。清酒是皇室和富貴人家的飲品，它的價錢可就不便宜了，李白說「金樽清酒斗十千」，一斗要一萬錢，那還是三百年前唐朝的物價！不過，辛棄疾雖然鬱鬱不得志，但作為起義歸正人員，朝廷還是優待有加的，這點薪水喝個清酒應該是不成問題。

宋代人還特別喜歡喝果酒，北方有葡萄酒、梨酒、棗酒，南方有荔枝酒、椰子酒、黃柑酒、梅酒等。

用葡萄釀酒在《史記・大宛傳》裡就有記載，宋朝的葡萄酒十分珍貴，大詩人陸游的詩裡也寫著：「槁竹乾薪隔歲求，正虞雪夜客相投。如傾潋潋葡萄酒，似擁重重貂鼠裘。一睡策勳殊可喜，千金論價恐難酬。他時鐵馬榆關外，憶此猶當笑不休。」（〈寒夜與客燒乾柴取暖戲作〉）。詩裡將喝葡萄酒與穿貂鼠裘相提並論了，可見它的名貴與高價應該不輸今天法國的「拉菲」[1]。陸游先生，你已經喝過宋朝的「拉菲」，也可以心滿意足了。但先生不滿足，因為他跟辛棄疾一樣鬱悶著呢！他說自己喝酒並非貪杯，而是借酒逃避、借酒消愁：「平生嗜酒不為味，聊欲醉中遺萬事。酒醒客散獨悽然，枕上屢揮憂國淚。」（〈送范舍人還朝〉）。

陸游對葡萄酒念念不忘，蘇軾卻對黃柑酒記憶猶新。黃柑酒是用柑橘釀製而成的，而且是宋朝獨創，其他朝代根本沒有這種酒。這種酒色澤鮮豔、芳香四溢，在北宋宮廷中也很受歡迎，還專門為此舉辦過黃柑宴，蘇學士就曾應邀參加侍宴，他在後來一首失調名的詞中寫道：「拚沉醉、金荷須滿。怕年年此際，催歸禁籞，侍黃柑宴。」老先生酒量不好，侍宴有些吃力，所以有此一怕。

與黃柑酒一樣，椰子酒也是宋朝南方的特產，宋朝名臣李綱寫過一篇〈椰子酒賦〉，說明這種酒不是用酒麴，而是用椰子漿自然發酵釀造的。荔枝酒、梨酒也是宋代的首創，其釀造工藝與葡萄酒相似，北宋詩人黃庭堅貶官到四川宜賓，曾稱讚當地的「荔枝綠」是一種美酒，可與「三危露」（葡萄酒）相比，故特作〈荔枝綠頌〉以作紀念。

宋朝人喜歡的第三類酒是藥酒，今天的人也在泡各種各樣的藥酒，強身健體、滋陰壯陽，而喝藥酒的風氣就是從宋朝開始大行的。藥酒的做法相對來說麻煩一點，要先準備好發酵酒為原液，然後將動物、植物和某些萃取成分加入其中，透過浸泡、複蒸等方法加工而成。

宋朝有幾種藥酒較為著名，一種是羊羔酒。這種酒本是北宋宮廷祕製的名酒，後來被小太監洩露了方子流傳到了民間。根據《東京夢華錄》記載，汴京的羊羔酒要賣到八十一文一角，一角也就二、三兩吧，可不便宜！南宋的時候，宋孝宗為了向退居二線的太上皇宋高宗表孝心，特地送了一批羊羔酒。杭州臨安原先有家天目山藥廠，以古法生產羊羔酒，可惜後來不做了，殊為可惜！

宮廷美酒還有一種叫蘇合香酒，宋真宗時的太尉王文正「氣羸多病」，真宗賜他蘇合香酒一瓶，讓他空腹飲用。王文正喝了一段時間，大覺安健，上殿來謝恩，宋真宗一高興把酒方子都告訴人家了：「每一斗酒以蘇合香丸一兩同煮，能調五藏卻腹中諸疾，每冒寒夙興，則飲一杯。」方子雖然有了，但蘇合香丸是南洋進口產品，畢竟不大可得，所以民間也沒法推廣。

還有一種叫醍醐酒。醍醐是從牛奶中提取出來的精華，其法來自印度，「醍醐灌頂」就是佛教用語。此酒用醍醐和黃酒釀製而成，能補虛添髓、滋陰潤燥，最適合火氣大的人喝。

南宋時的宰相賈似道府中釀有一種養生藥酒，叫長春法酒，賈似道曾經將剛剛釀好的長春法酒及配方進獻給理宗皇帝，此酒是以中藥配製而成：當歸、川芎、半夏、五味子、熟地黃、甘草、白術、人參、石斛、丁香等十多味中藥用紗布包好浸於酒內，春天七日、夏天三日、秋天五日、冬天十日即可飲用。每天早晨一杯，中午一杯，連飲幾天，就有「壯筋骨、滋血脈、除濕實脾」等功效。宋理宗喝了他的酒，身體是滿好，可國家卻不對了，大廈將傾一場糊塗。

第四類就是白酒了，這種酒度數比較高，但在宋代並不多見，因為這種酒需要將發酵好的酒再經過加熱蒸餾，而蒸餾技術要到元朝才被推廣起來。所以你看《水滸傳》，那些好漢大碗喝酒，一定不是蒸餾白酒，否則會心肝燒焦的。

不管你喝什麼酒，有一點要特別注意：宋朝實行「榷酒」制度，也就是說酒是由官家專賣的，酒類專賣是國家稅收重要的一筆。來看一組資料：宋真宗景德年間，商酒鹽茶四項稅收總額為一千二百三十三萬貫，其中酒稅占了四百二十八萬貫；到宋仁宗慶歷年間，僅酒稅一項就得一千七百一十萬貫。四十年間，酒稅收入增長了四倍。所以，除了像米酒這類不用酒麴的自釀酒外，若是想私自釀酒，那可是犯法的，要叫你「喝不了，兜著走」！

而像前面所說的樊樓這樣標名「正店」的大酒樓，一般都是取得專賣許可證，可以釀製風味獨特的美酒，並且是批零皆售。天聖五年（西元一〇二七年）八月，朝廷下詔東京的三千家腳店酒戶，每日去樊樓取酒沽賣。一天要供應三千家小酒店沽取批發的酒，可見樊樓的酒產量有多大。樊樓作為最具盛名的大酒樓，釀酒品質也是很高的，它們常備的自釀酒名為「眉壽」、「和旨」，而其他酒樓，比如忻樂樓有「仙醪」、會仙樓有「玉胥」、遇仙樓有「玉液」……名字都很好聽，口味一定也不錯。

好了，今天我們來到這裡，大家各取所需，愛喝什麼喝什麼，回去之後就只能在宋人的詩文中品嘗了。

喝完了酒，我們再去喝點茶，清清口。

品茶，宋朝走在流行前端

清朝人林梅溪認為《水滸傳》善寫酒而不善寫茶：「酒壯英雄豪氣，茶抒閒人清性。『大雪滿天地，胡為仗劍遊；欲說胸中事，同上酒家樓。』若為『同上小茶館』，則失去英雄豪情矣，故《水滸》多酒氣而少茶趣。」

確實，從林沖、魯智深出場，仗的就是這一份酒氣，「大碗喝酒」成就了一部《水滸傳》。那麼，《金瓶梅》呢？《金瓶梅》當然是從西門慶勾引潘金蓮開始，而這一橋段的關鍵點是西門慶到王婆那裡喝茶定下的計。王婆「濃濃地點兩盞薑茶，將來放在桌子上。」薑性熱，又有點辣，暗示著西門慶要趁熱打鐵、要心狠手辣。所以說，一部《金瓶梅》是從茶盞裡開始的。

《金瓶梅》裡也確實多次寫到茶。第十二回裡，西門慶在妓院裡梳攏[2]李桂姐，和應伯爵等一班幫閒在妓院中大吃大喝、又玩又宿，妓院老鴇就用鹽茶招待這班大把花銀子的貴客：「只有少頃，鮮紅漆丹盤，拿了七種茶來，雪綻般茶盞，杏葉茶匙兒，鹽筍、芝麻、木樨泡茶，馨香可掬，每人面前一盞。」幫閒的應伯爵即席唱了一個曲兒，單道這茶的好處：

【朝天子】這細茶的嫩芽，生長在春風下。不揪不採葉兒楂，但煮著顏色大。絕品清奇，難描難畫。口兒裡常時呷，醉了時想他，醒來時愛他。原來一簍兒千金價。

「簍」字的諧音是「摟」，應伯爵是說西門慶替李桂姐「點大蠟燭」要花上千兩金子呢！

第三十五回裡，西門慶在家裡招待頂頭上司夏提刑，也是「兩個敘禮畢，分賓主坐下。不一時，書童兒雲南瑪瑙雕漆方盤，拿了兩盞茶來，銀鑲竹絲茶盅，金杏葉茶匙，木樨青豆泡茶吃了……」

第五十四回，李瓶兒產後虛弱，害起病來，西門慶連夜請來任太醫給愛妾治病，任太醫來到府上，西門慶也是以茶待客，太醫「吃了一盅熏豆子撒的茶。……又換一盅鹹櫻桃的茶……」

說了這麼多茶事，有沒有發現小說裡喝的茶都不是現代我們喝的純粹的茶，而是加入了鹽、薑、蔥、香菜、木樨、青豆、花瓣、櫻桃之類的佐料，是一種加味茶。

中國人在周朝就開始喝茶了，《爾雅》這本古老的字典裡就有「荼苦」的記載，《爾雅》的注解說：「早采者為荼，晚取者為茗。」可見當時的人就已經喝茶了，只不過那時不叫茶，而叫荼。

今人喝茶大多把茶葉放在茶壺、茶杯裡用開水沖泡著喝，但古人喝茶卻沒有這麼簡單，不但泡法不同，要用煎、煮等方法，還要在茶葉裡加佐料。唐朝時，加味的「鹽茶」大行其道；到了宋朝，還是如此，御用茶一般都要加龍腦香，以增添其香味。或許是當時的人還喝不慣茶的苦味吧，蘇東坡在《物類相感志》裡說：「芽茶得鹽，不苦而甜。」連蘇東坡都這麼喝，可見，宋朝人還是習慣喝加味茶。

宋朝的茶葉以團茶、餅茶這樣的緊壓茶為主，我們今天喝的那種散茶也在宋朝開始出現。不過，那時的散茶可不是什麼好茶，主要是一些蒸而不碎、碎而不拍的蒸青和碎末茶。

進貢給皇室飲用的茶都是餅茶，事先要把茶葉碾碎搗爛成膏，加上龍腦香末後，用木模子壓製成圓餅形，稱為「團茶」。唐朝碎茶大多用杵臼來搗，宋代則普遍改為用碾子碾，宋代的茶碾在許多地方的博物館裡還可以看到；唐代的製茶工藝較為粗糙，而宋代的拍製工藝很重視「飾面」，木模子上有不同的圖案、形狀。像進貢給皇家的茶葉，則在木模子上刻了龍鳳的花紋，所以，這種茶又叫「龍團」、「鳳餅」。一餅一般有四～六片，每餅重二兩，八餅合為一斤（宋制十六兩為一斤）。

宋朝時這種加了龍腦香以供御用的團茶，使用的茶葉產於福建建安附近的鳳凰山麓，稱為「建安貢茶」。北宋初，建安茶的產量還不是很多，到元符年間，建安茶產量已達一萬八千斤，至宋徽宗宣和年間更增至四萬七千斤。但即使這樣，價格仍不便宜，當時一斤建安團茶的價錢高達二兩金子，今天的極品凍頂烏龍也不過如此。所以，當時人有「黃金易得，茶餅難求」之歎。

每年產擷新茶的時候，都要舉行開焙儀式，監官與役工一起向京師方向鄭重遙拜，保證完成任務。像北宋的名臣丁謂、蔡襄都做過福建轉運使，監造貢茶。第一批新茶稱為「頭綱」，如龍團勝雪、瑞雲祥龍、萬壽龍芽等，一般都在驚蟄前採製，十日內完工，以快馬於暮春運抵京城。所以歐陽修在詩裡說：「建安三千五百里，京師三月試新茶。」

當然了，除了建安產的貢茶外，各地也都有名茶。據《宋史・食貨志》記載，宋代各地名茶有雙井茶、日鑄茶、蒙頂茶、顧渚紫筍茶、陽羨茶、洞庭山茶、六安茶、徑山茶、天臺茶、鳩坑茶等上百種之多。

黃庭堅是江西人，所以他就力推江西出產的雙井茶，把家鄉的茶葉送給蘇軾等人，還寫詩〈雙井茶送子瞻〉曰：

人間風日不到處，天上玉堂森寶書。
想見東坡舊居士，揮毫百斛瀉明珠。
我家江南摘雲腴，落磑霏霏雪不如。

為公喚起黄州夢，獨載扁舟向五湖。

陸游是紹興人，他就讚美家鄉的日鑄茶。〈安國院試茶〉詩曰：

我是江南桑苧家，汲泉閑品故園茶；
只應碧缶蒼鷹爪，可壓紅囊白雪芽。

詩評中自注：「日鑄，則越茶矣，不團不餅，而曰炒青。」

陸游一生有茶詩三百多首，是歷代詩人寫茶最多的一位。他還做過三年茶官，宋孝宗淳熙五年到七年（一一七八～一一八〇年），陸游相繼任提舉福建常平茶監公事和提舉江南西路常平茶鹽公事。他在茶詩中反覆表示要繼承陸羽，做一位茶神。陸羽姓陸，他據此引為自豪，說自己要發揮這個家風。因為陸羽曾隱居東苕溪著《茶經》，自稱桑苧翁，於是陸游也以「桑苧翁」自詡。說起來，宋時紹興產的日鑄茶已經「不團不餅」，有點類似今天的散茶了。至於「炒青」這個名字，還是陸游率先發明的呢！

飲茶之風，在宋代十分盛行，文人學士品茶玩味，妙趣橫生。飲茶是一種藝術，人們希望在幽靜舒適的環境裡，把賞花、吟詩、聽琴與品茶相結合，造成一種和諧之美。如蘇東坡〈汲江煎茶〉詩便寫出了他月夜臨江品茶的妙趣；而范仲淹喜歡臨溪泉而煮茶，他在青州當官時，曾在興隆寺南洋溪畔建了一個茶亭，常與友人來此品茶。泉古林茂，山青水秀，配以賦詩鳴琴，時人遂將此泉稱為「范公泉」。

喝茶品茗既然上升到藝術的高度，那就得多講究了。宋朝人品茶多從觀色、選水、聞香、品味和茶器等幾個方面來衡量。

觀色主要是觀察茶葉的色澤和老嫩。蔡襄在《茶錄・論茶》中強調「茶色貴白」，可見宋朝人喜歡白顏色的茶，所以他們的茶器「宜黑盞」，福建建安產貢茶，還產一種黑瓷，「紋如兔毫」，古樸雅致，瓷緣較厚，所以保溫性能也較好。茶葉貴白，但要做到純白還真不容易，蒸茶時火候不足，或壓榨時去汁未盡，茶色就會偏於灰白；採摘不及時，茶色又偏黃白；烘焙茶餅過頭了，茶色就偏紅。所以，像「龍團勝雪」這樣的茶葉，只能是御用的貢茶了。

選水當然以「清輕甘潔為美」，宋人認為茶水以泉水為上，井水次之，江河水又次之。而泉水中，尤以惠山泉為第一。宋人甚至不遠千里地將惠山泉水運到汴京，再用「細沙淋過」，去其雜味，灌裝起來跟evian礦泉水一樣，作為饋贈親友的佳品。歐陽修花了十多年功夫編輯《集古錄》一書，並為書作了一篇序文，老先生一定是對這篇序文十分滿意，所以又請大書法家蔡襄用筆寫下，刻在石頭上。作為酬謝，歐陽修送給蔡襄的便是一瓶惠山泉水。

另一個故事說的是王安石晚年退居江寧，患痰火之疾，多次服藥難以根除，太醫建議用長江瞿塘中峽的水煎陽羨茶飲用，有助於療疾。正好蘇東坡要去三峽，王安石便托蘇東坡帶幾瓶瞿塘中峽的水回來。結果，蘇東坡路過三峽，卻被風光迷住，直到下峽時才想起王安石托水之事。三峽水流湍急，想要回溯上去顯然已經不可能，只好在下峽汲水一甕，想著回去糊弄交差。但王安石一試，就說：「這不是瞿塘中峽的水，而是下峽之水。」蘇東坡強辯道：「三峽相連，一般樣水。」但是王安石卻自有道理：「上峽水性太急，下峽太緩，惟中峽緩急相半。」因地段不同，水質也有差別，所以「上峽味濃，下峽味淡，中峽濃淡相間。」王安石這套驗水本領叫蘇東坡無話可說。

有了好茶、好水，就可以聞香、品味。當然了，講究精緻生活的宋朝人不會忘記配上好的茶具。我們今天喝茶多用杯子，而宋朝人喝茶如喝酒，喜歡用那種淺淺的碗。除了建安窯生產的黑瓷外，還有浙江龍泉哥窯生產的青瓷，以及河北邢窯的白瓷也頗受歡迎，稱為「南青北白」。我們今天熟悉的宜興紫砂茶具也在宋朝逐漸興起和推廣，梅堯臣〈和杜相公謝蔡君謨寄茶〉詩中有「小石冷泉留早味，紫泥新品泛春華」之句，歐陽修〈和梅公儀嘗建茶〉詩中也有「嘉興紫甌吟且酌，羨君瀟灑有餘清」之句。至於「嘉興」與「宜興」之別，恐怕是那個時候地方建制的不同吧。據說，蘇東坡還親自設計了一種茶壺，即是至今流傳的「東坡壺」式樣。

建安茶在入貢之前，首先要集中品評，排出幾個等級，然後選出最優，作為貢茶，蔡襄《茶錄》裡稱為「試茶」。這種試茶品茶的風氣，後來演變為鬥茶，宋人稱為「茗戰」。

鬥茶，宋朝就是開山鼻祖

唐人飲茶是釜中煮茶，煮好了分別倒入客人茶盞中，技術較為簡單。而宋代改為「點茶」，就是先用專門的茶碾將茶餅碾碎，放置碗中，每人一碗一份，先沖少量沸水，調勻成茶膏，再一邊注沸水，一邊用「茶筅」打擊、攪拌，使其均勻混和成乳狀茶液，供人啜飲。在打擊、攪拌的過程中，茶碗表面會出現極小的白色泡沫，形成各式各樣的湯花，宛如白花佈滿碗面，茶葉與開水混融為一體。

鬥茶的標準不僅在於品鑒茶的色香味，更重要的是看湯花。湯花以色澤鮮白為上，茶水以混融時間久聚不散為上。湯花一旦散隱，盞面就現出水痕，早出者為敗，遲出者為勝。

宋代鬥茶源於製茶的評級，不久就在文人士大夫中流行開來，旋即又走向民間市井，上下普遍風行。南宋畫家劉松年有《茗園賭市圖》，便是描繪市井鬥茶的情形，圖中有老人、婦女、兒童，也有挑夫、販夫，鬥茶各攜茶具，一邊品嘗一邊誇耀自己的茶好。范仲淹也有一首〈鬥茶歌〉，更是將鬥茶說得清清楚楚：

年年春自東南來，建溪先暖冰微開。溪邊奇茗冠天下，武夷仙人從古栽。
新雷昨夜發何處，家家嬉笑穿雲去。露芽錯落一番榮，綴玉含珠散嘉樹。
終朝採掇未盈襜，唯求精粹不敢貪。研膏焙乳有雅製，方中圭兮圓中蟾。
北苑將期獻天子，林下雄豪先鬥美，鼎磨雲外首山銅，瓶攜江上中泠水。
黃金碾畔綠塵飛，紫玉甌中翠濤起。鬥茶味兮輕醍醐，鬥茶香兮薄蘭芷。
其間品第胡能欺，十目視而十手指。勝若登仙不可攀，輸同降將無窮恥。
吁嗟天產石上英，論功不愧階前蓂。眾中之濁我可清，千日之醉我可醒。
屈原試與招魂魄，劉伶卻得聞雷霆。
盧仝敢不歌，陸羽須作經。森然萬象中，焉知無茶皇。
商山丈人休茹芝，首陽先生休採薇。長安酒價減千萬，成都藥市無光輝。

不知仙山一啜好，泠然便欲乘風飛。君莫羡花間女郎只鬥草，贏得珠璣滿斗歸。

除了鬥茶，宋人還有一種飲茶時的遊戲，稱為「茶百戲」，也叫「分茶」。前面已經說過，由於宋人改良了沖茶的方法，在打擊、攪拌之後，茶湯的紋脈變幻成不同物象，茶面會出現各種奇特的花紋，或像雞鴨、或像獅虎、或像小蟲、或像花朵，纖細如畫，變化無窮。須臾，茶湯呈現出的畫像隨即消散，令人歎為觀止！

表演這種絕技的，一般的茶僕當然做不到，要茶飲行業經過專門訓練的高級茶藝人員才行，這些人就被稱為「茶博士」。更令人叫絕的是，據宋人陶穀《清異錄》記載，有個叫福全的和尚，練得一手茶百戲好手藝，他能在一杯茶上點幻出一句詩。如果同時點四杯茶，就成了絕句一首，登門求觀者絡繹不絕。這種有趣的分茶表演為喝茶品茗營造了高雅的藝術氛圍，迎合了文人士大夫的品位追求，在南宋都城臨安尤為盛行。陸游〈臨安春雨初霽〉詩寫於杭州，詩中就有兩句：「矮低斜行閒作草，晴窗細乳戲分茶。」

茶和酒一樣，在懂生活、會生活的宋朝人那裡透出了詩意，透出了人情味。據《夢粱錄》記載，南宋杭州的婚俗，把茶餅作為定親財禮中的重要禮品之一，男方要送給女方，女方答應了婚約後，要以「原茶餅果物」回送。不僅是婚俗上要送茶，還有鄰里之間、親朋好友之間互送茶水表示問候的習俗。宋朝的茶肆、茶店一般都兼營外賣，每逢初一、十五，或是遇上婚喪節慶的大事，茶肆就會按照顧主的要求，提著茶瓶去指定的地點送茶水，道一句對方辛苦了，或是傳遞個口信什麼的，就像今天去花店訂一束花請人送去一樣。

宋朝人就是這麼詩意且愜意地生活著。

---

❶……法國拉菲（Lafite）酒莊為法國波爾多五大葡萄酒名莊之一。

❷……在妓院從事性工作者，髮型是「梳髻」，沒有接過客的處女則是「梳辮子」。處女接客破了身之後就梳髻，所以初次接客就叫「梳攏」。

第八章 舌尖上的大宋

恩格斯[1]教導我們：批判的武器不能代替武器的批判。同樣，茶酒的人生不能代表吃貨的全部人生。剛才就有團友提議，既然說到了酒文化、茶文化，何不一併說說食文化。

民以食為天，大宋舌尖上，絕對有文章！

據烹飪界人士講，兩宋時期是我國飲食文化發展史上承先啟後的重要時期，這話等於沒講，兩宋本來就是處在二千多年中華文明史的中間，它不承先啟後誰來承先啟後。所以，大宋的舌尖文化，咱們也不能籠統地說，還是來講幾個故事，跟著場景將味蕾的快意進行到底。

對了，先介紹今天的地陪——大名鼎鼎、鼎鼎大名的蘇軾，蘇東坡大學士！

羊肉真沒有，豬肉、菜羹，這個可以有

元豐二年（西元一〇七九年）十二月，蘇東坡從紀檢監察部門的御史台監獄（烏台）裡撿了條命逃出來，被貶到黃州擔任人武部副部長（團練副使）。黃州是長江邊上的一個小鎮，距離漢口大約六十里。人武部副部長的宿舍就在長江邊上，「風濤煙

雨，曉夕百變」，他記錄的是大自然的陰晴變化，更多的恐怕是他心裡的寫照。

說來搞笑，名滿天下的大才子被抓進御史台監獄關了四個月，只因為他寫的幾句詩，大宋朝的紀檢幹部抓住把柄，大興文字獄，要他交代以前寫的詩的由來和詞句中典故的出處，搞得蘇老師生不如死，到了黃州後，一度也神經緊張，杜門不出，連筆硯都不敢碰。

因為是被貶謫，他的生活也十分拮据，自己給自己規定，日用不得超出一百五十錢，每個月初就把四千五百錢的工資分成三十份，掛在屋樑上，每天用叉子叉下一份來用，然後就把叉子收起來藏好，免得違反規定超額消費。當天用不完的，則用一個大竹筒裝起來，以備賓客來時請客之用。一個大文豪，搞得如此斤斤計較會當家，也算是蘇東坡跟這世界開的一個玩笑。

節約歸節約，一張嘴巴總還是省不了的。好在當時黃州的豬肉非常便宜，富人不屑吃，窮人又不懂得烹飪不會煮，蘇東坡就幾乎天天吃肉。

〈豬肉頌〉就是蘇東坡在貶謫黃州時所戲作，頌曰：

淨洗鐺，少著水，柴頭罨煙焰不起。待他自熟莫催他，火侯足時他自美。黃州好豬肉，價賤如泥土。貴者不肯吃，貧者不解煮。早晨起來打兩碗，飽得自家君莫管。

翻譯出來就是：把鍋子洗得乾乾淨淨，放少許水，燃上柴木、雜草，抑制火勢，用不冒火苗的虛火來煨燉。等待它自己慢慢地熟，不要催它，火候足了，它自然會滋味極美。黃州有這樣好的豬肉，價錢賤得像泥土一樣；富貴人家不肯吃，貧困人家又不會煮。我早上起來打上兩碗，自己吃飽了您莫要理會。

蘇東坡吃飽了，後世的人也有得吃了，一道名菜「東坡肉」就這麼誕生了。

豬肉是漢民族食用的主要肉食，吃豬肉的歷史最起碼可推至夏朝。中國歷史上第一個最暴虐的君主夏桀做酒池肉林，就是將各種肉共煮於鼎中，其中馬、牛、羊、雞、犬、豕（豬）定為六畜。蘇東坡一生最愛吃豬肉，《竹坡詩話》還記下一則趣聞：說是因為蘇東坡喜歡吃燒豬，佛印和尚住在金山寺時，「每燒豬以待其來」。這個金山寺的和尚不像法海那樣嚴格，居然還可以替人家燒豬肉吃！

有一天，東坡興沖沖趕來吃豬肉，不料卻被別人偷吃掉了，蘇東坡也不懊惱，戲作小詩：「遠公沽酒飲陶潛，佛印燒豬待子瞻。採得百花成蜜後，不知辛苦為誰甜。」這個人的人生態度總是那麼喜樂達觀。宋元豐六年（西元一〇八三年），他的小妾朝雲替他生了一個兒子，他居然給兒子起名叫「豚兒」，當然不是要吃掉兒子，實在是愛到極點了。

黃州東坡肉說穿了，其實就是一般的紅煨肉，浙江杭州與江西、四川、雲南等地也都有東坡肉傳世，大家爭個發源地爭得面紅耳赤，恨不得將蘇東坡從地下拖出來作證。倒是開封的東坡肉，不用醬油，肉切塊後再加上鮮筍，加鹽入大碗上籠清蒸，蒸成酥爛。據說開封人原先不吃鮮筍，蘇東坡有詩傳至開封，「無竹令人俗，無肉令人瘦。不俗加不瘦，竹筍加豬肉」，於是開封人發明了這道筍蒸東坡肉，只此一家沒有分店，絕對的專利產品。

蘇東坡的〈豬肉頌〉裡也透露了一點資訊：黃州的富人都不屑吃豬肉。為什麼不屑吃豬肉呢？當然不是因為豬肉膽固醇高、脂肪高，為了減肥節食，宋朝的人講究吃食，但還沒有到這樣科學的地步。確切的原因是，宋朝人以羊肉為上品，豬肉上不了大雅之堂。宋朝的宮廷裡就有一道明文規定：「飲食不貴異味，御廚止用羊肉」。所以，羊肉是宋代宮廷食材用量上的絕對至尊，你如果跑到宋朝的皇宮裡去，要弄出一塊豬肉恐怕還不容易！

據說當年宋太祖宴請納土歸宋的吳越國主錢弘俶。東道主待客心誠，想叫御廚做幾道南方的菜肴招待貴賓，可是御廚卻表示：「這個沒有，那個沒有，這個真沒有！」因為宮裡除了羊肉，再沒有其他的肉料。饒是這樣，宋太祖也沒有改變規矩，允許豬肉「可以有」。於是，兩宋的皇宮裡一直就只吃羊肉。這樣倒也好，後來徽宗、欽宗被金兵捉了去，至少不會口味不適。

北宋的時候，以陝西馮翊縣出產的羊肉最為著名，時稱「膏嫩第一」。宋真宗的時候，「御廚歲費羊數萬口」，都是從陝西進的貨；到了宋仁宗、英宗的時候，朝廷甚至要從國外進口羊肉，「河北榷場買契丹羊數萬」；到了宋神宗時，御廚的帳本上更是嚇煞人，一年中吃掉了「羊肉四十三萬四千四百六十三斤四兩」。

皇宮以食羊為尚，羊肉在民間也就受到追捧，羊肉的價錢自然水漲船高，一般貧寒士庶只有在逢年過節或宴請重要賓客的時候，才能買點羊肉打打牙祭。有一個叫韓宗儒的寒士，生活拮据可嘴巴特別饞，喜歡吃羊肉卻又買不起，於是想了一個辦法，他跟蘇東坡認識，但又不好意思直接向蘇東坡要字畫，於是就經常給蘇東坡寫信：

「東坡先生好：我這裡天氣很好，你那邊怎麼樣？」

「東坡先生如晤：你知不知道王安石的王怎麼寫呀？」

「東坡先生，你媽貴姓呀？」

總之，他就這樣騙了許多封蘇東坡的親筆回信，然後拿去換羊肉吃。蘇東坡的一封信，也只能換十幾斤的羊肉。後來，這件事被黃庭堅知道了，就拿來取笑蘇東坡，稱他的書信是「換羊書」。

韓宗儒可以拿蘇東坡的信去換羊肉吃，蘇東坡本人卻只能在黃州吃豬肉，這世界真諷刺。

蘇東坡在黃州吃豬肉也吃出了名堂，但是這道東坡肉非但沒有替他賺到智慧財產權，還險些又成了反對派的攻擊武器。

「皇上，您看看！這蘇軾有多討厭，民憤有多大，老百姓都恨不得吃他的肉了！」

「有這種事情？朕一向愛民如子，你個蘇東坡竟敢欺負朕的子民？要調查！要徹查！」

徹查的結果還好是虛驚一場。黃州人民熱愛團練副使，用不著朝廷擔心。

蘇東坡在黃州沒有多少軍國大事要處理，訓練民兵也不是他的強項，他就刻苦鑽研烹飪技藝。除了東坡肉外，他還發明了東坡羹，同樣也有〈菜羹賦〉傳世為證：

> 東坡先生卜居南山之下，服食器用，稱家之有無。水陸之味，貧不能致。煮蔓菁、蘆菔、苦薺而為食之。其法不用醯醬，而有自然之味。蓋易具而可常享。乃為之賦，辭曰：
>
> 嗟餘生之褊迫，如脫兔其何因。殷詩腸之轉雷，聊御餓而食陳。無芻豢以適口，荷鄰蔬之見分。汲幽泉以揉濯，搏露葉與瓊根。爨以膏油，泫融液而流津，湯蒙蒙如松風，投糝豆而諧勻。覆陶甌之穹崇，謝攪角之煩勤。屏醯醬之厚味，卻椒桂之芳辛。水初耗而釜泣，火增壯而力均。嘈雜而糜潰，信淨美而基分。登盤盂而薦之，具匕箸而晨飧。助生肥於玉池，與吾鼎其課題仍。鄙易牙之效技，超傅說而策勛。沮彭

屍之爽惑，調灶鬼之嫌嗔。

嗟丘嫂其自隘，陋樂羊而匪人。先生心平而氣和，故雖老而體胖。計餘食之幾何，固無患於長貧。忘口腹之為累，以不殺而成仁。竊比予於誰歟？葛天氏之遺民。

這段話翻譯過來，大致意思就是：東坡先生窮困潦倒住在南山腳下，山珍海味無法享用，就煮蔓菁、薺菜來吃，煮的方法是不用醋和醬油，利用它的自然美味。點火上灶放入膏油，鍋內熱氣騰騰香津沸騰，也不要胡椒桂皮之類的調料，用武火把鍋燒開後，燒沸一會兒就用均勻的文火煨。菜蔬隨著開水而翻騰，就煮成了酥爛的濃湯。這些溪畔澤邊的野菜，能與諸侯當年的王鼎媲美。

這當然是蘇東坡的苦中作樂，但從他的〈菜羹賦〉中可以看出，兩宋時期，菜羹仍是平常人家的主要菜食。羹分葷素兩種，有錢人家用肉作羹，而蘇東坡當時經濟拮据，就用菜作羹，所用的原料，是大頭菜、蘿蔔、薺菜，加上豆粉。由於蘇東坡十分強調烹調技術，對水、火、油都十分講究，尤其是掌握火候，怎樣才能煮爛，何時加豆粉為宜等等，都很有經驗。所以他將最普通的素菜加豆粉，能製作出最美味的「東坡羹」。

蘇東坡自稱「老饕」，是個美食達人，他的名頭又夠大，那個時候還沒有姓名權的保護，所以很多菜肴都被冠上了東坡的名字。這樣也好，小老百姓哪怕從來不讀蘇東坡的詩文，至少在餐桌上也久聞蘇東坡大名了。不像現在，因為有姓名權保護，你再也吃不到莫言獅子頭、馬雲豆腐。所以建議名人適當開放自己的姓名使用範圍，以便自己流芳百世。

皇帝來吃飯，清河郡王張俊上了哪幾道菜？

話說，宋高宗趙構吃膩了自家食堂——皇宮御膳房的飯菜，有一天很想到別人家裡去蹭飯，於是宣佈起駕，到清河郡王張俊家裡去！

清河郡王的王府在清河坊，今天你到杭州去遊玩，河坊街的仿宋一條街就是他們家。別看張俊現在跪在岳飛墓前一臉苦相，那個時候，他老人家其實還是岳飛的老長官，軍中勢力堪稱「大老虎」，在皇帝面前也大大的得寵，他的府第就是宋高宗讓臨安府拆遷了二百多戶人家給蓋起來的。

宋高宗去蹭飯當然不是一個人去，還帶了宰相秦檜等文武官員一共一百六十一人。這個蹭飯隊伍也算龐大了，其中還包括宋高宗的宮廷女廚師劉娘子。據說這位劉娘子在趙構還沒有當皇帝之前，就在他的藩王府做菜了，趙構想吃什麼菜，她就在案板上切配好，烹製後進獻，趙構每次都十分滿意。按照宋朝宮廷的規定，主管皇帝御食的官員叫尚食，只能由男人擔任，而且是個五品官。劉娘子身為女流，不能擔任此官，然而皇宮裡的人還是多稱她「尚食劉娘子」。這位劉娘子算是我國第一位著名的宮廷女廚師了。把這樣一位女御廚帶上，交流廚藝、互相學習的氣氛就十分濃厚了。

張俊不敢怠慢，豈只是不敢怠慢，簡直是視為無上榮光。他招待宋高宗一行的筵席也確實十分隆重，堪稱南宋餐飲之代表。南宋人周密不知道怎麼搞到了張俊招待皇帝的菜單，在他的《武林舊事》第九卷裡詳細介紹了這份菜單。

據周密介紹，張俊招待高宗時先上果盤，後上菜肴。果盤依次是：水果八盤、乾果十二盤、縷金香藥十種、雕花蜜餞十二味、砌香鹹酸十二味、乾肉十盤。吃完後退席稍歇，再入座後又進時鮮水果八種。

吃完果點之後開始上菜。依序是十五盞下酒菜、八盤插食、十盤勸酒蜜餞、十味勸酒小菜、十盞對食、六色晚食。下酒菜、插食、勸酒菜大概相當於今天的冷盤小炒，對食是正菜，晚食是吃飯時的下飯菜。

十五盞下酒菜，每盞都是雙拼，也就等於是三十道菜，第一盞有花炊鵪子、荔枝白腰子；第二盞是奶房簽、三脆羹；第三盞是羊舌簽、萌芽肚……然後是沙魚膾、鱔魚炒鱉、螃蟹釀棖、鯽魚假蛤蜊、水母膾等等。怎麼樣？看著都口水直流吧？我在這兒就不一一細表了，反正你也看不懂，有興趣自己去找周密的《武林舊事》看。

這許多琳琅滿目的菜肴，有些已不詳其內容，當然就更不明其做法了，張俊家的廚師也沒有留下電話號碼，也就只好失傳了。不過，從這份菜單上我們可以看出幾個有趣的動向：

一是正餐之前先吃水果。從前我們習慣於餐後水果，現在有新的營養學理論認為，餐前水果更科學。讀了這份菜單才知道，南宋時期人們已經這麼科學了。

二是冷盤菜增多。現在我們去餐館點菜，總是先點冷盤再點熱菜，這個習慣就始自宋朝，宋朝以前可沒有這麼講究。唐以前的冷盤多為臘脯食物，也就是今天吃的醬鴨、醃魚乾之類，這當然是古已有之的。《禮記》上說周天子就已經把脯臘乾肉作為筵席的珍品，並且設有「臘人」一官，專管醃臘之事。

那時候的上菜叫做粗放模式，冷熱不分，一起上來，也不管你腸胃吃不吃得消。到了宋朝，人們開始講究起來，先上冷盤佐酒，再上熱菜主食。而冷盤除了傳統的臘脯之外，更增加了冷凍菜、生食魚膾等品種，像張俊宴請高宗時所上的凍石首、凍蛤蝤、凍三色炙以及鱸魚膾、蚶子膾、淡菜膾，都是當時著名的冷盤菜。

三是從這些菜名可見，在南宋的筵席上已經出現了大量的海鮮河鮮，這是上古所未有的現象，前文說過宋太祖請客也只有羊肉，哪有宋高宗那般的口福。這當然跟臨安地處南方，南宋偏安江南一隅的地理環境有關，吃海鮮的流行恐怕是從南宋開始。

這一趟，宋高宗吃得十分落胃。他還想在清河郡王府多嘗幾道美食，可是天一過午，張俊就請宦官催促高宗回宮。

張俊長了幾個腦袋竟敢對皇帝下逐客令？難道是家底清空，再也拿不出像樣的東西來招待皇帝了？其實是另有隱情。

宦官催了幾次，高宗這才微感掃興地回宮去了。張俊恭送皇帝一行時，看到宰相秦大人拈鬚而笑。

第二天，有人問張俊了：「皇帝到你家來，人家請都請不到；陛下不言離去，你為什麼一再催促聖駕返回大內？」張俊答道：「我怎麼不想款待皇上呀？可皇上到秦相爺府都是過午就走的，我能不考慮這一點嗎？」原來他是怕秦檜不高興呢！

吃一頓飯有那麼多講究，中國的餐桌文化絕對不僅僅限於餐桌。

武大郎的炊餅和老百姓的日常飲食

宋徽宗宣和年間，山東清河縣發生了一樁為後人津津樂道，且對後世影響深遠的桃色殺人案件。兇手是一位名叫潘金蓮的美豔少婦，幕後指使者是她的情夫、當地的首富西門大官人，而被害人則是潘金蓮的法定丈夫武大郎。

武大郎的職業是賣炊餅的個體經營者。這位兄台雖說其貌不揚，但是名氣大，因為有個打虎的兄弟叫武松，還有一個殺夫的老婆叫潘金蓮，他本人也因為這樁錯綜複雜的桃色刑事案件，而成為了烏龜王八綠帽子的代名詞。連帶著武大郎的名氣，他賣的炊餅也廣為人知。

一般人以為炊餅顧名思義就是一張餅，但是看《水滸傳》上的描寫，武大郎的炊餅並不是油裡煎的，而是蒸籠蒸的。宋人撰寫的《倦遊雜錄》上有解釋：「余謂凡以麵為食具者，皆謂之餅。故火燒而食者呼燒餅，水瀹而食者呼湯餅，籠蒸而食者呼蒸餅，而饅頭謂之籠餅，宜矣。」原來，宋朝人把麵粉做的食品統稱為餅，主要有三種餅：以火烙的叫燒餅，麵條叫湯餅，而蒸餅即炊餅，是為了避宋仁宗趙禎的名諱而改的名稱，其實就是我們現在的饅頭。

除了飯和粥，麵食的「餅」是宋朝市民日常的重要食品。

麵食家族裡最重要的成員——麵條，在宋朝稱為湯餅，你如果跑到上海想吃碗陽春麵，你得跟夥計說「上一碗陽春湯餅」，否則人家不理你，雞同鴨講（當然了，宋朝時還沒有大上海，你也吃不到陽春麵）。在宋人的小說筆記中多有湯餅的記載。在宋朝以前湯餅都是一片一片的，有點類似我們今天的刀削麵，一直到了宋朝才變成了細長的麵條，所以當時人們也有將湯餅改口叫作「麵條」的，這個稱呼一直沿用到了今天。

武大郎賣的炊餅，也就是今天的饅頭包子，是宋朝人的正膳主食，當時最有名的一種饅頭叫太學饅頭，據說還是皇帝欽點過的。

相傳北宋的神宗皇帝熱心教育事業，一次視察國家的最高學府太學時，順便抽查了一下學校的伙食情況。太學的食堂正在供應一種炊餅，或者叫饅頭，神宗皇帝讓人拿了幾個來品嘗一下，哎！色澤、口味都不錯！於是按捺不住激動的心情，說道：「以此養士，可無愧矣！」意思是說用這樣的饅頭餵養我們的國家棟樑，可以無愧於心了。此話經媒體、朋友圈傳播，迅速傳遍京師，太學饅頭一時火爆京城，天之驕子的太學生們以能吃到這種饅頭為榮，外面的人也都托關係央求帶出一兩個來解饞討彩頭，汴京城內到處上演一個饅頭的故事。直至後來宋室南遷，這種太學饅頭仍在杭州風頭十足，連岳飛的孫子岳珂吃了後都讚不絕口，特地寫了一首饅頭詩，把它誇得天上有地下無的樣子。

武大郎的炊餅當然得不到皇帝、大臣的誇讚，但它卻是宋朝一般百姓的日常主食。北宋汴京的製餅業十分發達，有許多專業的餅店，規模小的像武大郎那樣個體經營、挑擔零售，規模大的則有餅匠上百人。《東京夢華錄》記載了武成王廟前的海州張家以及皇建成巷前的鄭家餅店，每家都有五十餘爐。「每案用三五人捍劑卓花入爐。自五更卓案之聲遠近相聞。」燒餅油條饅頭店，開得生機勃勃。

大的餅店等於開了食品公司，有品牌效應，坐地買賣，顧客會慕名上門；而像武大郎那樣的小本生意則要靠沿街吆喝了。《水滸傳》裡沒有記載武大郎是如何吆喝的，但在東京汴梁，凡是賣熟食的都有一套奇怪詭異的吆喝術。譬如賣燒雞的，他不直接吆喝：「燒雞，燒雞，新出爐的燒雞！」而是說一些莫名其妙的話來吸引顧客，據說這樣才售出得快。賣炊餅當然也一樣。曾經有一個賣「環餅」（大概是圓的面餅吧）的小販，他不叫賣「環餅，環餅！」，而只是一個勁地長歎：「吃虧的便是我呀！吃虧的便是我呀！」結果，險些弄出政治問題來。

當時正值昭茲皇后被廢黜，在瑤華宮居住，而這位小販每次到瑤華宮前叫賣，擱下挑擔依舊嘆息著說這句話。這還得了！有人替廢黜的皇后叫屈，這不是對皇帝不滿嗎！開封府的衙役立即將他鎖進了局裡。府尹大老爺當作是重大政治事件審訊，結果才知道他是為了早點賣出環餅，故意使用這樣奇特的語言，並無其他的影射含義。再追究成份，三代貧農，根紅苗正，不存在階級敵人散佈謠言的動機，所以打了一百棍放了出來。

有了這麼一次慘痛的教訓，此後，這位小販挑擔賣環餅時就改了口，但他仍不說：「環餅、環餅，新出爐的環餅。」而是說：「待我放下歇一歇吧。」他的遭遇、他的變化、他的與眾不同而又有些詼諧的叫賣語言，成了一樁引人發笑的故事，去買他餅的人因此多了不少。

宋朝人喜歡麵食，拿當時的話說就是喜歡吃餅。那時候沒有慶豐包子，卻有另外的故事，《宋史・宋太祖本紀》裡就記載了這樣的故事：話說趙匡胤在未登皇位前是周世宗柴榮的部將，顯德三年（西元九五六年）領軍與世宗相會於壽春（今安徽壽縣），君臣二人都是麵食愛好者，於是相約在餅店中吃食。但不知為什麼，這個餅店老闆有些白目，做出的餅又薄又小，惹得周世宗生了氣，龍顏大怒居然要殺店主。還是趙匡胤大人不計小人過，「固諫得釋」，讓這位餅店老闆保住了腦袋。

到了北宋末年，由於金兵南侵，汴京的餅價暴漲，一枚餅從七文錢抬高到二十文，引起市民極大不滿。抗金名將宗澤擔任開封府尹，他親自帶領軍隊中的「兵廚」進行試製，核定每餅成本僅六文錢，於是立即佈告餅店經營者，每枚餅限價八文，敢擅自提價者，罪當處斬，這樣才算平息了一次影響國計民生的通貨膨脹。

到了南宋，隨著生活逐漸安定，老百姓對吃的追求又更上層樓，據《夢粱錄》記載，南宋杭州的餅類品種就多達數十種，著名的有菊花餅、月餅、開爐餅、肉油餅、甘露餅、韭餅、炊餅、燒餅、棗箍荷葉餅、油酥餅、糖酥餅、薄脆餅、玉延餅、辣菜餅、芙蓉餅、魚蝦餅、通神餅、神仙餅等，其中又以鹹味餅為多。

芝麻餅據說是漢代時從西域傳入中原的，所以開始時又叫「胡餅」。被諸葛亮痛恨疾首的東漢靈帝最喜歡吃這種芝麻胡餅，於是就在京師洛陽一帶流傳開來，到了唐宋時，成為民間普遍流行的麵食點心。當年抗金民族英雄岳飛兵駐黃橋，糧草一時接濟不上，附近的老百姓紛紛送來芝麻圓餅慰勞岳家軍，解決了一時之難。於是這種餅又被稱為黃橋燒餅，至今流傳，成為地方名點。

至於其他的各種餅，包括武大郎的炊餅，書上雖然有各種做法的記載，但已經不見於今日，吃貨們也只好望餅興嘆了。實在太想「復古敏求」的，我這裡提供兩本書名，《吳氏中饋錄》、《山家清供》，你可以找來看看，不妨對照著古人的製餅祕笈，自己畫餅充饑。

餅之所以成為宋朝人喜愛的主食，是因為它便於攜帶、不易餿壞，保存期也長。宋朝的官員士庶外出所帶的乾糧，沒有速食麵，只有各類餅食。王安石罷相後退居金陵鐘山下，每次外出，都是騎著毛驢帶著麵餅，沿途自食，不勞人家公費接待。

說起來，武大郎的炊餅與當朝的皇帝宋徽宗還有些關係，《雞肋集》記載了這麼一則軼事：

楚州有位姓孫的魚販子，人稱孫賣魚，據說頗能預測禍福。宣和年間，宋徽宗召他進宮，住在寶籙宮道院。一日，他懷揣一枚炊餅坐於小殿中。徽宗駕至，遍歷各殿燒香，最後才來到孫賣魚所在的小殿。時間一久，徽宗感到肚餓。孫賣魚立即從懷中取出一枚炊餅獻上說：「可以點心。」

對於這樣突如其來進獻的食品，皇帝當然不敢隨便進用，否則老早被人毒殺了。這是皇帝與常人不一樣的地方，也是當皇帝的可憐之處。宋徽宗當下心中驚異，未去接餅。孫賣魚此時卻意味深長地說了一句：「後來此亦難得食也。」宋徽宗當時肯定不會去多想，但到了次年被金兵俘虜北去，確實連一枚炊餅也難以吃到了。

不知道昔日金枝玉葉的宋徽宗思憶炊餅的滋味，會不會想起那位清河縣裡挑擔走販的武大郎？

宋徽宗的第九個兒子趙構後來當了皇帝，是為南宋高宗。這位皇帝保留著河南人的傳統，也愛麵食。不過，他對炊餅已經不大感興趣，他喜歡吃餛飩。今天的南方人普遍喜歡吃餛飩，上海人把餛飩叫雲吞，一碗雲吞麵上演了上海人的花樣年華，讓梁朝偉、張曼玉演繹得纏綿緋側。

餛飩據說也是胡人的發明，出於「虜中渾氏、屯氏之手」，故名「渾屯」，後因聲音相近而訛傳為餛飩。事實上，唐代以前就已有了，只不過品種較為單一，吃的人也不多。到了南宋，由於皇上的愛好，餛飩品種迅速發展，而且製作也越來越精，主要有百味餛飩、二十四節氣餛飩、丁香餛飩、椿根餛飩等十餘種。南宋杭州六部橋前有一家飲食店，供應的丁香餛飩「精細尤著」。因為六部橋是當時政府各部門——六部衙門的所在地，中央官署六部官員都去捧場，這種餛飩在和麵時，加入了丁香汁湯，據說可以治口臭、令人身香，因此在進入皇宮上朝面聖之前，先吃一碗丁香餛飩，既可以填腹，又能解口臭，一舉兩得。

宋高宗趙構經常以餛飩當點心，宋人筆記上記載，有一次御廚不小心，給高宗送去的餛飩中餡肉有點夾生不熟，高宗十分動怒，將製作御廚下了大理寺獄中治罪。此事在宮中傳開，大家在嚇出一身冷汗的同時，也替那位倒楣的御廚抱不平。有一次，高宗要宮中優伶表演助興。優伶就以此為題編了一齣滑稽戲：兩個優伶扮成甲乙兩個士人，在路中相遇，相互問對方的出生年份，一個說是甲子（與餃子諧音）年出生的，一個說是丙子（與餅子諧音）年出生的。聽了對方的回答，兩人同時指著對方說：「皆合下大理寺也。」意思就是都應該被捉到大理寺去！宋高宗聽了還丈二金剛摸不著頭皮，問其原因，兩位優伶回答：「餃子、餅子皆生，與餛飩不熟同罪！」

看著兩個優伶的滑稽表演和一副認真的樣子，宋高宗哈哈大笑，也意識到自己處罰太重，於是就下令將關進大理寺牢獄中的御廚給釋放了。

今天的南方人愛吃餛飩，推手居然是宋高宗，現在你曉得了吧！

一位皇帝的懷舊情結與宋嫂魚羹的前世今生

說到宋高宗，就再來說一則與他相關的舌尖故事。

話說這位高宗皇帝偏安南方受著後世人的指責。但是，人非草木孰能無情，奈何無力回天，那種回不得故國家園的沉痛心情他也是有的，所以他心裡總是悶悶的。養鴿子、遊西湖，都是為了解悶。

有一天，宋高宗的龍舟在波光粼粼的西湖上閒蕩。那時候的禁衛還不像後來那麼森嚴，皇帝遊湖，小民也同樣可以泛舟湖上，大家兩不相犯，君民同樂。有一個叫宋五嫂的女廚子也駕了一葉扁舟，照常來湖上向遊客兜售她烹製的魚羹。

這位宋五嫂本是東京汴梁的民間女廚，曾在汴梁城裡經營菜館，以擅長製作魚羹而聞名汴京，因為嫁給宋家一位排行老五的人，所以人稱宋五嫂。金兵南侵，宋五嫂也算頗有民族氣節，不願在異族鐵蹄下生活，跟著南遷隊伍來到了臨安。為了維持生計，她在西湖蘇堤旁駕一葉小舟，穿梭湖上叫賣魚羹。

這一天是淳熙六年（西元一一七九年）三月十五日，高宗皇帝已經退位當了太上皇，閒來無事，命人買了魚鱉在湖中放生。來至錢塘門外，船泊蘇堤下，已經時近中午。在高宗身邊服侍的老太監聽見有人以汴京口音在叫賣魚羹，老太監不免多瞧了幾眼，認出此人竟是當年在東京汴梁經營魚羹菜館的宋五嫂。也算是他鄉遇故知，老太監不禁悲從中來，偷偷拭淚。宋高宗正好看到，便問老太監何事落淚。老太監具情相告，高宗也想起了當年在汴京時，曾經品嘗過名噪一時的魚羹，於是便命侍從去買來吃。

宋五嫂也不認得皇家的龍舟，只看到豪華舟艇上下來的人來買魚羹，估計是皇親國戚之類要人，於是就用心烹製了魚羹，親自送到龍舟上。快人快語的宋五嫂並不認得太上皇帝，見了宋高宗毫不畏懼，還充滿自豪地說：「奴家本是東京汴梁人氏，是隨著聖駕來到這裡的。」

太上皇趙構聞聽此言，與那位老太監一樣，心中也油然升起他鄉遇故知的情懷，不勝唏噓。他一面享用魚羹，一面與宋五嫂聊起家鄉風物人情，兩人相談甚歡。老年高宗品嘗了這道頗具北宋東京風味的魚羹後，所有的前塵往事都湧上心頭，感慨萬千，同時也對這位銀絲蒼老的宋五嫂產生了愛屋及烏的同情，特別賞賜紋銀百兩給宋五嫂，資助她重新開店經營。

宋高宗品嘗宋嫂魚羹的事不脛而走，很快傳遍杭州的大街小巷，人們爭相前來品嘗，宋五嫂便在錢塘門外正式設店營業，而她製作的魚羹也聲名鵲起。有人賦詩道：

一碗魚羹值幾何？舊京遺志動天顏。
時人倍價來爭市，半買君恩半買鮮。

宋五嫂就地取材，以西湖鱖魚代替黃河鯉魚入羹的變通之法，以及南料北烹的特點，再加上宋高宗的名人效應，使得這道宋嫂魚羹一舉成為杭州名菜，流傳了八百多年。今天若是去杭州旅遊，千萬不可錯過了一飽口福的機會！

到杭州上餐館有一個特點，就是羹湯類菜肴特別多，除了這道宋嫂魚羹，還有西湖蓴菜羹、四季開胃羹、八卦蓮子羹等等，這也算是南宋遺風。從《夢粱錄》所列的二百四十三種菜中，羹類達二十四種，約占十分之一。宋朝人，特別是南宋的人愛吃羹湯，連皇帝「上壽節」（生日做壽）的宴席上都有肚羹、縷肉羹、索粉羹等上桌，怪不得今天的杭州人擺席設宴仍然離不開羹湯。

拚死吃河豚。蘇東坡說：值得一死

宋朝人對美食的追求已經到了孜孜以求的地步，各種食材、食譜都被開發出來。今天有句話叫「拚死吃河豚」，吃河豚的習俗就是那個時候流傳下來的。

蘇東坡有首著名的詩〈惠崇春江晚景〉：「竹外桃花三兩枝，春江水暖鴨先知。蔞蒿滿地蘆芽短，正是河豚欲上時。」你看，河豚還沒上來，他已經在記掛著了。

河豚，學名河魨，古名肺魚，俗稱氣鼓魚、氣泡魚、吹肚魚、雞泡魚、青郎君等。河豚遇到敵人時，會把空氣吸入胃中，腹部膨鼓起來像個球，看起來嚇人，敢吃牠的還真要有些膽量。河豚吃魚蝦維生，所以肉特別鮮美。但是牠在四、五月間產卵時，卵巢與肝臟皆含劇毒，這種毒叫「河豚酸」，無色、無味，毒性是氰酸鉀的十三倍！自古至今，想吃河豚的人不少，被河豚酸毒殺的也不少。

中國人吃河豚的記載最早見於晉代，但自晉至唐，大家還沒有掌握一個安全的法子，所以吃河豚終究沒有普及開來。到了宋朝，吃河豚風氣大盛，原因是河豚碰著了天敵，毒性被破解了。

這個天敵不是蘇東坡，而是另外一個詩人——梅聖俞。

梅聖俞以講究吃海鮮而聞名，他家裡經常吸引了一些習氣相投的吃貨。作為一個詩人當然是「往來無白丁」的，這些吃貨們可都是有知識的吃貨！於是，河豚就倒楣了。一時間，梅聖俞家幾乎成了河豚研究中心。這麼研究來，研究去，河豚終於被他們研究死了。梅先生很得意，還寫了一首〈河豚詩〉：「春洲生荻芽，春岸飛楊花。河豚於此時，貴不數魚蝦。」所以說，蘇東坡先生的口福，是建立在梅聖俞先生捨生忘死的研究基礎上的。

蘇東坡謫居常州，當地盛產河豚。河豚盛產於三、四月間，上市的季節很短，一到四、五月，河豚產卵時就不能吃了。所以，春天一到，東坡先生就在記掛著吃河豚了。當地有一個士大夫，烹製河豚有獨到之處，聽說蘇學士有這樣的偏好，便以此為誘餌，招呼蘇東坡來家吃河豚。蘇東坡果然二話不說，拔腳就來。這戶人家的女人和孩子聽說大名鼎鼎的蘇東坡來了，都跑到屏風後面，希望能聽到蘇東坡怎樣品題佳餚。沒想到，他老人家埋頭大嚼，來不及說一句讚美之詞，等吃光了、吃飽了，這才放下筷子，摸著肚皮，抬頭對主人說：「據其味，真是消得一死！」主人和躲在屏風後的人聽了，個個都樂了。

蘇東坡後來吃河豚也吃出經驗來了，說：煮河豚用荊芥，煮三、四次，換水則無毒。當然，這可不可靠，他概不負責，我更加不負責。

河豚有毒，並非人人都會烹製，但宋朝的老百姓又都想吃，於是美食家就研究出了行之有效的烹製河豚方法。而且，為了解決口腹之欲，他們甚至還創造出「假河豚」的吃法，類似今天到寺廟裡吃素齋，也能吃到「素牛肉」、「素里肌」、「素黃鱔」。

楊次翁在丹陽的時候，就用這樣的「假河豚」招待過大書法家米芾。當楊次翁將他的「河豚」端上來時，米芾一開始還疑慮不敢吃：你老兄會不會做呀？不要誤了卿卿性命！楊次翁卻笑著對米先生說：這是用別的魚做的，假河豚！米芾一嘗，居然跟真河豚一樣鮮美，假可亂真！於是放心大快朵頤。

假河豚怎麼做？《山家清供》一書裡有記載，你有興趣，自己找來試試。試不好也毒不殺你，放心。如果是在宋朝，你還可以請專職廚師上門來替你做。

宋朝的商業服務相當周全，專業分工也十分周密，家裡要辦酒席請客，自己不會動手，又沒有私僕家廚，不要緊，有四司六局可以幫忙，專門負責代辦酒席。

什麼叫四司？說的是賬設司、茶酒司、廚司、台盤司。賬設司負責佈置宴席環境，屏風、書畫、圓桌、檯面都可以租的；茶酒司又叫賓客司，派人替你上茶斟酒還是小事，發送請柬、安排座次，這些工作統統可以交給這個司；廚司嘛，就是負責掌勺調和了；台盤司的人則負責送菜、換盤，洗刷碗碟。你想想，雇上這四個司的人幫忙，你還有什麼事情搞不定的？

那麼，六局呢？指的是果子局、蜜煎局、菜蔬局、油燭局、香藥局、排辦局。從採購果品菜蔬到燈光照明、焚香佈置、桌凳排放拭抹，他們統統替你代辦了，比今天的家政服務公司還要靠得牢！

所以，無論要做真河豚宴還是假河豚宴，只要你有錢，找四司六局就沒錯！南宋人耐得翁在《都城紀勝》一書中對這種服務也大加讚賞：「凡四司六局人，只就慣熟，便省賓主一半力，故常諺曰：燒香點茶、掛畫插花，四般閒事，不許戾家（不宜累家的意思）。」

好了，有這樣專業的家政服務公司，請客吃飯問題當然省心。大家開吃吧！

❶……Friedrich Engels，一八二〇年十一月二十八日～一八九五年八月五日，德國哲學家，馬克思主義的創始人之一。

第九章

大宋朝的娛樂產業

東京汴梁，金色的秋陽中，一群又一群的市民，密密麻麻地排列在寬闊潔淨的御街兩側，個個都踮起腳跟翹首引頸。是夾道歡迎凱旋的將士，還是爭相觀望出巡的貴人？其實都不是。市民們等待的，是一隊隊為皇上祝壽表演的女伎從宮中出來——四百餘位青春美貌的少女。

出來了！出來了！參加完祝壽表演的女伎們，排著整齊的隊伍從宮中魚貫而出。一個個都是十七、八歲的年齡，尖尖的瓜子臉，彎彎的柳葉眉，細細的臥蠶眼，薄薄的嘴唇櫻桃小口。她們有的騎著高頭大馬，有的坐在高高的彩車上，有的簇擁在兩旁緩緩步行，那可以隻手把握的纖細小蠻腰輕輕搖擺，移動著細碎的步子。她們都頭戴花冠，穿著紅黃生色銷金錦繡的衣裳，娉娉婷婷，顧盼生輝。

市民隊伍中發出一陣歡呼。人們看著她們美麗的儀容，分享著一點點審美兼情意的愉悅。也許明天，她們的髮髻、服飾就將成為東京的時尚流行。許多風流少年，從市民行列中躍出，如追逐花蜜的蜂兒緊隨在美女隊伍的後面，欣喜若狂，爭相向女伎們送鮮花、獻果酒……

這種盛大的時裝模特兒彩車出遊、這種狂熱的追星場面，被目擊這一場景的孟元老記錄在他的《東京夢華錄》裡。

四百位青春美少女，都是來自東京汴梁各處勾欄瓦舍的女伎。伎與妓雖然只是偏旁不同，在宋代的典籍中，這兩個字也是通用的，但事實上，以伎藝誘招顧客的女伎，和以調笑賣淫為生的妓女，還是有所差別的。所謂女伎，拿今天的話說就是落籍樂戶的文藝工作者，她們當中也有人是賣藝不賣身的。這四百位女伎平時就分散在各處的勾欄瓦舍裡，為東京市民做著各類文藝表演。瓦舍相當於今天的夜總會、演藝娛樂中心，無論是個人演唱會、戲劇表演，還是魔術雜耍、相聲小品，都集中在這裡演出。

為什麼叫瓦舍呢？據說它是「來時瓦合，去時瓦解」的形象說法，說通俗點就是來去自由的意思，這裡沒有階級限制，也不分高低貴賤，只要你有錢、有閒，就可以來隨便走走、隨便坐坐。其實，瓦舍還不侷限於娛樂中心，裡面還內設酒樓茶館，各種走賣的小販和剃頭、剪紙的手藝人、看相、算卦、三教九流的江湖人也都集中在這裡，所以，瓦舍當然是宋朝城市裡最熱鬧的去處了。

從我們初來乍到那一刻起，好些團友就記掛著傳說中的勾欄瓦舍，有幾個重口味的還直問我青樓裡的故事。也難怪，大宋朝娛樂無極限。好了，再次提醒，以下屬於自費項目，娛樂不分限制，請各位自行斟酌。

勾欄瓦舍，玩的就是心跳！

瓦舍的演出單元叫做勾欄，顧名思義，勾欄就是圍欄起來做一個舞臺的意思，用今天時髦的說法就是小劇場。每一個瓦舍都有大大小小、十幾到幾十處不等的勾欄，演出各種不同的曲藝項目，像東京城裡最大的瓦舍街南桑家瓦舍，就有大小勾欄五十餘座。每一處勾欄都有自己的名字，你不妨先從名字上去看看，那些名字都相當有個性：象棚、夜叉棚、蓮花棚、金剛棚。就像你到一個陌生的城市逛酒吧一樣，先挑一個順眼的名字鑽進去吧。當然了，對於熟客來說，他們是有固定要去捧場的去處的。

宋朝的瓦舍遍佈全國的大小城鎮，單是汴京城裡上規模的瓦舍就至少有九家。這些瓦舍勾欄都實行商業化營運，對外售票，有的在勾欄門口收門票，有的則是在演出中間向觀眾收錢，商業贏利靠的全是節目吸引人。而在瓦舍勾欄表演的女伎們也確實頗具競爭力，各有各的追星族。我這裡有一份臨安瓦舍的演出節目表，來看看臨安瓦舍裡的表演內容和明星陣容：

散樂：張真奴
踢弄人：小娘兒
掉刀蠻牌：朱婆兒、俎六姐
講史書：張小娘子
棋待詔：沈姑姑
演史：宋小娘子
說經諢經：陸妙靜
小說：史慧英
影戲：黑媽媽
隊戲：李二娘
唱賺：媳婦徐
鼓板：陳宜娘
雜劇：肖金蓮
唱京詞：蔣郎婦
諸宮調：王雙蓮
唱耍令：郭雙蓮
覆射：女郎中

撮弄雜藝：女姑姑

射弩兒、打諢：林四九娘

為了宣傳招徠顧客，各處勾欄的門口都貼著海報、宣傳畫，大做藝人的廣告，追星族們為心愛的藝人一擲千金也是在所不惜。在這樣的地方，玩的就是心跳！

樂籍女伎除了在勾欄瓦舍獻藝，還有一個重要使命就是接受官府的徵召，點綴官府主辦的重大文藝娛樂活動。一到看爭標、觀旱戲、觀潮節時，臨時搭起的高大彩樓上必然會排列起美豔無比的女伎們，為節慶活動增色添彩。事實上，女伎在很多時候還介入官方的經濟活動，就好比今天車展、房展、時裝發佈會，要有明星、模特兒捧場一樣。

熙寧年間，王安石實行新法，政府散「青苗錢」，為此在譙門設置了酒肆，百姓持錢走出者，便誘之飲酒，十錢便花去二、三錢了。又怕市民不來飲酒，則命官妓、女伎坐肆作樂，吸引老百姓前來。前面說過，宋朝的酒是官家專賣的，就好像今天的菸草由國家專賣一樣，一年一度官府開煮新酒時，酒庫都要雇許多有名的靚麗女伎來捧場作秀，以壯聲勢，稱之為「點呈」。這支由女伎組成的美酒專賣宣傳隊伍，前有官家的虞侯押司為之開路，後有手擎羅扇衣笈的浮浪閒客為之護衛，常常引得成千上萬的市民，密密麻麻地排列街頭觀看，一時形成「萬人海」的場面。

好了，現在自由活動，大家愛上哪兒上哪兒，愛看什麼看什麼，這裡就是一千年前的大上海花花世界，好好遊覽參觀吧！

妓院還分國營、民營？

現在我們要來說說宋朝的青樓了。

青樓，一個充滿了氤氳和奢靡、充滿了曖昧與遐想的名詞。英文中的「青樓」直譯為「brothel」（妓院），與「brother」（兄弟）只有一個字母的差別，似乎暗示著這是專門為男人而設的場所。然而，中國文化中的「青樓」絕不僅僅等同於兩性交易的妓院那麼簡單、直接、膚淺和俗豔，在漫長的中國古代歷史中，這個詞承載了太多的文化附著。它的存在，並不是為引車賣漿者之流渲泄體力和性欲，事實上，那些下三濫的賣肉場所從來沒有被冠之以「青樓」這樣的雅號。它是性感的，也是風情的；它是腐朽的，卻也是雅致的。它代表的甚至不是肉欲，更多是屬於精神層面的東西。它與音樂、舞蹈、詩詞、繪畫、戲曲、小說等藝術形式相伴而生、相扶而成，在兩千年的歷史中，它是專屬於文人士大夫們的一個溫柔江湖，也是中國歷史文化地圖中的一座特殊地標。

在中國的歷史文化地圖中，尋找那些走過者的足跡，那就只有兩條道路：廟堂與江湖。佔據中國歷史文化主體地位的文人士大夫們，永遠在廟堂與江湖之間徘徊，不是居廟堂之高，就是處江湖之遠，而江湖裡永遠聳立著一座青樓。紅袖樓頭、銀鞍白馬、狎妓冶遊、淺斟低唱，是古代士大夫生活的重要組成部分。南宮高捷、廟堂得意，則官伎侑酒、舉觴唱和，是官場應酬必不可少的場景，也是一抒胸襟的人生快事；仕途偃蹇、怫鬱不舒，則醉臥歌台、紅袖搵淚，是無法替代的心靈慰籍，也是人生失意的一種排遣。多少故事在這裡上演，是英雄血，是離人淚，是司馬青衫，也是司空見慣。從某種意義上說，一座青樓貫穿了一部另類的中國歷史。所以，要說宋朝的私生活，不能不說說宋朝的青樓。

事實上，「青樓」一詞，原本跟妓女是毫無干係的。宋朝詩人陳師道在〈放歌行〉中寫道：「春風永巷閉娉婷，長使青樓誤得名。」他要說的是把青樓代指為「妓院」，其實緣於一種訛誤。清代的袁枚也在《隨園詩話》中解釋說：「齊武帝於興光樓上施青漆，謂之『青樓』，是青樓乃帝王之居。」

從帝王之居到青樓妓館，這跨度也太大了些！

我們讀古代的文學作品，像曹植的〈美女篇〉中有「青樓臨大路，高門結重關」

之句，這裡的「青樓」，指的是一種閥閱之家、豪門大族。《晉書・麴允傳》中的「南開朱門，北望青樓」，指的也是金張門第，豪華精緻的雅舍。直到了唐代，「青樓」才漸漸成了妓院的代指，所謂「十年一覺揚州夢，贏得青樓薄倖名」。後來，那些陳設豪華、窗簷門樓與富家院落一樣漆成青色的樓宇，就成了煙花之地的專指。但也並不是所有的妓院都可以被稱為青樓，就像乞丐都要分個七袋弟子、八袋弟子，有個高低差別，妓院也是如此，只有亭臺樓閣、雅致芬芳達到「星級」標準的，才可以稱得上「青樓」的。

那麼，宋朝的青樓盛況如何呢？

「京師素號酒色海，溺者常多濟者稀」。這兩行被宋人胡仔收進《苕溪漁隱叢話》裡的無名氏詩句，可謂是對以北宋京城汴梁為代表的當時之色情行業，極其興盛的精闢概括。

蔡京同黨，孟昌齡的四公子孟鉞孟元老，在南渡後曾以不勝懷念和惆悵的心情，追憶當年東京汴梁的繁華，寫成《東京夢華錄》，中間也有「所謂花陣酒池，香山藥海，別有幽坊小巷，燕館歌樓，舉之萬數，不欲繁碎」、朱雀門外「東去大街、麥秸巷、狀元樓，餘皆妓館」之句。《東京夢華錄》成書之時，距宋室南渡不過二十年光景，親歷過「花陣酒池」的大有人在，孟元老寫這本紀實文學，不管筆法怎樣的浪漫主義，也不至於將青樓的數目做太多的誇張。即使沒有「舉之萬數」，想來三、五千總是有的。三、五千家青樓，那該有多少的從業人員！

青樓的從業人員在那個「女子無才便是德」的漫長時代，相應來說也是一批最具知識、最有文才、最富性情的女性。士大夫主宰的傳統道德與價值體系，一方面剝奪了廣大女性求知與參與的機會，另一方面卻對一小部分女性提出了更高的知性要求，琴棋書畫、才色雙全，以備男人的特殊需求和心理補償，在不平等的地位下尋找一份平等的交流。如果舉目望去，女人都是「無才便是德」這副德行，男人也是要憋死的。所以男權社會還是保留了「修正主義」的條款，青樓就承擔了這個「出氣孔」的修正功能。

按照林語堂的說法：「因為由男子想來，上等家庭的婦女而玩弄絲竹，為非正當，蓋恐有傷她們的德行，亦不宜文學程度太高，太高的文學情緒同樣會破壞道德，至於繪圖吟詩，雖亦很少鼓勵，然他們卻不絕尋找女性的文藝伴侶，娼妓因乘機培養了詩畫的技能，因為她們不須用『無才』來作德行的堡壘。」

要應對喜歡附庸風雅的宋人，青樓女子的才藝可不僅僅只是表面功夫，不像今天的夜總會小姐，只會划拳、喝酒、擲骰子。在宋朝文人士大夫的酒宴中隨處可見青樓女子相陪，妓籍人數約數萬之眾，這還是保守的估計。

身為古代男人的好處是沒有掃黃，不用怕警察查房或者要你出示身分證。事實上，宋朝的妓院不僅合法，甚至還有國營官辦的，宋朝的妓女也分為官妓、營妓和私妓三種。

官妓跟宮妓一樣，屬於國家、政府所有，區別只是宮妓只為皇帝及其家屬服務，而官妓，顧名思義就是為各級官吏服務了。官妓是拿國家薪酬的，從某種意義上講，她們也是公務人員。官妓的主要工作是參加官員的各種官場應酬活動，在酒宴獻藝侑酒，為節慶助興添色，嚴格意義上講是不能與官員發生性關係的，但這個「嚴格意義」執行得並不嚴格，「情之所至」也就沒有了「男女大礙」。

官妓們為官員服務、向官員獻身是一種義務，一般是不收費的。當然，狎玩她們的官員也可能會贈送她們一些錢財禮物，類似今天的小費，你願意高尚一點，也可以把它看作是定情物。官員在離任時，除了對錢糧帳目等一干公務進行交接之外，甚至還要對官妓進行交割。離任的因為帶不走心愛的女人總會戀戀不捨，而新任的又往往感嘆沒有接收到更好的。如此總總，居然在官場習以為常。

當然了，宋朝對官員冶游狎妓的行為較之唐朝有了很多限制。如嘉祐以前規定，提點刑獄的司法官員不得赴妓樂，王安石熙寧變法以後，禁止範圍擴大到監司一級的紀檢、監察、司法等綱紀部門的官員和僚屬，要求他們都不得涉足青樓。《宋刑統》

卷六「名例律雜條」二十二，列有「法官冶游罪」，並且確有很多人因此而受處罰。所以，宋朝官員在這方面很羨慕唐朝前輩同行。

南宋孝宗朝的龔明之寫的《中吳紀聞》中說：「樂天為郡時，嘗攜容滿、張志等十妓，夜遊西湖虎丘寺，嘗賦紀遊詩。為見當時郡政多暇，而吏議甚寬。使之在今日（按：指宋朝），必以罪聞矣！」龔先生對前輩白居易的官宦生涯豔羨不已，感嘆白樂天做官做得多麼空閒、多麼瀟灑，而當時的輿論環境和紀律監察是多麼的寬鬆，要是換在宋朝，早就被當作腐敗分子抓起來了！其實，龔先生有所不知，看起來相當開放的唐朝，召妓侑酒仍須「假諸曹署行牒」，也就是要事先經過有關部門批准許可的，像後代任何人任何處可以隨便召集妓女，是辦不到的。

另一方面，龔先生自己膽子小，氣場不夠，瀟灑不起來也是一原因，即使是在宋朝，也有灑脫的官員。蘇東坡在杭州當知州時，就經常邀一批好友，幾十艘遊船畫舫載滿歌妓舞女，到西湖裡泛舟，吟詩作畫。一位曾經伺候過蘇東坡的杭州老娼，向後任的太守講述了東坡遊湖的情景：每逢春暖花開的時節，只要他一有閒暇，就約許多賓朋遊西湖。早晨，在山水最佳的地方吃飯，吃完飯，讓每位客人乘一艘船，再各領幾位妓女，隨便到哪裡去。吃完中飯後，再敲鑼召集，聚集在一處，登上望湖樓或者城隍閣，一直歡鬧到深夜一、二鼓，夜市未散時，他們才燭火回城，引得市民們夾道觀看。

蘇東坡一次出遊就要召集千餘妓女，這些妓女們個個綿繡華服，光彩奪目，當她們踩著月光、映著燭光款款歸來時，馥鬱的香氣從隊伍中陣陣傳出，恍若仙子下凡。蘇東坡在記錄他在黃州打獵的一首詞裡，用了「為報傾城隨太守」這樣的句子，事實上，觀看太守冶游的隊伍歸來，也成為杭州當時的一大勝事。嫖妓嫖得如此驚天動地，也只有蘇東坡才有這樣的做派。他甚至還帶著妓女去寺廟裡拜訪和尚，而這位和尚是以潔癖聞名的，一般人如果不齋戒沐浴都不讓登堂入室。

對於蘇東坡驚世駭俗的行為藝術，當時的人並沒有絲毫的怪罪，人們甚至是以包容、欣賞、羨慕的眼光看待他們心目中的名士。當宰相王安石變法遭到蘇東坡等人極力反對和阻撓時，總理大人也沒有借生活作風問題懲罰他，可見禁止士大夫冶游的禁令也不過是一紙空文。今天的杭州人，更是說起白、蘇兩位老市長，驕傲得不得了，那都是文化的功勞。所以說古時的青樓是中國歷史文化的特殊座標，不能跟今天一味藏汙納垢的地方相提並論的。

不過，宋朝官員的風紀總體上抓得比唐朝緊，所以宋朝雖然也還有官妓，但這類事情總要做得隱蔽、含蓄得多。南宋吳曾的《能改齋漫錄》記載，范仲淹被貶饒州（今江西波陽）知州任上，認識了雛妓甄金蓮。這位金蓮能詩擅詞，又會指畫筷書，范仲淹十分喜歡她。估計是後悔當初沒下手，等到他改任潤州（今江蘇鎮江）後，對這位小金蓮仍然念念不忘，於是作了一首〈懷慶朔堂〉的詩，寄給接任饒州的老朋友魏介：

慶朔堂前花自栽，便移官去未曾開。
年年憶著成離恨，只托春風管領來。

慶朔堂是范仲淹在饒州任上建造的廳堂，范老爺子沒有明說甄金蓮、賈金蓮什麼的，但魏介當然是知道的，因此沒有真的拿堂前的兩盆花給范仲淹送去，而是收到信後就出錢幫金蓮脫了樂籍，紮成一個大禮包給范老爺子送去了，禮包上還貼著一首賀聯：

慶朔堂前，桃李春風欣結子；
鄱陽湖畔，漁舟唱晚賀來遲。

後世很多假道學，不滿意北宋的道德楷模范仲淹也有凡人的七情六欲，於是考證說詩中的「春風」是個道士的名字，不是情婦。其實，枉費這許多心思幹什麼，范仲淹也是有血有肉、有七情六欲的一個漢子。

官妓制度到了宋室南遷之後，因為內外交困的緣故，逐漸式微。南宋孝宗時取消官妓，改由市妓中租用，國營的取消了，後來就都變成民營了，官員的特權也沒了，大家一起做連襟吧。

其實，民營的青樓妓女也不比官妓遜色，琴棋書畫，吹拉彈唱，樣樣俱會。不瞞大家說，今天我們引以為自豪的宋詞，就是誕生在宋朝的青樓妓院，起初也就是當時士大夫與妓女相互酬唱的流行歌曲吧！學術界有個說法叫「詩莊詞媚」，意思是唐詩是莊重的，宋詞則貴在嫵媚。從青樓裡孕育出來的，能不嫵媚嗎？道德文章像歐陽修這樣的人，寫詞時也是嬌媚百態。他的有些小詞，深情繾綣，婉孌萬狀，動人心魄，如：「夢裡似偎人睡，肌膚依舊骨香膩」、「玉人共處雙鴛枕，和嬌困、睡朦朧。起來意懶含羞態，汗香融。素裙腰，映酥胸」、「輕捧香腮低枕。眼波媚、向人相浸。嬌佯醉索如今，這風情，怎教人禁」。

這風情，怎教人禁啊！

朝中的達官大吏熱衷於狎妓冶游，視為名士風流，作為「第二梯隊」的太學生們也流連花叢。由於宋朝法律只對官吏冶游做出了限制的規定，而沒有對太學生們下達禁令，因此宋代的太學生們招妓侑觴的風氣，比起唐代的進士絲毫不遜色。

宋朝的國策是優待讀書人，作為讀書人中的佼佼者，太學生的地位頗為崇高。朝廷對他們優禮有加，同時考慮到這些太學生們整日青燈黃卷，讀書太過辛苦，何況又是年少氣盛，血氣方剛，所以從人道的角度考慮，也允許他們狎妓自娛。

很多外地的學子平時在家長和塾師的高壓監督下，兩耳不聞窗外事，一心唯讀聖賢書，過著類似苦行僧的日子。初到京師，繁華的都市，聲色犬馬對他們都是不小的誘惑。從心理學的角度來說，各種本能及心理的壓力越重，渲泄的欲望也就越強烈。而一旦金榜題名，立刻成了萬人仰慕的社會菁英，「人生得意須盡歡」，當捷報飛至，「漫捲詩書喜欲狂」。於是，緊繃的神經一下子鬆馳下來，整個人的多巴胺都在狂噴亂射，各種平時積壓的渴望奔湧而出。而滿足這種種欲望的最佳場所，當然莫過於青樓，正所謂「春風得意馬蹄疾，一日看盡長安花」。

作為風流藪澤的青樓，給南宮高捷、廟堂得意者提供了一擲千金、奢縱放恣的場所，而從妓女的角度來說，她們也更願意接待士子舉人。一方面，這類客人大多風流倜儻，行為談吐文雅體貼，而且以詩文見長，掌握著當時的話語權，經他們口碑傳揚，妓女的身價也因此而飆升；另一方面，舉子的身分與蟾宮折桂一步之遙，魚躍龍門，其前程或不可限量。也正因此，許多青樓女子都把士人舉子當作了理想的愛人，付出了癡情。

太學生們狎妓狎得頗有創意，從北宋熙寧年間開始，煙花界的選美大會——「評花榜」活動在太學生中推出，迅速成為時尚，雖然後來叫法不一，但這一評選花魁的做法一直沿襲到民國初年，也可以說源遠流長了。

「評花榜」顧名思義就是品評妓女的等次，這種評選活動在官妓和私妓中都有發生。活動的組織者要選好場地，訂好章程，然後召集全城名妓赴會。評委老師也不能像今天的選秀評委一樣只動嘴巴，而要費盡心思詩文品題。事務既繁，在職的官員自然沒有這麼大的空閒，而且也怕有損官聲影響升遷，而太學生們一則有的是時間，二則也沒有種種顧慮，因此花榜的主持者和品題者自然多為太學生。

這種選美比賽深受妓女們的歡迎，也為廣大群眾所喜聞樂見。妓女與太學生之間的感情也因此更進一層。跟唐朝的情況一樣，宋朝的青樓女子也最喜歡讀書人。有些比較富裕的太學生因與妓女兩情相悅，索性將對方包養起來，當然也有妓女「倒貼」窮學生的故事。宋代筆記《寄梅記》裡就記載了一位叫馬瓊瓊的妓女，傾其全力資助一個叫朱端朝的窮學生。後來，朱端朝科舉高中，被分配到南昌去做官，便將馬瓊瓊贖身脫籍，帶著一起去上任了。

朱馬戀是大團圓的結局，當然也有不甚圓滿的，畢竟兩者地位太過懸殊，不甚圓滿的結局還在多數。有個叫楊美美的錢塘妓女，喜歡上了金陵少年張逞，經不住這位張生的甜言蜜語和萬般柔情，居然跟他私奔，一起來到了京城，過上了甜蜜小生活。不料，這事很快讓張逞的父親知道了，張父當然不會讓兒子這麼荒唐下去，親自趕進京來將兒子捉了回去。楊美美思念她的張生，茶飯不香，樂器不近，三年之後居然一病嗚乎了。

這是杭州妓女吃了南京少年的虧，也有南京妓女賠給杭州少年的。南宋淳熙年間，南京建康有位叫師兒的妓女，與杭州的一位王姓書生「拍拖」，老鴇嫌王書生沒有錢，橫加干涉，使得兩人「不盡綢繆」。王書生就帶著師兒私奔到了杭州。但是長安薪貴，生活不易。一對鴛鴦走投無路，王生拉著師兒遊罷西湖，居然在深夜相抱著投水而死。案發地點就在今天的長橋附近，所以長橋也成了與斷橋一樣的愛情橋。

一代名妓李師師的美麗與哀愁

說到宋朝的青樓，就不能不提一個人物。就好比說到明朝的風月，不能不說秦淮八豔一樣，整個大宋朝可就屬她一枝獨秀！

對了，前幾站我們的地陪一直都是大老爺兒們，好幾個團友早就提意見了，今天，我們要隆重推出我們的美女地陪——李師師李老師！

李師師究竟是怎樣一個尤物？她與皇帝情人傳出的諸多緋聞又是怎樣上了大宋娛樂播報的頭條新聞？且聽我慢慢說來。

話說這汴京城內外共有三重，最裡面稱大內，也叫宮城，那是宋朝皇帝的家；宮城外面是內城，是原來汴州的州城；而內城外面叫新城，是五代時期逐漸修建起來的。整個汴京開封城周不過四十里，面積不過三十平方公里，和唐代長安的八十四平方公里相比，連一半都不到。汴京城裡的市井小民分居在十九廂一百三十五坊，從事手工業、商業、服務業等一百六十多個行業，總數有三、四十萬人。其中東二廂永慶坊裡住著一戶姓王的人家，男人叫王寅，是官營染局的染匠。

官營染局就是官辦國營的染坊，給軍隊染軍裝，給官吏、宮女們染服裝。王寅終年勞累，所得工錢只能勉強維持生計。王寅的老婆生下一女後就撒手人寰，這女兒說也奇怪，別的孩子出生總是以一聲啼哭來到人世，這女孩子居然從不啼哭。

王寅想著有些擔心，便將女兒抱到封邱門內的開寶寺去求神拜佛。廟裡的老主持一看到女嬰，就說：「這兒是什麼地方，你也來了！」此話一出，女嬰便嚎啕大哭起來。王寅知道女兒與佛有緣，就將她拜在老主持門下，當時人稱佛弟子為師，所以就取名師師。

師師命裡注定多災多難。她父親所在的染局長期拖欠工匠的工錢，工匠們聯名告狀討薪，那個時候政府不支持討薪，何況又是國企，更要維穩，王寅被誣為「圖謀不軌」的主謀，被捕入獄，居然就死在了獄中。那一年，師師才四歲。

汴梁城裡金線巷的青樓鴇母李姥將她抱來收養，改姓了李。從此，這位染匠的女兒便入了賤民的妓籍。

說來你可能不信，兩宋時期，城市裡的小戶人家都重女輕男，倘若生下女孩，愛護得如捧珍珠，因為待女孩長大，可以隨她的姿質，教給她一種伎藝，以此待價而沽。我們從宋元話本中看到，在宋代城市裡，媒婆給人撮合婚事，首先也是講好女子會很多樂器，以「樂娘」自譽。一般市民都要培養自己的女兒吹拉彈唱，跟現在孩子學鋼琴、學舞蹈一樣，叫做「教成一身本事」。像李姥這樣的青樓人家，當然更加注重伎藝培養。

李姥本人也是娼妓出身，精通樂曲伎藝，師師抱在她懷中，就撚手指應節，由習慣養成了唱曲的特殊才能。到了十二歲的時候，李師師就以「小唱」聞名汴京，漸次被稱為「上廳行首」。所謂行首，就是行院的帶班藝人。具有「高級職稱」的帶班行首，稱為上行首；而上廳行首則更高一籌，意思是名次被列為官廳舉辦的宴會、演出的首位，也就是今天所說的領銜主演。

宋代是詞的全盛時期，詞屬於音樂文學，它必須透過歌唱才能充分為人們所欣賞，才能廣泛傳播。唱詞，宋代就叫做「小唱」，歌妓便是主要從事這種特殊的伎藝。李師師以「小唱」聞名，通曉音律書畫，且氣質優雅，招來許多文人雅士的追捧，也吸引了眾多名家詞人慕名上門，其中最著名的有詞人張先，蘇門六學士之一的秦觀，還有大晟府樂正（相當於國家音樂學院院長）周邦彥。最後，連宋徽宗這位風流皇帝都拜倒在她的石榴裙下，與之吟詩唱曲，並演繹了一段浪漫戀情。

據說，宋徽宗有個內侍叫張迪。在未進宮時是個狎客，與李姥很熟，是他向宋徽宗推薦了李師師。宋徽宗命張迪從內府拿出大量財寶去妓院鋪路開道。

第一次去是大觀三年（西元一一〇九年）八月十七日，宋徽宗偽稱自己是鉅賈趙乙，李姥也只是將他當作有錢的嫖客接待，李師師的態度則更有些簡慢。但正是這樣，宋徽宗好像魚兒上鉤般，欲罷不能。

第二年的正月，皇宮的貴重禮物開始不斷地送往金線巷的李家青樓。李姥也算見多識廣的人了，有些器物一看就知道出自皇宮大內，這讓她很有些驚慌。張迪隱隱約約透了些口風，更叫李姥忐忑不安。

這一年的三月，宋徽宗再次光顧，舊時的樓閣已被李姥按照張迪的指使，照著皇家規格重新裝修，李姥戰戰兢兢，不復有鴇母的機伶，李師師也畢恭畢敬，倒像個良家婦女。我靠！宋徽宗是來找新鮮樂子的，這樣豈不大失所望！還好風流皇帝算平易的，呼李姥為老娘，叫她們把他當作一家人，不必拘束，並吩咐一切照舊，不許矜張顯著。

自此之後，宋徽宗經常送名畫珍玩給李師師。只是宋代的宮廷有較為嚴格的制度，言官們對皇帝的私生活也時有規諫，礙於流言，宋徽宗還不敢經常去李家。張迪便出了主意，叫皇帝挖一條通李家的地道，於是，宋徽宗就有了一條來去自如的狎遊捷徑。當然了，京城勁爆的娛樂頭條，終究還是惹得街聞巷知，宋朝人民津津樂道著皇帝的風流韻事，這其間，甚至還曝出一段三角戀的故事。

有一天，國家音樂學院院長周邦彥來找李師師喝酒唱曲，兩人正在閨房裡對飲敘歡，突然有人報告說是皇帝從地道裡駕幸了。周邦彥一聽嚇得趕緊往床底下鑽。床底故事向來都是最精彩的！周先生剛剛躲好，宋徽宗就提著一籃江南剛剛進貢來的時鮮水果橘子走進屋來。李師師巧笑逢迎，親手用並州出產的水果刀替皇帝剖了橘子來吃。男女調笑打鬧，下面的情節，你懂的！問題是床底下還躲著一位周先生呀！

周先生躲在床下聽得一清二楚。更令人不可思議的是，一般碰到這種情況，女人總會將後來者趕緊打發了，好放前面的人出來，可這李師師不知是出於惡作劇還是想刺激周先生，還再三挽留宋徽宗：城上已三更，路上少人行，不如休去！害得周邦彥腰疼脖子痛，醋罈子更是被打爛了一千回，回去填了一首詞〈少年遊〉，記錄宋徽宗的不雅視頻：

並刀如水，吳鹽勝雪，纖手破新橙。錦幄初溫，獸煙不斷，相對坐調笙。低聲問向誰行宿，城上已三更。馬滑霜濃，不如休去，直是少人行。

皇帝被李師師「不如休去」地留住徹夜未歸，這樣的桃色勁爆新聞都被周邦彥用一首詞揭露了出來。京城裡一傳十、十傳百，很快成了流行歌曲。徽宗皇帝聽到這樣的「宋朝好聲音」才恍然大悟，原來當晚床底下還藏著一個特工！他想幹什麼？想與皇帝玩三人行？宋徽宗那個氣呀！再說了，報導也失實呀，我有地道，哪裡用得著擔心馬滑霜濃！宋徽宗龍顏大怒，表示一定要殺了這個周邦彥。

最後當然還是李師師哭哭啼啼替周邦彥求情，好歹人家詞作得好，也算個人才，何必跟人家過不去呢！為了討美人歡心，皇帝想想也只好作罷。於是，有關部門找周邦彥嚴肅地談了一次話，周邦彥表示從此將一門心思在工作上，再也不去揭皇帝的隱私了。同時，有關部門也加強了對論壇和詞曲創作的輿論導向把關，終於將一場三角戀風波平息下去。

後世王國維等人考證，說一定沒有這麼一回事，其實又何必呢？全國人民喜聞樂見，你唱什麼反調？再說了，你和我都不在床底，怎麼知道李師師床下有人還是沒有？

李師師本人也創作了一些詞曲。所以，她對滿足大宋人民日益豐富的精神文化需求還是有一定貢獻的。至於她的下落，有兩種說法：一說是金兵南侵，她被漢奸張邦昌獻給敵酋，金主邀請她到自己的金色帳篷開演唱會，她在民族氣節的感召下堅決不肯答應，吞金簪而死，開啟了妓女愛國的先河，也激發了張藝謀導演拍攝《金陵十三釵》的藝術靈感；二說是宋徽宗的繼任者宋欽宗開啟反腐風暴，將李師師的家產全部籍沒充公，一代名妓後來流落到江南，「憔悴無復向來之態矣」。

第十章

發展體育運動，增加人民體重

不知大家注意到沒有，我們看唐朝的繪畫，什麼《簪花仕女圖》、《虢國夫人遊春圖》，那裡面的人物一個個都是體態豐肥、外貌雍容；而到宋人的畫筆下，無論是李嵩的《聽阮圖》、《貨郎圖》，還是宋徽宗的《聽琴圖》，人物個個瘦了一圈。是宋朝人開始像今天那般不顧性命減肥了嗎？當然不是，之前的中國歷朝歷代，人長得白白胖胖，皆是視作美觀與健康的，所以從前的人見了面都是這樣打招呼：喲，你這陣子好看，人也長胖了！

宋朝人比起唐朝人來說，在這方面還真有些自慚形穢。唐朝是漢胡混血的多，體格中有剽悍的成份；宋朝人種純粹，體質也相對弱了下去，所以宋朝的軍隊對付內侮外患，顯得格外吃力。

先天不足後天補，好在宋朝從上到下也是挺重視體育鍛鍊的，這叫發展體育運動，增加人民體重。

今天，就讓我們去考察一下宋朝的體育事業。這一站的地陪——高俅高太尉！他要帶我們去見識一下大宋朝最普及、最受歡迎的全民運動——蹴踘。

蹴踘：百姓高官都愛的全民運動

宋真宗年間，宰相丁謂當權。這位丁宰相年輕時也是個風流少年，踢得一腳好球，自詡在蹴踘時眼睛可以像鷹鶻捕捉獵物時那樣敏銳，肢體像龍、蛇一樣柔活，可以將球蹋來走步，又可以將球蹺在身後站立多時，種種雜技的活兒他都會。他還寫詩，把踢球的行話都寫進了詩裡，說什麼「背裝花屈膝，白打大廉斯」。

宰相的私人談話沒有幾個人聽得到，但是宰相的詩篇卻是萬民瞻仰的，讀著丁謂的詩，東京城裡有一個姓柳的進士起了投其所好、攀龍附鳳的念頭。你不是球踢得好，堪比羅納度嗎？我的球技也不錯，做一個小羅納度怎麼樣？

柳進士決定用自己不俗的球技會會權傾一時的當朝宰相。但是侯門深如海，要想闖汴京的「中南海」，哪有那麼容易？好在柳進士不屈不撓，堅持就是勝利。有一次，他打探到丁謂在相府的後花院踢球，便潛伏在相府後花院的牆外，耐心等待可能的機會從天而降。說來也巧，也合該這位老兄走運，不知道等了多久，忽然有一顆皮球呼嘯著凌空而起，越出牆界。柳進士精神抖擻，暗叫一聲「我來也！」，施展小羅的絕技，將球挾取住。丁謂的手下稟告，宰相倒也惺惺相惜，下令召見。

柳進士頭頂著球進來，見了宰相立馬跪倒，並從懷中取出自己所著的書呈給丁謂，再拜。他做這一套動作的時候，頭上的球從背部滾到臀部，滾來滾去始終不落地，等他拜好抬頭，那球居然又回到了頭頂上。這一身功夫讓老球星丁謂也大吃一驚，讚不絕口，當即將柳進士收在門下。從此之後，柳進士便飛黃騰達。

這一真實事件給後來的小說家提供了素材。於是，就出現了《水滸傳》中，高俅蹋球，受端王賞識以後平步青雲的情節。小說家筆下的高俅，球技又更勝柳進士，他手端著小王駙馬讓他送給端王的玉器盒子（這可是不能有閃失打碎了的！），將端王踢飛了的球，用一招「鴛鴦拐」，先下左拐面前過，後用右拐出，踢還給了端王，也就是後來的宋徽宗。更絕的是，高俅居然能把球踢得「一似鰾膠粘在身上」，用頭、肩、背、腰、臀、胸、腹、膝、踝，無論身體的哪個部位，「一身俱是踘就」。怪不得端王不由分說，將高俅從小王駙馬那兒討了來，留給自己作伴踢球，後來一直把他提拔到太尉的位置。

小說這樣寫，有真實素材，也有歷史背景。蹴踘，確實是宋代最普及、最受歡迎的一項大眾體育運動。

元代錢選曾經畫有一幅《宋人蹴踘圖》，畫面上六位服飾各異的中年人，右邊前面一位蓄鬚、全身素白、腰繫黑色寬帶的人，正用腳把球蹴起，送給對面那位全身黑色衣袍、腰束白色寬帶的官人。其餘四位，伸頸俯首，正等待著球落地……

就這麼一幅畫，本來也沒什麼。後來有人考證，說畫上的六個人分別是宋太祖趙匡胤和他的弟弟、後來的宋太宗趙光義、宰相趙普以及大將石守信、党進、楚昭輔。這幅畫畫的是宋朝君臣親密無間，一起踢球的情形。

我查了一下資料發現，蹴鞠，又叫踘就，其實是一項十分古老的運動，據說發明者是黃帝，目的是為了訓練士兵。中國很多東西的發明者都是黃帝，黃帝實在是比愛迪生更偉大的大發明家，一生以發明為己任。到了春秋戰國時代，蹴鞠就已經開始在軍隊中流行，唐朝時更成為藝人表演的項目。而《宋人蹴鞠圖》中，帝王將相以普通市民悠閒的神態踢球，更是象徵著蹴鞠這項運動，已經從軍營操演、藝人表演，發展成一項全民運動，甚至在上流社會也流行開來。

蹴鞠在宋代是如此普及，以至於在宋代的城市裡都設有大眾的蹴鞠運動場所，市民們紛紛奔向這些場所去踢球，男女老少都可參加。中國歷史博物館裡收藏了一面宋代的蹴鞠紋銅鏡，銅鏡背面的畫面是宋人蹴鞠的場景：在一片草坪和一座太湖花石的背景下，一位高髻笄髮的青年女子低首作踢球狀，球介於起落之間；而女子對面，卻是一個官服襆頭的青年男子，上身前傾，兩腳拉開距離，正作防禦狀。可見，蹴鞠不分男女，同場比賽也是常有的。孟元老對此情景概括得好：「觸處則蹴鞠疏狂。」老百姓活得挺累的，疏狂一下也未嘗不可，不就是男女有個身體接觸嘛！

在南宋的京城臨安，城內娛樂場所之間，凡寬闊處都成了市民練習踢球的地方，甚至還有專門研究和傳授這種踢球技術的職業蹴踘俱樂部——齊雲社。齊雲社又叫圓社，你可不要以為那是說相聲的，南宋掌故專家陳元靚認為：「若論風流，無過圓社。」要當個風流少年，不會踢球，不入圓社，哪可怎麼行！

蹴鞠風氣如此盛行，一些商家也抓住商機，拚命將自己的生意與蹴鞠掛上鉤，於是，專門零沽散賣的小酒店喚作了「角球店」，還有一位叫黃尖嘴的商人，則開設了一間「蹴球茶坊」。可見，蹴踘在宋朝是多麼熱門的一項運動。

蹴踘所踢的球是用皮子縫合而成，裡面塞滿羽毛一類的填充物。最初是兩片皮子，後來改為六片、八片，宋代的球殼一般要用十張或者十二張牛皮縫合。當時有一句流行語，官府人員希望將棘手公務化為輕鬆便利，常常會打這樣的比喻：用十張牛皮縫做一大氣球去踢。後來，球裡面的羽毛類填充物也被用動物膀胱代替，膀胱可以吹氣，這就使實心球發展成了充氣球。一顆好的氣球要求「角嵌斜平縫不偏」、「須交碎湊十分圓。」球的重量也有規定：正重十二兩。

宋代蹴踘的比賽方式有兩種：一種是白打，一種是築球。

所謂白打，就是不需要球門，更像是控球、顛球的技術表演，宋人說蹴踘要「身如立筆，手如捉物。身要旋安，腳要活立。」一群人圍著一個球踢，要將球踢得高、白打表演。

踢得穩，「失踘為恥，久不墮為樂」，跟今天女孩兒圍在一起踢鍵子一個道理。白打的場地是圈起來的，不能出界，但人數沒有限制，一到十人都可以。球起碼要騰升到一丈八尺的高度，才算「好看」的標準。像高俅那般，球似乎跟粘在身上一樣，就是白打表演。

築球是利用球門進行對抗的蹴踘比賽，參加運動的人需分為兩隊，各隊十六人，分為球頭、正挾、頭挾、左竿網、右竿網、散立等。乍聽這些名稱，以為是今天足球的前鋒、後衛、自由人，其實完全不是那回事。築球所謂的對抗，並不是互相爭球對抗，而是兩隊輪流射門，充其量只能算是點球大戰。

築球的球場沒有邊界，你愛跑多遠就跑多遠，有本事帶個球跑馬拉松也沒有關係。但畢竟沒有人會跑這麼遠，因為球門有固定位置。築球的運動場地沒有明確尺寸，但有明確尺寸的球門，那是兩根高三丈二尺的木柱，木柱相距二尺八寸，網闊九尺五寸，球門上有一個直徑三尺左右的球網，叫「風流眼」，進球門不算，進網眼才算得分。與今天的足球比賽設相向兩個球門，並且各有各的守門員不同，宋朝的築球兩隊共用一個球門，共射一個「風流眼」，也沒有守門員，誰射進得多誰就算贏。所以，蹴踘跟現代足球其實沒有多少可比性，如果你一定要把蹴踘說成是現代足球的起源，除非你承認屈原投江是現代跳水運動的先驅。

現在，讓我們來看一場築球比賽，比賽是圍繞著雙方的球頭進行的。

在一片笛響鼓鳴聲中，兩隊分別站在球門兩側，左側的左軍先上場，由球手將球踢得團團轉，引來圍觀的陣陣喝采，踢過數遭，再有兩個次球頭小踢幾下，待其端正，再把球傳給球頭，球頭拉開步子，大步將球踢進「風流眼」。不要小看了它的難度，要射中這種高達三丈的單球門上的小小風流眼，絕對需要蹴踘技巧高超者才能勝任。

球射過了風流眼，右軍上來將球接住，也這麼搗鼓，然後傳給自己的球頭，右軍的球頭若也能射中風流眼，那就繼續，如果失誤，那就失一球。正式比賽是左右軍同賽三次或五次。勝者被賜賞銀盃錦繡，敗了的球頭要受「吃鞭」的懲罰。

總而言之，兩隊雖說對抗，但是沒有任何身體的接觸，所以，要說它是現代足球的起源，實在有些說不過去，難以自圓其說。

不過，能不能進奧林匹克大宋人民並不在乎，這種土生土長的群眾性體育運動卻深受大宋人民的熱愛。在蹴踘的市民中，文人占了相當大的比例，像前面說過的丁謂和柳進士，還有宣和年間宋徽宗朝號稱「浪子宰相」的李邦彥，都是儒林中人。

宋徽宗對道教特別感興趣，曾經自號道君皇帝，他強調「體欲常運」、「吐故納新」，在他看來，蹴踘就是這麼一個運動，所以他也熱衷於踢球，並且提出春天身體需要吐故納新，最適宜蹴踘。在他的宣導下，宋代蹴踘在春天最為興盛。這位皇帝的球技據說也十分了得，簡直堪比現代的貝克漢。不過他比小貝還要厲害，小貝犯規要吃黃牌，甚至被紅牌罰下場，趙佶同志永遠不會被罰，他任球頭的球隊也總是只贏不輸——輸了的球頭要吃鞭認罰，誰敢打皇帝老子的屁股？

相撲：婦女們也赤膊上陣

梁山好漢黑旋風李逵有一天私自下山（這黑小子仗著是宋江的親信，無組織無紀律，經常擅離崗位私自下山），在他經過的官道旁邊，有一個大漢上下打量著他。李逵是那種觸犯不得，哪怕看一眼都不行的角色，頓時冒火，大聲說：「你那廝看老爺怎地？」

那漢子也不示弱：「你是誰的老爺？」

一言不合，李逵便先動手了。說時遲，那時快，漢子手起一拳，打個塔墩，一下子把李逵打倒在地。

李逵心想：「這漢子倒使得好拳！」知道他有些來頭，不是好惹的，便問道：「你這漢子，姓甚名誰？」

人家卻沒有直接回答他，只說：「老爺沒姓，要廝打便和你廝打！你敢起來！」這種挑戰的口氣，李逵哪裡受得了。他正待跳將起來，卻被漢子肋羅裡只一腳，又踢了一跤。李逵倒也乖巧，心想贏他不得，爬起身來便走。

李逵一向以勇猛聞名，這次還沒認真交手，便被對方一拳一腳打翻了兩次，這個厲害的角色就是沒面目焦挺。他用來制服李逵的那兩下子拳腳，便是一種相撲術，是祖傳的絕招，「祖傳三代，相撲為生。」

論力氣，焦挺肯定比不過李逵，可是他卻能輕易地將李逵掀翻在地。可以看出，相撲摔跤是一種技巧性很強的武術，以巧取勝，講究抓住對方弱點，出奇不意地制服對方。焦挺的這種相撲術，可能就是《都城紀勝》所說的「使拳」的那一種。

在梁山好漢中，最精通相撲的不是焦挺，而是燕青。而據燕青講，他的相撲又是盧俊義教的，盧俊義自然是個相撲高手，只不過大員外赤膊上陣與人摔跤總不大好看，所以《水滸傳》裡只一句話帶過，沒有機會讓他亮相展示。倒是燕青的相撲功夫，出足了風頭。在泰山腳下的比武擂臺中，燕小乙智撲擎天柱，那是一場兩屆蟬聯冠軍任原與挑戰者燕青之間的生死對決。《水滸傳》上寫得有聲有色：

這個相撲，一來一往，最要說得分明。說時遲，那時疾，正如空中星移電掣相似，些兒遲慢不得。當時燕青做一塊兒蹲在右邊，任原先在左邊立個門戶，燕青只不動彈。初時獻臺上各占一半，中間心裡合交。任原見燕青不動彈，看看逼過右邊來，燕青只瞅他下三面。任原暗忖道：「這人必來弄我下三面。你看我不消動手，只一腳踢這廝下獻台去。」任原看著逼將入來，虛將左腳賣個破綻，燕青叫一聲「不要來。」任原卻待奔他，被燕青去任原左脅下穿將過去。任原性起，急轉身又來拿燕青，被燕青虛躍一躍，又在右脅下鑽過去。大漢轉身終是不便，三換換得腳步亂了。燕青卻搶將入去。用右手扭住任原，探左手插入任原交襠，用肩胛頂住他胸脯，把任原直托將起來，頭重腳輕，借力便旋四五旋，旋到獻台邊，叫一聲「下去！」把任原頭在下腳在上，直攛下獻台來。這一撲，名喚做「鵓鴿旋」，數萬的香官看了，齊聲喝采。

小說寫得再好，總是有現實基礎的。與蹴鞠一樣，相撲也是大宋人民熱愛的一項群眾性體育運動。與其他的運動一樣，宋朝的相撲運動最初也起自軍隊。

據說宋太祖在帶兵的時候，曾經制定過透過角力較勝負、晉升加工資的規則，作為宋朝軍隊的優良革命傳統，這項「聖訓之法」被沿襲了下來，作為全軍增強將士體質的措施。宋太祖似乎對相撲較勝負特別熱衷，甚至把它搬到了其他的領域。

開寶八年（西元九七五年）科舉考試進行最後一場殿試，按殿試規定是先交卷子、皇帝提問難不倒者為魁。可是這一場殿試中，應試的考生王嗣宗和陳識齋卻同時交了卷。怎麼辦？太祖皇帝靈機一動，就下令兩個儒生當場相撲角力以決勝負。

在宮中看慣了大力士們相撲角力，兩個手無縛雞之力的儒林中人白手相撲，倒也別開生面。結果王嗣宗勝了陳識齋，奪得了狀元。但他這個狀元有些教人不服氣，無論前輩還是後輩的讀書人看到他都有些鄙夷：「豈與角力兒較曲直耶！」我們哪裡會跟一個角力摔跤的蠻漢去理論是非曲直！

其實王嗣宗是挺冤枉的！規矩是皇帝定的，又不是我喜歡打架動粗，再說了，我也是第一個交卷的，無非是並列第一而已。憑什麼說我是「角力兒」，只會相撲？

文武之道一錯位就是那麼尷尬。不過，在軍隊中，相撲較勝負倒是一項不爭的制度，而這項制度又以南宋軍隊貫徹得最徹底、執行得最到位。

南宋初年有中興四大將之說，指的分別是張俊、劉光世、韓世忠、岳飛四位大將。這四位大將各統一軍，論資歷論出身，張俊、劉光世更加耀眼；但是論軍隊的戰力，卻是韓、岳更勝一籌。據說，就是因為韓世忠、岳飛在部隊中貫徹了「相撲」的練兵方法。

韓世忠、岳飛經常在軍中舉行相撲比賽，誰若獲勝便將他另入一籍，小分隊中的小隊長有缺額了，就從這本另籍冊中選拔，所以他們部隊的基層軍官都是相撲好手。

小隊長又互相比賽，決出其中勇力出眾的封為副將，從此，軍中以相撲為榮的風氣大興。

南宋朝廷特別欣賞這種優中選優、精裡挑精、嚴格挑選相撲能手的做法，皇宮內苑也成立了一支由軍中相撲高手組成的侍衛隊伍，叫「內等子」，只有一百二十個名額，寧缺不濫。平日裡，他們手懷絕技，擔負著保衛皇宮、保衛皇帝的重任；皇帝老兒一高興，來來來，就在殿前擺開擂臺舉行相撲比賽！

像《宋史》上也記載了一次：紹興五年（西元一一三五年）三月，高宗閱看相撲手趙青等五十人的角力，賽後對這些力士賞賜錢糧，又給轉崗位加工資。據說有相撲手後來升官直做到內廷的常侍，這已經是相當高的社會地位了。史書上記載了一則笑話：以白首窮經、滿腹經綸著稱的常侍徐鉉，一日正在宮中當值，閒來無事他就捧本書讀，但這一天外面卻吵鬧嚷嚷，弄得徐大人頭大無比讀不進書。徐鉉就打發童子出門去，看看誰呼喊吵鬧得這麼厲害，要知道這可是皇宮大內。童子出去探視，很快回來稟告：是許多常侍在五龍堂練習相撲呢！老先生那個鬱悶啊！想想也沒有辦法，只得苦笑一聲，自我解嘲：這許多常侍都是我的同行啊，可是我卻無法與他們共歡樂啊！

當然了，「內等子」還有一個重要使命，就是專為國家慶典等活動助興，在招待國外使節的國宴上，相撲力士表演節目已經成為必備的大戲。怎麼樣？你有蒙古摔跤，我有內廷相撲，咱們應該互不侵犯吧？

宋朝相撲的流行不能不說是受了軍中、宮中的風氣引導，在京城的娛樂場所瓦舍裡，經常有相撲的表演，還湧現出不少專業的相撲藝人，什麼周黑大、曹鐵拳、鐵板踏、王急快、撞倒山、宋金剛……這些名字很能體現相撲運動急、快、狠、重的技術特點，可想他們的本領也確實不凡。而其中最厲害的則被人稱為「賽關索」、「小關索」，據說關索是關羽的第三個兒子，關平、關興的弟弟，史書上沒有這個人的記載，但民間傳說中卻有很多關索的故事，說他年少美容儀，而且武藝高強，想必這位兄台相撲一定也很厲害吧！

宋朝的老百姓愛看相撲比賽，相撲流行到上演了女子相撲。相撲的女子與男子一樣，裸露頸項臂膀乃至腰圍，角力之時難免衣衫撕扯，最後竟至赤膊上陣、春光外泄，所以當時的人又把女子相撲戲稱為「婦人裸戲」。女子相撲，曾在東京最大的宣德門廣場上，為皇帝與市民表演過，當時的盛況真可以用「萬頭攢動、熱鬧非凡」來形容。

不過，這樣的場面也惹惱了一些封建衛道人士，那個「司馬光砸缸」的司馬光就來砸場子了，上書勸諫皇帝，寫了一篇議論文〈論上元令婦人相撲狀〉，力證婦人裸戲不是「隆禮法、示四方」的正確做法，要求「今後婦人不得於街市以此聚眾為戲。」

但是提歸提，女相撲手們的飯碗畢竟沒有被司馬光砸掉，直到南宋臨安府，以女子相撲聞名的選手還有張椿等十姊妹。只不過，皇帝不好意思再與民同樂了，宋朝後來的皇帝因為司馬光失去了一次大飽眼福的機會。

宋朝民間還有一些相撲的擂臺公開賽，當時叫「露臺爭交」。這些擂臺賽一般都在廟會期間舉行，北宋的時候是護國寺廟會、南宋的時候是南高峰廟會，算是全國最高級別的相撲公開賽。像《水滸傳》描寫的燕青與任原那場相撲較量，就是這樣的公開擂臺賽。

相撲後來傳到了日本，現在倒成了人家的申遺項目，奶奶的熊！

驢球：玩得一點都不比馬球差

從唐人的書畫裡咱們知道唐朝的男女喜歡騎著高頭駿馬打球，名之曰：馬球。咱們大宋朝情況特殊，前面已經跟各位看官講過了，馬匹供應相對吃緊，要打馬球實在太過奢侈。那麼怎麼辦呢？好在人定勝天！既然可以用驢子代替馬匹出行，當然也可以用驢子代替馬匹打球。你不是叫馬球嗎？我不叫馬球，叫驢球還不行嗎？

各位看官，這可不是在跟你們開玩笑，打驢球還真是宋朝的一大景觀！早在宋朝初年，有一個叫郭從義的大臣，就以善擊驢球而揚名。趙匡胤命他表演，只見郭從義跨匹毛驢來到殿庭，周旋擊拂，曲盡其妙，這球擊得一點都不比唐人的馬球差。趙匡胤大喜，特地在自己身旁賜給郭從義一個座位，以示特別榮寵。慰獎之餘，趙匡胤也向他指出：這種驢球不是他這樣身分的人應該打的。郭從義聽了大大地慚愧了一把，從此再也沒有去碰過驢球。

郭從義只不過是驢球界的佼佼者之一，他不打驢球了，民間的驢球愛好者可多了去呢！趙匡胤是看過唐人馬球的書畫的，想想自己騎頭毛驢擊球畢竟不大雅觀，所以批評了郭從義；但是民間的大宋百姓可沒有去過唐朝，也不知道什麼馬球，他們覺得騎著溫順的毛驢指東斥西地擊球，也是滿過癮的。這當中以宋朝的婦女尤其熱愛驢球運動，這當然跟婦女的身材有關，一個大男人騎著驢子打球實在有些吃力，而女人的小巧身形與驢子的小巧正好相匹配。

驢球之所以在宋代有了長足的發展，據說還跟宋朝婦女的穿著有關。宋朝的婦女不喜歡前朝婦女的長裙裝束，而喜歡穿寬褲與旋裙。注意：女人穿褲子，這在中國歷史上是自宋朝開始的，在國外，即使到了英國維多利亞女王時期，貴族們還不接受穿褲子的女人，所以說宋朝夠開明、夠進步了吧？穿褲子當然比穿裙子容易騎乘，運動起來也更加得心應手。乘驢擊球的風氣是從樂戶的女伎們開始的，這固然有婦女服裝方面的原因，也和驢的小巧、耐力不無關係。因此，由女伎表演的驢球又稱為「小打」。

驢球也是對抗性的競技比賽，相較於蹴鞠，它倒是跟現代足球更近一步。來看一場驢球比賽。

兩隊女伎穿棉襖、著絲鞋，各跨雕鞍花韉的驢子，穿著打扮也是男子的模樣，手裡各執一根塗金畫銀的球杖。場地上立著一個彩結的小球門，一隊的射手要將隊員們傳給她的球射進球門，前球稱為「入孟」，才算勝利。而另一隊的女伎則千方百計阻撓搶奪，不讓對方「入孟」，搶下球來要送給自己的射手「入孟」。這樣兩隊爭逐，入孟為勝，倒有點像現代足球的競賽規則了。

一場女子驢球比賽，雙方隊員必須要有百餘人。因為驢的軀體小，騎在上面雖然周轉靈活，但重心低，長時間打球很累很吃力，所以必須頻繁換人。驢球的規則不像足球那麼嚴格，沒有三個人的換人指標，想換多少換多少，一批批上，一批批下都沒有關係。何況男人看女子驢球比賽，一半也是欣賞女人的花容，換得越多越受歡迎。

這種女子驢球比賽還被召到皇宮內做御前表演，皇帝宣佈成立「擊鞠院」，專門管理這項運動的健康發展。後來因為擊鞠院的職能與蹴鞠混淆在一起，女子的驢球終於比不過全民的蹴鞠，擊鞠院就偷換概念，把一項婦女運動給忽略了。但是，這種女子驢球無論是在中國還是世界上，都是空前絕後的，宋代以後，就再也找不著女子打驢球的蹤影了。後世只知道唐人擊馬球的風流，而不知道宋人也有驢球的喜樂，實在有些不公平。建議今天的女權主義者可以考慮恢復這項光榮且古老的運動，只是驢子不太好找就是。

今天的情況特殊，不僅馬的供應成問題，驢子的供應也成了問題，多的只是汽車。

弄潮：投身怒潮的水上運動

據說，在吳越爭霸的時候，吳王夫差聽信讒言，賜死了吳國的中流砥柱伍子胥，還把他的屍體拋進了錢塘江中。伍子胥雖死，但一腔冤魂，豪氣長存，他的屍體在江中隨流而興波，動作若驚駭，聲音若雷霆，蕩激堤岸，就形成了著名的錢塘江大潮。

在防洪防汛工作還不發達的古代，這個錢塘江大潮可不是像今天直播那樣，供全國人民觀瞻的，而是很有些破壞作用的。所以，到了吳越王錢鏐統治時，他一方面到伍子胥的廟裡去禱告：願化忠憤之氣，暫收洶湧之潮；另一方面，也做好了兩手準備，鑄造了三千支鐵箭，選了五百名強弩手，親自帶了這幫射手趕到錢塘江邊去射潮。

伍子胥的潮頭據說在那一天是被吳越王射下去了，但吳越王不可能老是帶著一幫強弩手守在江邊等著射潮，所以，錢塘江大潮仍然年年洶湧而至。

現代的科學告訴我們，錢塘江之所以有大潮，是因為錢塘江入海口呈喇叭形，江身大而江口小，起潮時正是因為海水從寬達一百公里的江口湧入，受兩旁漸窄的堤岸約束，形成湧潮。而之所以八月十八的潮水特別來勢兇猛，是跟月圓、月缺引起的潮汐現象有關的，這些當然都是科學。

但是古代的人是不懂這些的，既然是潮神作怪，那麼祭祀一下潮神，讓祂息息怒總不會錯。如何祭祀潮神呢？豬頭牛頭、太牢少牢（活牛及活羊）地扔下去，這一套法子照樣得用。潮神不是因為生氣動怒才掀風作浪的嗎？那麼，給祂表演個節目，讓祂看了消消氣也是好的。於是，錢塘江潮上出現了弄潮兒。

北宋詞人潘閬有一首〈酒泉子〉的詞，專門描寫錢塘江上的弄潮兒——

長憶觀潮，滿郭人爭江上望。來疑滄海盡成空，萬面鼓聲中。弄濤兒向濤頭立，手把紅旗旗不濕。別來幾向夢中看，夢覺尚心寒。

很難說潘閬的詞有沒有誇張的成份，光是「手把紅旗旗不濕」一句就叫人驚歎：能夠在潮水中讓紅旗不濕，這得有多少的能耐？怪不得潘閬也是「夢覺尚心寒」。據說蘇東坡很喜歡潘閬的這首詞，親自把它抄寫在了屏風上，後來，他三度來到杭州做官，不知道有沒有去看看錢塘江上的弄潮兒表演。

錢塘江上的弄潮兒不僅讓潘閬心驚肉跳，北宋的地方官也出於愛護市民生命的考慮，下達〈戒約弄潮文〉，宣佈要對弄潮兒進行「科罰」。但是，這種來自官方的阻止和批評，既是對生命的保護，同時也是對杭州市民利用天賜良機進行體育運動的阻礙。所以，到了南宋定都臨安後，官方開始對弄潮大加鼓勵，鼓勵勇敢者投身奔騰怒吼的潮頭中，向公眾展示自己的體魄和機智。

於是，到了八月十八這一天，錢塘江上總會湧現百餘位弄潮兒，有僧人，也有兒童，個個披頭散髮，頗有古代越地「斷髮文身」潛入深海的古風。他們迎著鋪天蓋地、迅猛洶湧的潮頭，起伏騰躍，擺著各種造型，做出各種姿勢，比起現代的衝浪運動有過之而無不及，至少衝浪要靠一葉滑板，而人家弄潮全憑赤手赤足。

這個時候，皇帝與近臣也會出來觀潮，而且出動上千艘舟艦，從西興、龍山兩岸排布開來，以壯弄潮的聲勢。兵士們也會在潮水中一會兒展旗、一會兒舞刀、一會兒弄槍。那些水軍船隻則開始向皇帝和市民做水戰的彙報表演，試炮放煙、火箭齊飛，弄得滿江迷濛，才聽到歡聲雷動。

而歡呼聲最為響亮的還數弄潮兒們凱旋回城的那一刻。臨安市民端出豐盛的酒肉、拿出犒賞的銅錢遞到弄潮兒面前，弄潮者則高揚著手中未被潮水沾濕的旗幟，向市民誇耀他的能耐，市民們報以歡呼和鼓樂。這一刻，全城為弄潮而狂，多少年輕的美眉對著弄潮兒芳心暗許。

爭標：宋版龍舟競渡

如果你覺得弄潮這種水上運動技術要求太高、風險係數太大，不是每個人都吃得消的，那麼你還可以去參加水上的爭標活動。

爭標，其實也就是龍舟競渡。中國的龍舟競渡運動由來已久，據說是跟端午節紀念屈原聯繫在一起的，怕河裡的魚蝦吞噬了屈原的屍體，所以要往河裡扔粽子，再划著龍舟去搶奪屈原的遺體，這樣的說法當然也成立，但是宋朝的爭標競渡已不侷限於端午節的紀念，反倒有了一些國防教育的意味，這個傳統起源於宋太宗開鑿金明池訓練水軍。

金明池原是地處汴京的一處園囿，太平興國元年（西元九七六年），宋太宗動用了三萬多名士卒，將其開鑿為一片寬闊的水域，並引金水河的水貫注。搞這麼大一個人工湖倒不是供皇帝遊樂，而是為了安置神衛虎翼水軍，在每年的春夏之交操教舟楫、訓練水戰。金明池的正中還築有一座水心殿，是供皇帝檢閱水軍用的。

既然是軍事演習的場所，一開始當然是不對老百姓開放的，但後來，宋太宗對一味地關起門來打水仗，自己也感覺有些無趣起來。淳化三年（西元九九二年）的三月，當他再一次來到金明池檢閱時，好戲作樂的皇帝親自將一隻銀甌擲入波疊浪翻的池中，命令軍卒競相躍入水中撈取上來。這樣一來，水仗慢慢就演化為水戲。後來，太宗皇帝乾脆叫御史台在宜秋門貼出皇榜，告示京城內所有的市民，金明池對外開放，允許士庶到園內遊玩。

一個人工湖平時當然沒有多少的吸引力，但是皇家水軍訓練的時候，老百姓還是滿有期盼的。而皇家水軍在演習水戰的間隙也開始設計一些鍛鍊體魄、調節情緒的水上遊戲，於是，「爭標」開始登場。

人們在水面的終點處插上一根長竿，竿上披錦掛彩，稱為「錦標」。競渡的舟楫一字排開，等鼓聲響起，萬舟齊發，一起朝著錦標撲去，鼓聲越急，舟船也越快，首先到終點奪得長竿錦標者為勝。這樣的比賽，每年春季的三月十八日固定在金明池上演，而且每次都提前告示，號召京城百姓前來觀賞，於是「三月十八，村裡老婆瘋發」，連汴京鄉下的老太婆都發瘋似地湧入金明池裡看爭標，一時間，金明池裡熱鬧非凡，人山人海，以至有市民遊玩時竟被擠得與家人分散、不知去向。終於，這項水上運動也在普通市民中進一步推廣開來。

到後來，爭標更增加了伎藝表演的成份，天津藝術博物館裡珍藏著一幅《金明池爭標圖》，這幅題為張擇端所作的絹畫上，一艘競渡的船上居然豎起了秋千架，一個人正從秋千架上往池子裡跳。這個高空跳水的動作是宋朝爭標活動中頗受人喜愛的「水秋千」項目。說起來，蹴鞠去申報現代足球的起源有些牽強，而「水秋千」倒真可以去申報一下高臺跳水的起源。不過，那個時候沒有女子跳水，一般只有男子表演。

你看！高高的秋千架豎在兩艘船上，鼓樂聲響起來，表演者在萬眾矚目中從容登上秋千架，在樂曲聲中前後擺動，盪開了秋千，而他的身下就是碧波萬頃的水面。秋千越蕩越高，越蕩越高，表演者還偶爾鬆開一手，或者移動身體做著各種花樣動作，增加難度係數，直到秋千蕩得與秋千架一樣持平了，表演者猛然鬆開雙手，身體如輕燕一般飛向空中，又在空中轉體翻滾，然後一頭紮進水裡……好的！水花壓得很好！

九點九六分！就差一場電視轉播！

宋代的朱翌寫詩感嘆道：「卻憶金明三月天，春風引出大龍船。二十餘年成一夢，夢中猶記水秋千。」其實，朱詩人的詩政治導向有些偏差，並不是政府南遷到了臨安，這項活動就看不到了，相反的，南宋立足南方，比北宋更倚賴水軍，各項水上運動和與之相關的國防教育也是常抓不懈的，只不過地點從開封的金明池移到了杭州的西湖罷了。

西子湖比起金明池當然大了不少，南宋時期的西湖足足有三十餘里，所以水軍操練、龍舟爭標的規模也遠遠勝過金明池。在二、三月春暖花開的時候，杭州西湖天天舉行划船比賽，起於武備性質的「爭標」，已經真正成了全民性的體育活動。詩人黃公紹就比較公道，他寫詩說：「好是年年三二月，湖邊日日看划船。」

所以，朱翌先生，注意客觀公正，要傳遞正能量，不要抱著情緒。

第十一章

時尚起義，大宋朝樣樣不落後

體驗了文藝娛樂，觀摩了體育賽事，現在該來說說大宋朝的時尚風氣。先來介紹我們今天的地陪——潮人燕小乙！

作為梁山上最具顏值與品位的時尚達人，燕青哥哥領導的是一場時尚起義，死在他刀下，你也覺得痛並快樂著。

好，跟上燕青的步子，踩著時尚的節拍，我們趕緊去看看。

紋身：小乙哥哥的遍體花繡絕對顏值爆棚

小乙哥哥長得是「一身雪練也似白肉」，刺了一身「遍體花繡」，「卻似玉亭柱上鋪著軟翠，若賽錦體，由你是誰，都輸與他。」這樣的紋身在今天也都是顏值爆表的。

想當年，李師師見了我們燕小乙哥哥都按捺不住春心蕩漾，「把尖尖玉手，便摸他身上。」幸虧燕小乙哥哥革命意志堅定，趕緊跟師師小姐交換生辰年庚結拜了姊弟，省得多事。

小乙哥哥的性取向著實讓人懷疑，不過梁山上一百多位兄弟的性取向都有些問題，可能是封閉壓抑的環境所致，不過這不是我們今天研究的重點，今天的審美重點是浪子燕青身上那一身紋身刺繡。

紋身是對人體美的一種藝術加工，它起源於原始部落的圖騰崇拜，這種世界性的風習一直傳到現代，如印度女人的點額，巴布亞紐幾內亞人舉行婚禮時，新娘臉上要畫上山水、鳥獸等臉譜，以示美麗和吉祥。

說起來，紋身這玩意兒在中國也可以說是歷史悠久了。跟迪斯可最早是黑奴們性欲得到不滿足，模仿做愛的姿勢亂扭亂擺一樣，紋身原先是一種刑罰，是對犯罪份子的懲罰措施。周朝的時候不知哪個變態的法官發明「黥刑」，就是在罪犯臉上刺上字——「我是小偷」、「我是強盜」之類，帶有點人格污辱的味道。漢朝的開國功臣英布，年輕時就被秦朝的司法機關這麼處罰過，所以史書上又叫他「黥布」。到了寬厚仁慈的漢文帝，宣導人權，曾經將這個刑罰廢除了，可到了魏晉南北朝卻又復活了。

到了隋唐時期，那時候的法律文書沒有這樣的刑律記載。不過，唐末五代，用墨汁刺字的新奇刑罰，又被用在了向邊境發配的犯人臉上，以防止他們逃跑。從此之後，宋元明清的一千多年中，紋身一直存在著。不過，到了宋朝，就像迪斯可終於成為世界通行的舞蹈一樣，紋身居然也成了當時人們的時尚。

一些人為了表示自己的某種信念，就把自己的身體當黑板或者說標語牆，刺上一些口號，最有名的莫過我們所熟知的岳飛，他的背上就刺有「盡忠報國」四個大字，深入肌理，紋身師據說還是他媽媽。還有宋朝初年的大將、馬步軍都統呼延贊自言受國恩，誓不與契丹同生，於是就在自己和老婆、子女、僕人的身上都刺了「赤心殺契丹」五個字。

另外，跟岳飛同列「中興四大將」、後來卻被罰跪到岳飛墓前的南宋大將張俊，手下有一支「花腿軍」，這支特種部隊人人紋身，「自臀而下文刺至足，謂之花腿。」那時候打仗用不著偽裝，不用像海豹突擊隊那樣塗上青泥、插上海草，張大帥組建這樣一支特種兵，當然也不是出於美學的愛好，而是含有嚴懲不貸、誓死血戰的意味，這也被好勇鬥狠之人所接受，「京師舊日浮浪輩以此為誇」，以此為誇，就是大家點贊，大家效仿，這樣的記載足見紋身在宋朝已經成為一種時尚。

一部《水滸傳》，一百零八將裡紋身的好漢就有好幾個：第一個出場的九紋龍史進，「刺著一身青龍」。九紋龍的綽號也由此而來；病關索楊雄，「生得好表人物，露出藍靛般一身花繡」；魯智深，刺著花繡，並以「花和尚」為綽號；阮小五胸前刺著「青鬱鬱一個豹子」，金聖歎評水滸說他是「胸中有一段壘塊」，那是一團反抗的火焰；還有「馬上會使飛槍」，綽號「花項虎」的龔旺，「渾身上刺著虎斑」。

紋身是一種時尚，宋人帶著一種審美的眼光看待紋身。宋代話本《郭節使立功神臂弓》中，作者就著力描寫了兩人相鬥，先以各自的「紋身」亮相奪人的場面：

> 鄭信脫膊下來，眾人看了喝采。先自人材出眾，那堪滿體雕青：左臂上三仙仗劍，右臂上五鬼擒龍；胸前一搭御屏風，脊背上巴山龍出水。夏扯驢也脫膊下來，眾人打一看時，那廝身上刺的是木拐梯子，黃胖兒忍字。當下兩個在花園中廝打，賭個輸贏。

打架打到先比人體彩繪這個份上，也是滿具觀賞性的。滿身雕刺複雜圖案，像鄭信這樣，一亮相就博得喝采；而身上圖案單一，空蕩蕩刺上一個「忍」字的夏扯驢就沒人替他叫好捧場了。可見宋朝人的紋身是越多越好，紋身越多就越是美貌的象徵。當然了，這樣的男子也就越容易得到女人的喜愛。

南宋永康軍有一個妓女拜謁靈官廟時，見到廟門外一個軍漢馬卒，「頎然而長，容壯偉碩，兩股文繡飛動」，身高一百八十公分以上的肌肉型男，兩條腿上刺著紋身。這位閱男無數的妓女，居然「諦觀慕之，眷戀不能去」，一副花癡的樣子，連路都走不動了。

紋身既然可以使異性迷戀，男人何樂而不為？於是，連一些政府高級官員也以紋身為榮耀。兵部侍郎王湖公初生的時候，便通體刺上了百花鳥雀；徽宗朝的浪子丞相李邦彥，每次在宴會賓客的時候，都要來一場裸體表演，「宣示紋身」。他就一個身子，刺不了許多紋身，所以他每次都是在生絹上畫成圖案，貼在身體上。

這種本無紋身，卻偏偏要顯示紋身的做法，無非是為了趕時髦。在這位總理大臣的帶領下，東京大街上，光天化日之下，普通百姓也是要露出「渾身赤膊，一身綿片也似文字。」中國人喜歡打赤膊，恐怕就是那時候落下的病根。

到了南宋的時候，有了專門的紋身社團——「錦體社」。時尚青年都可以找到組織了，連血統高貴的皇族子弟都紛紛要求加入，搞得南宋政府不得不再三發文，嚴明紀律要求宗室一律不許雕青。不許雕青就失去了泡妞吸粉的機會，宋朝的宗室子弟也滿吃虧的。

戴花：不用去舊金山，這裡的男人也戴花

有人熱愛紋身，也有人喜歡戴花，這叫青菜蘿蔔各有所好，大宋朝天子治下文化

多元，百花齊放。

說起宋朝男人熱衷戴花，有時候真叫人啼笑皆非。梁山上的好漢夠粗獷吧？可是，好幾位好漢都喜歡在頭上戴朵花。翻翻《水滸傳》，簡直就是花團錦簇：小霸王周通、短命二郎阮小五、病關索楊雄、浪子燕青出場的時候都戴著花，最搞笑的是那個大名府的劊子手蔡慶，長得一臉橫肉，五大三粗，敞著個胸，胸毛一根根豎起像兩排鋼針，可人家的鬢角旁邊也溫柔地戴著一朵玫瑰花。濃眉大眼配花裡胡哨，彆扭吧？他自己卻不覺得，人家的綽號就叫「一枝花」，可見有多麼熱愛戴花！換了今天，若在馬路上碰到這樣一位奇葩男士，一定暈倒一大片，可那是在大宋朝，男人戴花習以為常，一枝花蔡慶先生醜雖然醜了點，從事的職業也有些野蠻，但你不能剝奪人家愛美之心呀！蔡慶先生真情獨白：「你以為，我因為窮，低微，矮小，不美，我就沒有靈魂沒有心嗎？你想錯了，我的靈魂和你一樣，我的心也和你完全一樣，我們站在上帝腳跟前，是平等的，我們是平等的！」

在宋朝，男人戴花這習慣，跟性情風流與否無關，跟出身貧富也無關，而是當時的一種普遍風氣。至於這種風氣的起源，恐怕還是跟唐朝科舉及第後，進士簪花遊街的美麗傳說有關。

據說，在唐朝的時候，大批新科及第的進士在放榜之後，往往要舉辦一次集體的狂歡派對，這種派對的場地設在長安著名的曲江亭子，所以稱之為「曲江會」。在宴會的準備事項中，有一個重要的活動叫「探花」，就是事先選派兩名同科進士中的俊美少年，讓他們騎馬遍遊曲江附近和長安各處的名園，去採摘來各種名花。這兩位美少年就叫探花郎。等到宴會那天，新科進士們佩簪著探花郎摘來的各種名花招搖過市，而曲江會也因此被稱之為「探花宴」。大概是這種簪花的寓意實在太過吸引宋人，宋朝以文治國，誰不希望魚躍龍門平步青雲呢？於是，美好的願望就化為現實的行動。

都說小說是現實生活的真實反映，大宋民間敢如此肆意地戴花，當然是有官方的時尚潮流在前面引領，其中最具時尚標杆作用的當數風流君主宋徽宗。這位愛美的皇帝每次出遊回宮，都是「御裏小帽，簪花，乘馬」，從駕的臣僚、儀衛，也都賜花簪戴。因為人人頭上有花，遠遠看去就像一片紅雲浮動，現在的記者寫稿喜歡用「流動的風景線」，什麼叫流動的風景線？這才叫流動的風景線！

宋徽宗不僅崇尚戴花，而且還親自制定了一些戴花規則，他賜給隨身的衛兵每人衣襖一領，翠葉金花一枝。戴上這朵翠葉金花，你才能自由出入大內。所以，民間是規定不能佩戴金花的。《水滸傳》第七十二回「柴進簪花入禁苑」，說的是宋徽宗上元節出遊，宮禁值班人員「襆頭邊各簪翠葉花一朵」，相當於通行證，梁山好漢小旋風柴進，就靠騙了一朵翠葉金花混進了睿思殿，簡直就是那個年代的007！一朵小小的簪花，在這裡已經成了上層社會身分的標識、等級的象徵。從這個意義上講，蔡慶先生所希望的平等是做不到的，所以他要上梁山。梁山的小嘍囉們也都「頭巾邊亂插著野花」。

男人戴花既然蔚然成風，朝廷也就要照顧到群眾需求，與民同樂。於是每逢重大節慶，例如郊祀回鑾、宮廷會宴和新進士聞喜宴等，皇帝都要賜花給臣僚。皇帝賜給臣僚們的簪花也分品級和品位：皇帝的生辰大宴，又有遼國使臣在場時，用絹帛花（大概絹帛比較貴，在外國人面前要顯擺顯擺天朝大國的富有）；例行的春秋兩宴，用美麗的羅帛花；陪同皇帝遊玩的小宴，則用珍巧的滴粉縷金花……賜花時，還按官員的品階決定多少，尊卑有序、多寡有數。

宋真宗的時候，大宴群臣，宮女們娉娉婷婷地托著花盤出來，引得臣僚百官頭頸老長，等著「分紅」，結果卻是只有三品以上的官員有份，搞得四品以下的灰頭土臉，老大不高興。「春色何須羯鼓催，君王元日領春回。牡丹芍藥薔薇朵，都向千官帽上開。」這是詩人楊萬里的戲作，根據他的官階品級，楊先生應該是沒資格輪到賜花的，所以他的詩作有些酸溜溜的，諷刺文學都是這樣產生的。

朝廷「簪戴」之風流傳出來，達官貴人舉行酒宴時也加以仿效。沈括的《夢溪筆談》裡就記載了「四相簪花宴」的故事：宋仁宗慶歷年間，韓琦鎮守淮南，後花園中有一株芍藥忽然開花四枝，花色上下紅、中間黃蕊相間，這種後世稱為「金纏腰」或者說「金帶圍」的品種，當時揚州還沒有，韓琦於是請了王珪、王安石、陳升之同來觀賞，席間把花剪下，各簪一枝。四人後來都做到了宰相之位，芍藥因此被稱為「花相」。這種「簪戴」風氣再流傳到社會一般人眾當中，便形成了男人愛戴一枝花的現象。

說到這裡，突然想起了一首歌：「在舊金山的街道上，和善的人們把花朵戴在髮上……」[1]在美國的舊金山，從前男人也是戴花的，那裡華人集聚，可能是宋朝遺風吧。都說洋為中用，也有時候會中為洋用的。

當然了，簪花也不一定都是牡丹芍藥薔薇這樣的鮮花，需求大了就會有替代品出現，宋朝就出現了人造假花。有一種是用琉璃製成的，也就是現在所謂的玻璃花。宋度宗的時候，宮中流行簪戴這種琉璃花，世人爭相仿效。有詩人便賦詩道：「京城禁珠翠，天下盡琉璃。」可惜這琉璃花雖然漂亮，但諧音卻大不吉祥，琉璃，流離，這不是「流離之兆」麼？確實，度宗逝後五年，南宋即告滅亡。

洗澡：這裡不是羅馬浴場，但也歡迎參觀

如果你到現在還認為洗澡是一個相當私密的事，就應該關起門來搓啊搓的，那你就太辜負網路時代吸引眼球的黃金法則了。事實上，洗澡是一個相當受人關注的話題，其關注程度僅次於嘿咻了。從大的來講，洗澡反映一個時代的經濟和民生狀況，從小的來說，洗澡關乎人們的衛生習慣和生活品質。所以，我們要關注洗澡，像關注自己的身體一樣關注別人的洗澡。今天，我們就來關注一下大宋朝人民的洗澡狀況。

西元十三世紀的某一天，義大利人馬可・波羅來到了杭州。他是作為這座城市的新統治者，元朝的尊貴客人來這裡的，而此前，這座城市還是一個剛剛被滅亡了的國家的首都。這一切說起來有些繞口，但好在這個義大利人的故事在中國是家喻戶曉的，甚至比在義大利更家喻戶曉。在中國人有限的歷史知識裡，都有一條關於馬可・波羅的連結，所以用不著太多解釋。

元朝的忽必烈大汗執意讓他的外國友人到他新征服的地方來看看，其用意大概是將馬可・波羅先生當作他的御用「網軍」。事實上，馬可先生也不遺餘力地四處鼓吹著大汗的功績，當然，他也記下了不少有趣的事情。

馬可・波羅告訴我們，在元代杭州的一些街道上有「冷浴堂」，「由男女服務員為你服務」。不知道馬可・波羅先生當時接受的是男人的服務還是女人的服務，他好像沒有交代清楚，這當然就留給了你很多想像的空間。

其實，男女混浴的事並不是只有日本才有，商紂王的「酒池肉林」就是古已有之的明證。不過，商紂王是被歷史學家劃入劣等生行列的，按照中國的禮法，當然是不允許男女混浴的，就連夫妻也不允許。《禮記》規定夫婦之禮「不敢共湢浴」——妻子不能和丈夫洗鴛鴦浴，這在古代是不文明行為，甚至夫妻不能共用一個浴室，所謂「外內不共井，不共湢浴」。這些規定，到了宋朝就有些鬆動，夫妻必須「不共湢浴」，不是夫妻倒可以不在此列了，所以馬可・波羅先生可以享受男、女服務員的服務。

馬可・波羅饒是興趣地記述了有關澡堂子裡的那點事：「這些澡堂的男女顧客從小時起就習慣一年四季冷水浴，認為這對身體健康大有裨益。」他還特別記下了杭州「所有的人都習慣每日沐浴一次，特別是在吃飯之前」的這一良好風習。這樣的良好風習和衛生習慣，當然不可能是馬背上的蒙古人帶來的，它是宋朝文明的一種延續，只不過馬可・波羅把這一切都歸結為大汗治下的精神文明。

也怪不得人家，誰叫你趙宋皇帝當初不邀請人家來看一看呢？

然而，看什麼呢？就看洗澡？洗澡當然是不適合參觀的，在漢民族傳統觀念裡，洗澡是嚴肅而認真的。春秋時期晉公子重耳逃亡期間，曹國國君聽說重耳有「駢脅」的異相（胳肢窩下有一塊肉連著脅骨，有點像鳥的翅膀），就去偷看了重耳洗澡，結果重耳公子很生氣，後果也很嚴重，等到重耳回國當了晉文公，就把曹國給滅了。曹國國君就是那個時代被好奇心害死的一隻貓。

當然了，對人家洗澡的好奇並沒有因此而結束，後來有個楊貴妃在華清池裡洗了一個澡，害得全中國人集體意淫到今朝。但這些都是個例，總體而言，洗澡是神聖而嚴肅的，沐浴、更衣、齋戒，那都跟宗教儀式似的，哪裡好叫洋鬼子來參觀，所以，也只有蒙古人做得出來。

其實，按照許慎《說文解字》的說法，「洗」是「灑足也」，也就是專門指洗腳；「澡」，那就是相對應的「灑手也」，專門指洗手。現代意義上的洗澡，古人叫「沐浴」，所以，你如果來到宋朝的杭州，不要說自己要洗澡，否則人家就端兩盆水讓你洗一下手、洗一下腳丫子算數了。

我們之所以要將洗澡鄭重其事地單列一節來介紹，並不是因為馬可·波羅的緣故，而是因為在宋朝，洗澡已經成為百姓生活中的重要內容，許多史學家都認為宋朝開啟了「近代生活習俗的先河」，他們的例證就是拿洗澡來說事的。在宋朝話本《濟顛語錄》中我們可以知道：天還沒亮，城市還在熟睡中，而浴池卻已經開門迎客了。

這一從宋朝延續下來的習俗，一直延續到近現代，民國時期的澡堂多在門首粉牆上貼一副對聯：「金雞未唱湯先熱，紅日東升客滿堂」，就是這種習俗的反映。

據說古羅馬有完善的公共洗浴設施，今天我們到巴黎去遊覽，克呂尼博物館裡還保存著羅馬皇帝圖拉真時代完好的公共浴池遺址，可惜宋朝的浴池只能在書頁紙張上找到了。五千年文明古國，真正保留下來的東西卻沒有幾件，這是我們不如人家的地方。

纏足：小腳與宋朝人民的性心理

在這裡先說一個小故事。

杭州的陸梯霞先生德行高超，遠近聞名。有一天，他夢遊地府，看見城隍在審理南唐李後主裹足一案。

根據城隍的講述，李後主前生是嵩山的淨明和尚，轉世為南唐國主。他在宮中行樂，用白布將愛妃窅娘的雙腳裹成新月形，使之纖小屈上，舞於金蓮臺上，搖曳生姿。這原本是一時興起的好玩，想不到後世競相模仿沿襲成習，世間女子爭相做弓鞋小腳，將得之於父母的身體矯揉穿鑿，造成極大摧殘，也有婦人為了這種事而上吊服毒自殺。

玉帝嫌惡李後主是始作俑者，所以罰他在生前受宋太祖的牽機藥毒殺。據說服了牽機藥死得非常痛苦，比女人纏足更痛苦。牽機藥其實就是中藥馬錢子，馬錢子的主要成分是番木鼈鹼和馬錢子鹼。吃下去後，人的頭部會開始抽搐，最後與足部拘摟相接，嘗盡苦頭而死，狀似牽機，所以起名叫「牽機藥」。

這個故事出自清朝袁枚的《子不語》，就是針對中國性文化中的獨特產物——三寸金蓮而發，而三寸金蓮正是在宋朝大行其道的。

嚴格說起來，女人為了使自己的腳看起來小，而樂意穿小鞋，從春秋時期就開始了。司馬遷的《史記・貨殖列傳》中就說到，趙女鄭姬「揄長袂，躡利屣」。「利屣」就是一種鞋頭很小的舞鞋。這種鞋在現代都很流行，在古代就更不用說了。

在腳小為美的審美觀指導下，女性追逐美、追逐時尚的欲望從來都是無止境的。有了尖頭鞋還不滿足，於是只好削足適履，開始纏足了。纏足雖然始於南唐的後宮，卻在宋朝成為時尚。大宋朝征服了南唐，也征服了南唐的女性，而南唐的女性卻透過纏足征服了宋朝的女性，繼而也征服了宋朝的男性。

現代女性把纏足歸罪於男權主義對女性的迫害，其實有點冤枉。考諸纏足的起源可以發現，就像今天的女子偏愛穿高跟鞋一樣，一開始並不是有人強迫她們，而是女人天性對美的過分追逐，而男人僅僅是作為審美者，起了推波助瀾的作用。

第一個專門吟頌女人纏足的，居然是宋朝的大文豪蘇東坡，他有一首〈菩薩蠻〉傳世：

塗香莫惜蓮承步，長愁羅襪淩波去；只見舞回風，都無行處蹤。
偷立宮樣穩，並立雙趺困；纖妙說應難，須從掌上看。

連東坡先生都對小腳這麼著迷，有這些意見領袖的宣導，纏足怎麼能不蔚然成風呢？從宋朝的宮廷到城市再到鄉村，宋朝婦女的纏足比例已經高達八十％，只要不是下田勞作或者充當販夫走卒的女性，幾乎都有一雙玲瓏小腳。

當然，小腳令人快樂銷魂，恐怕還不止在於把玩撫摩而已。臺灣學者王溢嘉引研究中國民俗的日本學者永尾龍造的話說：「纏足的女人在性交時，其陰部之肌肉較緊，予人如同處女的感覺。」而日據時代臺北帝大醫學院（現台大醫學院）解剖學科的日本教授，對臺灣纏足婦女的解剖心理，也有類似的說法。當腳變小後，為了支撐身體，大腿及陰部的肌肉確實可能因此而更加緊縮。

二十世紀初，法國醫生馬蒂格農對中國的纏足文化做了大量的觀察、記錄和分析、研究，他所撰寫的論文中極陳小腳對於男人的殺傷力：「中國人很喜歡的一些春宮雕刻，在所有這些淫蕩場景中，我們都能看到男人色迷迷地愛撫女人的腳的形象。當中國男人把女人的一隻小腳把弄在手的時候，尤其在腳很小的情況下，小腳對他的催情作用，就像年輕女郎堅挺的胸部使歐洲人春心蕩漾一樣。」

另一個外國學者萊維也染上了「金蓮癖」，對三寸金蓮大加讚歎：「金蓮小腳具有整個身體的美：它具有皮膚的光潔白皙，眉毛一樣優美的曲線，像玉指一樣尖，像乳房一樣圓，像口一樣小巧，穿著鞋子像嘴唇一樣殷紅，像陰部一樣神祕。它的氣味勝過腋下、腿部或身上腺體分泌的氣味，還具有一種誘惑人的威力。」荷蘭人高羅佩作為漢學專家，對纏足與性心理的關係也有講述：

從宋代起，尖尖小腳成了一個美女必須具備的條件之一，並圍繞小腳逐漸形成一套研究腳、鞋的特殊學問。女人的小腳開始被視為她們身體最隱祕的一部分，最能代表女性、最有性魅力。宋和宋以後的春宮畫把女人畫得精赤條條，連陰部都細緻入微，但我從未見過或從書上聽說過有人畫不包裹腳布的小腳。……當一個男子終於得以與自己傾慕的女性促膝相對時，要想摸清女性的感情，他絕不會以肉體接觸來揣摩對方的情感……如果他發現對方對自己表示親近的話反應良好，他就會故意把一根筷子或一塊手帕掉在地上，好在彎腰撿東西的時候去摸女人的腳。這是最後的考驗，如果她並不生氣，那麼求愛就算成功，他可以馬上進行任何肉體接觸，擁抱或接吻等等。男人碰女人的乳房或臀部或許還說得過去，會被當作偶然的過失，但摸女人的腳，卻常常會引起最嚴重的麻煩，而且任何解釋都無濟於事。

這段文字讓我們自然而然地聯想到了《水滸傳》、《金瓶梅》裡，西門慶勾引潘金蓮的描寫，也是借撿筷子摸一把小腳的勾當。

寵物：最大的玩咖是太上皇

話說潘金蓮自從被西門慶摸了一下小腳後魂不守舍，終致幹出了謀殺親夫的事，她也就成了西門大官人的第五房小妾，從此加入了妻妾爭寵的戰爭。

在這場持久戰的前期，潘金蓮面臨的最大競爭對手是西門慶的第六房小妾、原先花子虛的老婆李瓶兒。李瓶兒長得豔麗，不輸金蓮，從花子虛家裡帶過來的陪嫁錢財又在各房妻妾中排行NO.1，再加上她還替西門慶生下了一個兒子官哥兒。種種跡象表明，西門慶最寵愛的小妾已經是李瓶兒而不是她潘金蓮了。儘管潘金蓮表面上跟李瓶兒姊妹相稱，要好的不得了，但她內心很鬱悶。

內心空虛、鬱悶的女人都喜歡養寵物，宋朝也是一樣。

卻說潘金蓮房中養的一隻白獅子貓兒，渾身純白，只額兒上帶龜背一道黑，名喚雪裡送炭，又名雪獅子。又善會口銜汗巾子，拾扇兒。西門慶不在房中，婦人晚夕常抱他在被窩裡睡，又不撒尿屎在衣服上，呼之即至，揮之即去，婦人常喚他是雪賊。每日不吃牛肝乾魚，只吃生肉，調養的十分肥壯，毛內可藏一雞蛋。甚是愛惜他，終日在房裡用紅絹裹肉，令貓撲而撾食。（第五十九回）

怎麼樣，看看這段文字，是不是跟今天有錢有閒的婦人飼養寵物一模一樣？從這段文字可知，潘金蓮養的這隻貓決不是中國土生土長的家貓，而應該是西洋進口的波斯貓之類。宋朝開始有了大規模的海外貿易，這些南洋、西洋的奇珍異寶也開始在民間出現，中國人飼養寵物的風氣也正是在那個時候開始形成。

這隻雪獅子品種不錯，也乖巧聽話，訓練有素，滿可愛的，但是下場卻不好——被西門慶活活摔死了。

倒不是西門慶不喜歡寵物，無緣無故發脾氣。《金瓶梅》第五十一回上寫潘金蓮和西門慶在床上玩口交，雪獅子在旁邊用爪兒來撾，西門慶手中拿一把灑金老鴉扇兒只顧引逗著雪獅子，可見這個貓兒還是挺給他們添情趣的。那麼，西門慶為什麼對雪獅子下此毒手呢？實在是因為雪獅子闖下了大禍：

這日也是合當有事，官哥兒心中不自在，連日吃劉婆子藥，略覺好些。李瓶兒與他穿上紅緞衫兒，安頓在外間炕上頑耍，迎春守著，奶子便在旁吃飯。不料這雪獅子正蹲在護炕上，看見官哥兒在炕上，穿著紅衫兒一動動的頑耍，只當平日哄餵他肉食一般，猛然望下一跳，將官哥兒身上皆抓破了。只聽那官哥兒「呱」的一聲，倒咽了一口氣，就不言語了，手腳俱風搐起來。

被貓撾傷的小孩兒，下場當然是非常淒慘的，請了太醫來看，又四處求神問卜，最終還是一命嗚呼了。西門慶遷怒於雪獅子，憤怒地走向潘金蓮房間，抓起雪獅子，往走廊的廊柱台基上用力一摔，當場腦漿迸散，把那隻貓摔死了。

潘金蓮此時大氣不敢出一聲。她當然不敢吱聲了，《金瓶梅》的作者在字裡行間暗示了潘金蓮其實要對官哥兒的死負責：「終日在房裡用紅絹裹肉，令貓撲而撾食」，「（官哥兒）穿著紅衫兒一動動的頑耍，只當平日哄餵他肉食一般」，這兩句話對應起來看，官哥兒是不是死於一場精心策劃的謀殺？

當然了，我們在這裡並不想介入西門家的家庭糾紛，也無意做事後諸葛去偵破一樁沒有立案的謀殺，我們在這裡只想引出話題，談談宋朝人的養寵物時尚。

宋朝當然沒有「寵物」這樣的稱呼，對動物感興趣、飼養並加以調教，宋朝人一律稱之為「教蟲蟻」，這裡的「蟲蟻」當然是飛禽走獸、昆蟲鱗介的總稱，宋人的筆記上記載了不少人與動物的趣聞。

有個叫呂惠卿的人家裡養了一隻綠毛烏龜，每天中午，主人用一根小竹杖去撥弄水面，這隻綠毛龜必定會應聲而出，呂惠卿便用小竹杖叉了幾片生肉餵牠，綠毛龜吃完後便又沉入水底。兩年來，這個條件反射實驗從來沒有任何差池。

有一天中午，呂家的小孩想跟綠毛龜開個玩笑，拿了呂惠卿的小竹杖去撥弄水面，等綠毛龜浮上水面卻不給牠肉吃。如此失信的行為讓這隻綠毛龜自尊心大為受傷，第二天中午，呂惠卿再敲小竹杖時，水裡就沒了動靜。過了六、七天，主人去盆中取出綠毛龜時，才知道這隻自尊心強烈的烏龜已經絕食而死。

綠毛龜會不會有這樣強烈的性格特徵，不餵食六、七天會不會就此餓死，這些當然可以存疑，但書上的記載就是這樣。

還有一隻「秦吉了」的鳥就更加神奇了。據說滬南長寧軍有一位養教「秦吉了」的人，由於這隻「秦吉了」被調教得能說人話，有一個番夷的部落首領就想用五十萬錢把牠買走。養鳥人和「秦吉了」商量：我太窮了，把你賣了改善一下自己的生活吧。誰知這隻「秦吉了」卻說：「我，漢禽也，不願入夷中。」不久，「秦吉了」就死了。這簡直可以作為愛國主義教材。

其實，宋朝人豢養的寵物有不少是從異國他鄉進口來的，東京汴梁最熱鬧的商業街樊樓一帶的街南，就有不少飼養、出售鷹鶻的「鷹店」，這種梟悍的動物就來自遼、金、西夏等地，最早在淳化三年（西元九九二年），西夏國向宋太宗進獻了一隻「海東青」鷹，從此，馴化鷹鶻就開始在宋朝的城市中流行起來，以至於東京的市區都開了不少的鷹店。

畫家黃荃以畫鷹鶻而著名，他家裡就養了許多的鷹鶻，以便他觀察寫生。他的子孫不能繼承他的畫技，最後反倒落得以飼養、販賣鷹鶻為生，這叫詩人梅堯臣不勝感慨唏噓，還專門為此寫了一首詩。

當然了，絕大部分宋朝人不會去馴養鷹鶻那樣兇猛的動物，對他們來說，最受歡迎的寵物還是鸚鵡、鴿子之類溫順易馴的動物，以使精神得到慰藉。

養教鴿子在宋代城市中漸成風氣，尤其是在東南沿海一帶，晴空中常常有一群群的鴿子掠空而過，乘風飛舞，這其中最有名的「玩咖」就是當了太上皇的宋高宗趙構。每日收放鴿子他都親力親為，孜孜不倦。鴿哨齊鳴，一大群足繫金鈴的皇家鴿子在鳳凰山上空盤旋，也成為當時的臨安一景。

宋高宗的本職工作當然是做皇帝，在勞苦大眾看來，當皇帝是個輕鬆活，其實不然，光是整天看著一堆堆來自全國各地的奏摺，估計都要頭大，加上還要和一群帝國頂尖的人才鬥智鬥勇，回到後宮還有一群漂亮女人爭風吃醋，那都是讓人操碎心的事情。於是，宋高宗幹了三十來年的皇帝，五十來歲的時候就主動要求退休了。那時候沒有延遲退休這一說，再說了，做皇帝還不是自己說了算，想啥時退就啥時退，下面繼任的還巴不得呢。

退了休的宋高宗就過上了他幸福的業餘生活。他很愛玩鳥，也和常人一樣，喜歡鸚鵡、鴿子什麼的。靖康之變後，宋高宗一路逃亡，來到了建康。剛歇息下來，就看到一隻大鸚鵡從江北飛過來，還停在趙構的寢宮前面，大叫「萬歲」，仔細一看，鸚鵡的腳上竟然還有一個小小金牌，上面刻著「宣和」兩個字。

原來，這隻鸚鵡是汴梁皇宮中養的，竟然不遠千里，追隨宋高宗飛到了江南。太監忙找了一個鳥架子，鸚鵡就飛了上去，一副回了家的樣子。等到宋高宗吃飯的時候，因為是臨時的行宮，沒有音樂伴奏，鸚鵡就大叫卜尚樂何在，叫了很久，看到沒人回應，鸚鵡又說，卜娘子不敬萬歲。

原來，在宋徽宗時代，每次皇帝吃飯，那都是要奏樂的，而領班的樂師就是卜娘子。聽到鸚鵡這麼說，趙構想起了當初的幸福童年，看看自己萬里逃亡的狼狽樣子，也不知道哪一天才能躲過金兵的追殺，萬千硬咽心頭，雙手插入亂髮，陷入深深沉思，不由得淚眼朦朧。等到宋高宗到了臨安之後，這個鸜鵒忽然死了，宋高宗還特意寫了一篇祭文悼念，可見情誼深長。

宋高宗的臨安皇宮在鳳凰山，一開始就是一個大鳥窩子。因為沒有人，鳥特別多，成千上萬隻。這樹林裡多數的鳥還都是烏鴉，叫聲那個難聽啊！白天，鳥群鋪天蓋地飛出去啄食，晚上又鋪天蓋地飛回樹林。宋高宗在汴梁皇城哪裡受過這樣的聒噪，就讓所有太監拿著彈弓打鳥。太監們那個辛苦啊，為了皇帝睡好覺，幾百人不眠不休的打鳥，真有些建國初年響應毛主席號召全民滅麻雀的味道。

趕跑了烏鴉，宋高宗就開始養他喜歡的鴿子。宋朝人把一種特別擅長飛翔的鴿子叫做鵓鴿。《水滸傳》中燕青有種摔跤絕招就叫做「鵓鴿旋」。宋高宗養的鴿子裡就有不少名貴的品種。

堂堂一國皇帝，竟然整天侍弄小鳥，實在不像話，有個書生就寫了一首詩加以諷刺：「鵓鴿飛騰繞帝都，暮收朝放費工夫。何如養個南飛雁，沙漠能傳二帝書。」言語當中譏諷宋高宗玩鳥喪志，忘記了父兄還在北方受苦。在史家看來，這個書生自然是心憂天下，關心社稷，可在宋高宗本人看來，這個書生未免大煞風景，不過就是玩個鴿子，有必要這麼上綱上線嗎？不過，宋高宗作為南宋的開國皇帝，還是有幾分氣度，不但沒有怪罪那個書生，還立刻召見，給了書生一個官做。做了官後的書生也就不再聒噪了。宋高宗不僅會馴鳥，也會馴人啊！

在皇帝的帶動下，民間養鴿自然成風，而用鴿子寄書傳信，也開始成為城際之間最方便快捷的郵遞通訊。

城市的上流社會，則普遍以養鸚鵡為時尚，教習鸚鵡學念詩句成了富貴人家的一椿樂事。「碧窗盡日教鸚鵡，念得君王數首詩」、「等候大家來院裡，看教鸚鵡念新詩」，花蕊夫人的詩引領了一個朝代的時尚。

更高雅的還養起了仙鶴。隱居在杭州孤山腳下的林逋林和靖就自號「梅妻鶴子」，他養的兩隻仙鶴在主人外出而適逢有客來訪時，據說會一飛沖天尋找主人去報信。

此外，養蟋蟀的當然也大有人在，最著名的就是南宋末年的蟋蟀宰相賈似道。傳說他經常帶著蟋蟀盆、蟋蟀罐與同道中人一起到西湖上遊湖、鬥蟋蟀，以至於被人們嘲諷為「朝中無宰相，湖上有平章」。老實說，這位賈似道要不是身居高位、玩物喪志，而純粹只是一位玩家，倒也不失為王世襄[2]一般的人物。他所撰著的《秋蟲譜》是中國調教蟋蟀的最權威著作，其在寵物飼養方面的影響力也不容一筆抹殺。

❶……Scott McKenzie主唱的名曲《San Francisco》，當中的一段歌詞：In the streets of San Francisco. Gentle people with flowers in their hair.

❷……中國著名文物收藏家、鑒賞家。

第十二章

宋詞裡的風雅與憂傷

諸位團友，我們說了宋朝的娛樂、體育、時尚，總不能不談談宋詞吧？宋朝沒有博弈論，沒有呆頭呆腦的數學符號，卻有一曲曲精緻的宋詞，靡麗淒婉，纏綿緋惻，洋洋灑灑，風流恣肆。

作為宋朝文學的最高成就，宋詞當然有不同的讀法，你去賣本《全宋詞》，皓首窮經背得滾瓜爛熟，難道就讀懂了宋詞？文友車前子說，詞講究的是頓挫，這裡我們還是來深入剖析一位才子，從他的身上，從他的詞裡，也許可以看出宋朝人的思想觀、人生觀。這也是宋詞的一種讀法。

我浪漫，但其實我很無奈

好了，有請我們今天的地陪——柳永柳三變！

天聖三年（西元一〇二四年），對於四十一歲的詞人柳三變來說，是一個殘酷的年份。這一年，他第四次參加了進士科的考試。從二十五歲第一次進京趕考算起，他已經失敗了三次、失敗了整整十六年。其實，宋朝的科舉考試相比於唐朝來說，還是相對容易的，宋朝錄取進士的名額大增，整個宋朝進士登科者有十一萬人之多，平均每次錄取的人數是唐朝的十倍以上，這樣的錄取比例，柳三變還接連名落孫山，可見他的學問與趙宋官家需要的經世濟民的那一套學問，是太格格不入了。

柳三變，這個名字聽起來是不是有點怪怪的？然而，從前的人卻不會覺得奇怪，因為《論語》裡就有這樣的章句，「子夏曰：君子有三變，望之儼然，即之也溫，聽其言也厲。」所以，這個名字跟我們當年的「建國」、「超美」、「援朝」一樣，從時代的角度來看，都是政治正確的。他的父親給他取這樣一個名字，就是希望兒子能夠成為一個修身齊家治國平天下的棟樑之才。而要成為大宋朝的棟樑，只有科舉一條正道。宋朝取士不問門第、閥閱，只看科舉功名，相比前朝應該說更加公平，整個宋朝以白衣而致卿相的例子也數不勝數，可惜我們的柳三變運氣不太好。

這個叫三變的男人並不像子夏先生說的，以及他父親希望的那樣，望之並不儼然，聽其言也不厲，不過「即之」倒是「溫」的——跟他接觸過的女人都喜歡他溫和的脾性。這樣一個人被送上了科舉的道路，注定了仕途不好走。

每一次的錦繡華章、激揚文字，伴隨著一伸平生抱負的雄心送入九重宮闕後，居然都如泥牛入河、石沉大海。柳三變也曾迷惘過、也曾抱怨過，但終歸還有那麼一份自信支撐著使他不曾絕望。畢竟，作為一個詞人來說，他的成功已經是空前的了，「凡有井水飲處，即能歌柳詞」，他的詞在大宋皇朝的疆域，甚至連邊陲的西夏國境內都被廣泛翻抄、傳唱，只要有人的地方，都能聽到他柳三變的詞。他是大宋王朝的流行樂天王！

然而，這一次的進士考試宣佈了他在仕宦道路上的失敗，也是空前的，他被當今皇帝親自打入黑名單：且去淺斟低唱，何必來爭浮名！

是啊，你這個塵世的享樂份子，常年自在地混跡於煙花柳巷、青樓妓館，你愛好的是這無邊風月的人世和諸多鐘靈毓秀的女子。聖朝以道德文章取士，你已經坐了流行樂壇的第一把交椅，而且你在私生活上也頗多故事，尤其是公然跟許多青樓女子牽扯不清，望之一點都不儼然，你這樣的人又何必來做官呢？

聽到這樣的結果，柳三變的心頓覺一片冰涼。他知道這兩句文字其實都出自他自己的一首詞，那是六年前他在第三次進士考試失敗之後，鬱悶之下寫下的〈鶴沖天〉：

黃金榜上。偶失龍頭望。明代暫遺賢，如何向？未遂風雲便，爭不恣狂蕩。何須論得喪。才子詞人，自是白衣卿相。

煙花巷陌，依約丹青屏障。幸有意中人，堪尋訪。且恁偎紅翠，風流事，平生暢。青春都一餉。忍把浮名，換了淺斟低唱。

有位女作家評論這首詞，說它是伴著急鼓快板吼出來的，那個時候沒有重金屬，否則我們可以看到柳永長髮凌亂，目空一切，在震耳欲聾的音樂中，引頸狂歌，聲音嘶啞而尖銳。這位女作家說，這首詞就是一篇宋朝的搖滾。而在柳三變看來，這本是一篇抒發牢騷的遊戲文字，而且還是作於前一任皇帝宋真宗天禧二年（西元一〇一八年），沒想到當今的仁宗皇帝卻記了仇。自古以來，天下有哪一位舉子得罪了皇帝的？柳三變在當時也不免冷汗直流。

但是，今天換一個角度來看，得罪了皇帝，而皇帝並沒有因為受到頂撞而惱羞成怒，更沒有利用至高無上的權威像捏死一隻螞蟻一樣把你給滅了，反而是採用了一種不無幽默的手法，輕輕地將你一軍，倒也顯得皇權的開明和親和了。據說，宋太祖曾經立下碑誓，要求後世的繼任皇帝們要善待讀書人，尤其不能殺害讀書人。所以，那個時代對中國的讀書人來說，確實是個黃金時代。

關於柳三變在青樓歌館中，依紅偎翠、如魚得水的故事，在今天看來，不，在後人看來，都是一種傳奇。所以，從元朝的雜劇到明清的話本、小說，都對這個題材饒有興趣，都在爭相演義著這個傳奇，影響較大的有《柳耆卿詩酒玩江樓記》、《眾名姬春風弔柳七》等。

前者講述了柳三變與杭州名妓周月仙的故事。說是柳永二十五歲時做了杭州郡守，上任後在錢塘江邊造了一座玩江樓，常常與文人學士們在那裡宴飲賦詠，每次都要把周月仙召來唱歌助興。柳永多次調戲周月仙，但周月仙始終不從。後來，柳永聽說周月仙與江對岸蕭山的一個黃員外十分相好，每天晚上都要坐船過江去與黃員外幽會。於是，就心生一計，把撐船的艄公找來，對他口授密計。

當天晚上，周月仙果然又乘船過江去蕭山會情郎，船到江心，艄公就停下船來強姦了周月仙。受辱後的名妓惆悵萬端，吟詩一首：「自歎身為妓，遭淫不敢言。羞歸明月渡，懶上載花船。」艄公把這首詩記在了心裡，回去就告訴了柳永。第二天，柳永召周月仙來侍宴，酒酣之時，柳永唱起了昨日周月仙受辱所作的詩，周月仙一聽大感羞慚，因此就順從了柳永。

柳永心頭十分得意，就寫了一首詩送給周月仙：「佳人不自奉耆卿，卻駕孤舟犯夜行。殘月曉風楊柳岸，肯教辜負此時情。」從此之後，柳永天天與周月仙纏纏綿綿，他的風流名聲也越傳越遠，竟至因此影響了他的仕途。

在這則故事中，柳永的形象顯得有些無賴兼無恥了。然而，這則故事的真實性其實是大打問號的。首先，柳永那個時候還沒有改名叫柳永，他還叫柳三變，柳永是他在五十一歲時才改的名字，為的恐怕也是皇帝記住了柳三變的名字，並且將這個名字打入了科舉黑名單，所以他得變一變，三變不夠就四變，這第四變就是變名字。

這一招果然有用！放榜的時候，柳永的名字雖然不在第一甲的「進士及第」，也不在第二甲的「進士出身」，但總算出現在第三甲的「同進士出身」上了。雖然距離當年「高中魁甲」的目標有些遠，但就像今天的「三本」[1]也是大學一樣，反正是「中了」！如果拿「三十老明經，五十少進士」這句話來參照，柳永似乎中得還不算晚，畢竟才五十過了一歲。但那句老話是在唐朝，那時每一科進士只取二、三十人。而在宋朝，宋仁宗景佑元年（西元一〇三四年），柳永這一科一共錄取了一千六百四十人，也沒啥好稀奇的了。

其次，正如我們前面所說的，柳永直到五十一歲才中了第三甲進士，取得了做官的資格，他二十五歲的時候根本不可能做杭州郡守，當然也無力去蓋一座玩江樓。杭州沒有玩江樓，只有一座望江樓，建於清光緒十五年（西元一八八九年），肯定不是柳永蓋的了。再說柳永的官職，他一輩子做到最大也只是餘杭縣令、泗州判官、屯田員外郎，從來沒有當過地方大員郡守。

按照宋朝的文官制度，分為三個官位等級，第一個等級稱為「選人」，是最低等級；第二個等級稱為「京官」，是中間等級；第三個等級稱為「朝官」，是最高等級。其中「選人」又包含七個等級，在選人的七個等級中逐級升遷，稱為「選調」，由選人升為京官稱為「改官」，由京官升為朝官稱為「轉官」，柳永從五十一歲做官做到七十一歲死亡，都沒有「轉官」。他老人家的仕途走得真的不太順。

最後，從後面我們要講到的「眾名姬春風弔柳七」等事蹟來看，柳永一生熱愛婦女，自覺與婦女打成一片，也決不會對婦女姊妹採用如此下三濫的手段，否則，吃了虧的婦女，是斷然不會主動承擔起柳永死後追悼會的工作的。

綜上所述，對於柳永倚紅偎翠的傳奇故事，還是有必要來一個正本溯源的澄清。傳奇的開端，要從十九歲的少年，從家鄉福建崇安出來赴京趕考的那段光陰說起。那一年，柳三變順利通過了鄉試，在家人和鄉親的熱烈慶祝下，跨出了故鄉的大門，前往東京汴梁參加進士考試。

在那個交通極為不發達的時代，進京趕考就是一次漫長的旅行。沿途的風景和種種始料未及的磨難，都是對意志和定力的考驗。率性的天才少年顯然缺乏這樣的定力。

十九歲的柳三變第一次如此近距離地看到了這個花花世界。他優哉遊哉地隨著舟楫的欸乃聲進了錢塘江，來到了自古繁華的杭州。在這座瓦舍林立、勾欄遍佈的城市，他聽歌、看舞、喝酒、填詞，流連忘返，與青樓的緣分也在這裡譜寫。就這樣在杭州晃蕩了一年，不知是盤纏告盡，還是什麼其他的原因，他突然想起了要見一個人，這個人就是當時杭州的父母官孫何。

孫何當年也是一位才華橫溢的文人，據說他十歲就通曉音律，十五歲就能寫出漂亮的文章。他的才氣與當時的參知政事（副宰相）丁謂齊名，人稱「孫丁」。相傳兩人同時參加科舉，孫何考了第一，丁謂只考了第四。丁謂頗為不服氣，還特地跑到宋太宗趙光義那裡去理論，趙姓皇帝似乎都不乏幽默的細胞，太宗的回答很輕淡：「甲乙丙丁排在那裡，你既然姓丁，考第四名也不冤枉，有啥好怨的？」讀宋朝的歷史，總有這樣的逸聞讓你感到親切。

柳三變與孫何的年齡足足相差了二十三歲，但柳爸曾與孫何有些淵源關係，大家都是官場中人，所以柳三變決定去拜謁一下，順便解決一下經濟問題。

可是知州衙門不是那麼好進，再說了，去了也得有個由頭。柳三變想想，還是填首詞最拿得出手。一念之間，就有了杭州歷史上最著名的那首〈望海潮〉：

> 東南形勝，三吳都會，錢塘自古繁華。煙柳畫橋，風簾翠幕，參差十萬人家。雲樹繞堤沙。怒濤卷霜雪，天塹無涯。市列珠璣，戶盈羅綺競豪奢。
>
> 重湖疊巘清嘉。有三秋桂子，十里荷花。羌管弄晴，菱歌泛夜，嬉嬉釣叟蓮娃。千騎擁高牙。乘醉聽簫鼓，吟賞煙霞。異日圖將好景，歸去鳳池誇。

這首詞一反他慣常的風格，以大開大闔、波瀾起伏的筆法，濃墨重彩的鋪敘，展現了杭州的繁榮和山川壯麗景象，可謂「承平氣象，形容曲盡」。

詞是填好了，也迅速在杭州的勾欄瓦舍裡傳唱走紅。但是怎麼能保證讓孫何看以！

到呢？柳三變想到了他在杭州娛樂圈裡廝混結識的姊妹們。楚楚，杭州青樓的當紅花旦，官府衙門舉行各種宴會，她是每次都會受邀獻技的社交明星。請她轉達一定可以！

楚楚呢，她心目中的風流才子柳三變開口了，難道還能拒絕嗎？

果然，這一年的中秋，孫何在家中大擺宴席歡娛同僚賓客，邀請楚楚小姐去唱歌，於是，楚楚就楚楚動人地唱了這首〈望海潮〉。於是，柳三變很快成了孫何的座上賓，那個時代，還是很尊重文化的。

柳三變的這首〈望海潮〉很快傳揚開來，不僅在大宋國內廣為傳唱，後來還一直傳到了北方的金國。據說金主完顏亮讀到了這首詞，也對「三秋桂子，十里荷花」的西湖羨慕不已，起了「投鞭江東」、「立馬吳山第一峰」的念頭，興兵南侵。這也是一念之間。一首詞的效應居然開啟了兩國的戰端，這是柳永始料未及的。南宋末年有個叫謝處厚的詩人，深怪柳三變作詞招禍，便寫了一首詩埋怨他：

誰把杭州曲子謳，荷花十里桂三秋。
那知卉木無情物，牽動長江萬里愁。

不過無論是完顏亮的南侵，還是謝處厚的埋怨，對於柳三變來說都是身後的事了。他此生，只顧在朱門院落繁紅嫩翠之中聽「弦管新聲騰沸」，看「楚腰越豔」、「舞袖飄雪」。而且，作為大宋國內最受歡迎的詞曲作者、最受青樓妓女愛羨的風流才子，他所到之處，都可以「爛遊花館，連醉瑤卮。」那些青樓女子把他視為上帝，以得到他的一首新詞為無上的榮光：「不願君王召，願得柳七叫；不願千黃金，願得柳七心；不願神仙見，願識柳七面。」

這是柳三變人生中最快樂的一段光陰，在他存世的詞作裡留下了一串美豔的名字：蟲娘、心娘、酥娘、佳娘、師師、香香、安安、楚楚、英英、瑤卿、瓊娥、秀香、玉英……似乎生活在妓女的世界裡，柳三變的人生價值才得以體現。假想一下，如果柳永老實做人，娶個老婆「妻管嚴」，整日柴米油鹽，他還敢流連風月？還有那樣的創作靈感？

宋朝，為這個叫柳三變的男人提供了成為天才的種種可能。

當然了，柳三變與青樓妓女們關係密切、受到廣大青樓妓女的癡心愛慕，自然引起一些道貌岸然的士大夫的羨慕忌妒恨，但從當時的歷史背景來說，他的這一切行為還是合法的，是被社會承認的，並且也是光明正大的。

盛名就是一把雙刃劍

前面說過，宋朝的青樓大抵沿襲唐制，有官妓、營妓、市妓之設。京師官妓隸籍教坊，地方市妓則屬州郡管轄，名為「樂戶」。每逢大朝會的時候，連御前供應都要叫教坊組織歌妓舞女們參加。王安石熙寧改革時，要推行國家釀酒專賣，每年春秋兩次開酤煮酒時，也都要「各用妓女乘騎作三等裝束」招搖過市，音樂鼓吹，以作宣傳（耐得翁《都城紀勝》）。連國子監裡「學舍宴集必點妓」，還專門有一批拉皮條的「專充告報」（周密《癸辛雜識》）。

原則上，朝廷對官吏冶游狎妓還是有限制的，並且也確實有很多人因此而受處罰。但是事實上，宋代官吏冶游狎妓的行為遠較唐人為甚，甚至連中央政府的總理級高官也以蓄妓宴遊為時尚。北宋大名鼎鼎的宰相寇準，家裡就蓄養了成群的歌妓舞女，每次宴飲，必令歌妓「歌數闋」，然後「贈之束彩」。據說每逢宴會，燃燭達旦，他家燒的紅燭往往成堆。那個時候一般人家晚上都只點油燈，因為蠟燭價格高昂，堪稱奢侈品。其他，如詞人宰相晏殊、歐陽修也都流連詩酒，熱衷於娛賓遣興。葉夢得《避暑錄話》說晏殊「每有佳客必留」，「亦必以歌樂相佐。」今人要想一窺當年的風月盛況，可以去翻翻清朝的徐士鑾輯錄的宋人筆記《宋豔》一書，幾乎可以當成一部「兩宋風流史」來讀。

一方面，宋朝繼承晚唐五代浮靡的世風，整個社會風尚耽於逸樂，最高統治者也宣導這種歌舞昇平的民風，如開國皇帝宋太祖趙匡胤，就鼓勵他的大將石守信等人「多積金，市田宅以遺子孫，歌兒舞女以終天年。」（《宋史・石守信傳》）；另一方面，宋詞這種體裁的繁榮，本來就和城市經濟的發展與青樓瓦舍的大量湧現密不可分。

宋詞，又稱曲子詞，每一首詞作都可譜曲傳唱。當時的各種官妓、營妓、家妓多善唱曲子，並以這種表演來滿足中上層社會文化娛樂的需要。於是，唱詞成了風行的文藝樣式。史書記載，宋仁宗時期，汴京城內到外「歌台舞榭，競睹新聲」。社會對曲子詞的大量需求，刺激了這個文藝新品種的發展。文人的雅集、官僚的飲宴，一定要歌妓助興。詞作者們往往即席填詞給她們演唱，這就是所謂的「應歌之詞」。而這些應歌之詞，又大多以言情為主，所以「綺羅香澤之態，綢繆宛轉之度」比比皆是。作為一個詞人，柳三變在秦樓楚館如魚得水，也就不足為奇。

與妓女相往還的歌詞創作活動，雖然上自卿相下至落第秀才，幾乎人人均曾染指，但此類詞寫多了，還是會成為士大夫盛名之累的。柳三變不得不付出代價。

平心而論，仁宗皇帝生性仁愛，也不乏寬容大度。有一個流傳很廣的佳話，說是另一位詞人宋祁，在元宵節時偶遇一位宮中美女，從此相思難忘，作了一首〈鷓鴣天〉的詞，內有「身無彩鳳雙飛翼，心有靈犀一點通」、「劉郎已恨蓬山遠，更隔蓬山幾萬重」這樣的句子。這首詞不脛而走，也傳到了宮中。

仁宗皇帝將宋祁召來賜宴，又在宴席上命人演唱此曲，把小宋嚇得半死。一曲終了，皇帝面無表情地問小宋：「宋愛卿，你說蓬山到底有多遠呀？」宋祁趕緊拜倒，口稱恕罪。沒想到仁宗皇帝卻是想成全他們，當下就把那個對小宋暗送秋波的宮女找出來，賜給了小宋。這樣的故事說明了皇帝對男女情事也是持一種包容成全的態度。可是，人與人之間投緣與否，似乎有一分氣場幾分天數之說，同樣一個人，可以對他很親密卻對你很排斥，這其中的緣由無法解釋，相比宋祁，柳三變就只有鬱悶了。

柳三變後來才知道，皇帝不待見自己，是因為當朝宰相呂夷簡從中作祟。這位呂宰相慶生祝壽的時候，柳三變曾經被請去填詞，那時，才子詞人想到堂堂宰相都來屈尊相邀，不免又有些得意忘形，於是在一首〈西江月〉裡寫下這麼幾句：「我不求人富貴，人需求我文章。風流才子占詞場，真乃白衣卿相」，他沒想到老呂冷冷一笑，從此銜恨在心。皇帝朱批的文字是「不求富貴，誰將富貴求之？任作白衣卿相，風前月下填詞。」難道還看不出呂夷簡從中的作用嗎？其實，除了紅粉知己，柳三變知道自己絕少朋友。這也是情理當中的，一個太討異性歡喜的人必定在同性中受到排斥，何況自己「縉紳之門，絕不去走；文字之交，也沒有人」。

「萬種思量，多方開解」。柳三變的思緒由惶恐絕望轉而憤恨不平。他的內心在這一刻突然變得異常強大。既然注定了自己將是廟堂科場的逐臣，又何妨繼續做市井青樓的寵兒！皇帝怎麼了？皇帝也阻止不了我男歡女愛兩情相悅！在這道統的世界裡，我就是荒郊廢圯的一隻野狐！他決定以戲謔的力量反抗皇帝的權威，遊戲人生。你不是讓我淺斟低唱、讓我風月填詞嗎？你不是皇帝嗎？皇帝的話不是聖旨嗎？好！草民領旨！於是這位大才子拿來自己的手板名帖，鄭重其事地寫下「奉旨填詞柳三變」七個大字。

煙花世界的皇帝

如果說當初柳三變的行為還是隨性放任、少年輕狂，那麼，從現在開始，從奉旨填詞的那一刻開始，他在溫柔鄉裡的一切張狂，都已經化為一種無聲的反抗。在皇帝看來，這位白衣才子真是破罐子破摔，無可救藥；而在柳三變心中，這一刻他已經真正把「浮名」放下，他也因此在紅袖添香的溫柔鄉裡重新找回了自我。我行我素，無愧我心！

「奉旨填詞」的柳三變受到他眾多紅顏知己的狂熱追捧。一日，柳三變從東京最豪華的酒樓樊樓下經過，名妓張師師將他呼喚上樓，要求柳三變為她專門填詞。柳三變應允了，正在思索間，一個叫劉香香的妓女又上樓來，劉也要讓柳為她作詞。正在這時，又有一個叫錢安安的妓女也聞訊趕來，向柳七公子提出了寫詞的要求……

看看，這都應接不暇了！他的名聲越來越響亮，「暇日遍遊妓館，所至，妓者愛其詞名，能移宮換羽，一經品題，聲價十倍。」柳三變也乾脆以妓為家，所到之處，那些歌舞妓者都把他圍得水泄不通。妓女們把鮮花拋給他，向他歡呼，拜倒在他腳下。試看一下當時妓女們心的呼喚吧：「不願君王召，願得柳七叫；不願千黃金，願得柳七心；不願神仙見，願識柳七面。」他就是煙花世界的皇帝！他就是凡人天下的神仙！

在與妓女眉目傳情，而能使自己的心靈有所寄託的感情遊戲中，柳永成為最優秀的代表。他並未一味地沉湎於色情和淫蕩放肆，而是溫良恭儉讓，一脈深情地將妓女作為謳歌的對象，傾注了自己的全部心血。

他讚美東京妓女的舞蹈：「風多狎客看無厭，一輩舞童功不到。」他欣賞妓女婉轉圓潤的歌喉：「一曲陽春定價，何啻值千金。」他傾心妓女的性格：「心性溫柔，品流詳雅。」他沉醉於妓女佳娘的一顰一笑，一舉一動：「舉意動容比濟楚」、「留不得。光陰催促，奈芳蘭歇，好花謝，惟頃刻。」講到最後，雙眼都模糊，胸腔大腦在共振，難以走路。

很多年之後，這位白衣大才子終於沉沉老去。在一次苦旅中，他終於再也沒能看到「楊柳岸，曉風殘月」。一葉孤舟放蕩，詞人的靈魂羽化飛升，軀殼也就任由東西。沒有錢財餘留，沒有親人在側，輕輕的我走了，正如輕輕的我來，揮一揮手，不帶走一片雲彩。

在他五十一歲時，終於厭倦了漂泊的生活，悄悄地把名字改了，悄悄地再次走進了科舉的考場。那個時候還沒有戶籍管理、電腦聯網，只要擺脫了「柳三變」的黑名單，我們的柳永同志終於考中了！雖然科第名次在第三甲「同進士出身」，類似於今天的「具有同等學歷」，但畢竟有了做官的資格。

按照宋朝官制，柳永年紀再大，也只能從基層幹部做起。就這樣，在官場上辛苦了二十年，七十一歲的柳永身分是屯田員外郎，所以後世都叫他「柳屯田」。屯田員外郎相當於農業部的部長助理，並不是真的要去屯田，那麼，柳永為什麼會死在潤州的路上呢？剛剛講過，按照宋朝的制度，從第一等級的選人「改官」升做京官，初改官必須到基層去鍛鍊，瞭解民生狀況，稱為「作縣」、「親民」。年已七十一歲的柳永剛剛爬上官位的第二等級，要由「選人」改官做「京官」了。他應該是去潤州「親民」去的。可惜，他再也親不了民，包括他最喜歡親的女人民。

柳永是死得其所的。這裡的妓女們自願捐款，籌集資金，隆重地給他下了葬。他的死訊傳出，每年的清明時節，都有成千上萬的妓女們自發地到他的墓地祭掃，緬懷悼念，鮮花香紙斷市、車馬阻塞交通、妓女濺淚成河，甚至形成一個節日習俗，人們稱之為「弔柳七」或「弔柳會」。這種風俗一直維持到宋室南渡以後的很長一段時間。後人因此有詩題柳墓：

樂游原上妓如雲，盡上風流柳七墳。
可笑紛紛縉紳輩，憐才不及眾紅裙。

做男人做到像柳永那樣，夫復何求？而柳永的人生，似乎也為宋朝增添了一份異數、增添了一份色彩。寬鬆的環境造就天才，成功的路不止一條！

❶……指第三批次錄取的本科大學，大多數是一些大學自主自辦的二級學院。

第十三章

升堂！看大宋提刑官斷案

威武！

肅靜！

隨著低沉的喝令聲，三班衙役手執水火棒在兩廂排開。

這可不是在拍電視劇，這是宋朝的公堂！

為了讓我們這趟深度旅遊名副其實，我特地跟大宋朝的刑部和大理寺進行了多次溝通，安排大家來旁聽幾個案子，借此進一步瞭解大宋朝的世風民情。

庭審觀摩，小案中有大玄機

各位團友，請肅靜！大宋提刑官正在升堂審案呢！

今天審的是件風化案子，情節也有些蹊蹺，大家且注意聽了。十二世紀的宋朝末年，古稱金陵的南京城內，有一個老實巴交的男人在衙門的辦事僉廳裡做著一個小官，毫不起眼。男人的老婆很有幾分姿色，要身材有身材，要臉蛋有臉蛋，再加上顧盼神飛，巧笑倩兮，更多了幾番風情。這樣的夫妻就像莫泊桑的小說《項鍊》裡的男女主人公，在現世的男女組合中也頗為多見。因為是小戶人家，沒有太多規矩，男人素來也疼愛老婆，所以任由老婆拋頭露面四處出遊。偌大一個金陵城都曉得這個婦人的豔名，一些浮浪子弟競相追逐，垂涎三尺，其中不乏N個西門大官人。

一天，郡守長官設宴，邀請全體僚屬的家眷參加，就像今天的領導年終歲末慰問家屬，這個僉廳官的老婆也在受邀之列。婦人是熱衷社交的，接到邀請函自然歡喜，幻想著在金色大廳裡眾星捧月的感覺，便早早在家裡打扮妥當，等著老公下班回來接她一起赴宴。

日落西山，到了赴宴的時辰，四個轎夫抬著一頂「寶馬」轎子來到小僉廳官的家門前，說是僉廳官派來接夫人的。婦人早已等得心急，也沒有多想，更沒有多問，就上了轎，吩咐一個僕人跟在後面。轎夫們抬起轎子，健步如飛，越走越快。那個跟在後面的僕人很快就跟丟了，落在後面。僕人倒也不急，反正目的地是郡守家裡，去遲了也總能趕上主人。沒想到就是他的不負責任，引發了一起刑事案件。

僕人慢悠悠地到了郡守家裡，已經遲了半個時辰，卻仍不見女主人到來，方始心慌。再趕到衙門裡找著男主人，奔告其事，男主人也大吃一驚。平時打的都嫌錢貴，哪裡有錢租專車，自己何曾派過什麼轎子回家？兩人面面相覷一陣，意識到事情不好，連忙報案。郡守也派出各路捕快四處緝查，可哪裡去找婦人的蹤影？

再說那個婦人，一路還做著流光溢彩的夢，等到下轎一看，滿眼紅燈高懸，入耳淫聲浪語，哪裡是什麼郡守宅第？分明是一戶娼家妓院！

婦人情知上當，可此時已經羊落虎口，妓院裡的人不由分說將她摁倒捆綁，從後院河道裡塞進一艘早已等著的小船，連夜將她轉移出城，送到了外地的另一家妓院。到了那裡，婦人來不及啼哭吵鬧，已被辣手摧花，先是幾個王八將她輪流姦了，又被鴇母扒了衣服一頓好打，自尊心和羞恥心立馬掃地，再也不敢耍性子了。於是，乖乖地學習絲竹歌舞吹拉彈唱，不久就做了妓女開始接客。

原來是金陵的娼家數次見到這個婦人的豔色，設計已久，趁著郡守宴客的機會，幹下了這樁勾當。可憐那個老實巴交的小僉廳官，就這麼光天化日之下被人搶走了嬌妻！

這個令人唏噓的故事記載於元人孔克齊的筆記小說《至正直記》。可惜這樁案子要到元朝才水落石出，而在當時，案件找不到一點線索，大宋提刑官也束手無策。好在類似的案子倒有了著落，事見《羞花小史》。

南宋紹興元年（西元一一三一年），汴梁人王從事帶著家眷來到臨安求職，暫住在一條叫小抱劍的巷子裡。這地方左鄰右舍都是娼家，王從事一向老實，覺得非常不便，就出去另找房子住。一天，他回來對妻子說：「我已經在某街某巷找好了一處住房，房間相當寬敞，周邊環境也好，房租也合適，明天我押運著行李包裹先過去，然後再雇轎子過來接妳。」

第二天，王從事找了輛車，拉著行李先走了。不久，就有一乘轎子來接王妻，王妻便上轎而去。

到了中午時分，王從事帶著轎子來接妻子，妻子卻蹤跡全無。他在這條街上找了個遍，一點消息也沒有。一樁離奇的失蹤事件上了當天的社會新聞版。

五年之後，王從事去了衢州當教授。有一次赴太守的家宴，席上有一道菜是甲魚，味道十分鮮美，客人們都吃得津津有味，惟獨王從事吃著吃著就放下了筷子，嗚咽起來。太守知道其中必有緣故，就問他怎麼一回事。王教授說：「我一吃這甲魚，就想起了我的妻子。我的妻子過去最擅長做這道菜。她做的甲魚總是把裙邊外面那層黑色的薄皮剝得乾乾淨淨，切成方方正正的肉塊。今天你席上的這道菜，同我妻子做的甲魚太像了，我一想起來就禁不住悲傷落淚。」他將自己妻子失蹤的經過講給了在座的客人聽，大家聽了都噓唏感慨。太守把王教授請到內室，叫來一個婦人。王教授一見失聲大呼——這婦人正是他離散的妻子！兩人驟然相聚，抱頭痛哭。

原來，那年他們搬家時，有個歹徒得知了消息，就抬了轎子把王妻騙走了。歹徒把她賣給了人販子，人販子又轉手以三十萬文的價錢把她賣進了青樓，青樓的鴇兒因她不肯好好接客，怎麼打罵都不管用，便又將她賣給了太守作妾。說來也是天注定的巧合，她在太守家平時並不下廚，這天正好因為廚子病了，才讓她下廚代勞的。

這是一個破鏡重圓的故事，好歹比金陵那個小僉事的遭遇要強些。但是，看了這兩個拐賣人口的故事，各位團友不免還是要對宋朝的治安情況打上一個問號。其實，陽光下哪裡沒有罪惡呢？拐賣人口當然是一種非常古老的罪惡了，宋朝的人口拐賣案件大多發生在勾欄與青樓，這跟宋朝的娼妓制度有一定的關係。

宋朝的娼妓制度大抵沿襲唐制，有官妓、營妓、市妓之分。京師官妓隸籍教坊，《宋史・樂志》記載：「教坊本隸宣徽院」，有「使、副使官、色長、高班、大小都知」等一應官員負責管理；而地方的官妓、營妓則屬州郡管轄，名為「樂戶」。與市民城市相配套的是，私營的市妓較之唐朝，無論人數、規模還是檔次，都不可同日而語。如果說唐朝以官妓獨擅勝場，那麼，到了宋朝就已經是官妓和市妓並蒂開放。

由於教坊樂戶的女色只能供官吏士子，尚不敷用，私營的青樓市妓更無法靠「家生子」、「官賣罪婦」等幾條傳統管道來充實自身的「貨源」，結果只能是人肉市場的出現了。

前面說過，宋朝是市民社會。市民社會一方面促進、繁榮了城市的經濟生活，另一方面也泥沙俱下地帶來市儈習氣和一些黑惡現象。像孔克齊筆記裡記載的情況，顯然已經是一個配合得相當周密的組織賣淫、宿娼團夥了。這種販良為娼的行為是前朝所少有的。

當然，除了這種奸騙拐竊的伎倆外，更多的是「合法」的買賣。宋朝甚至出現了專業的妓女經紀人，稱為「娼儈」。這些娼儈四處打探、遊說、坑蒙拐騙地將貧家婦女賣入娼門。像著名的話本小說《賣油郎獨佔花魁》中的王美娘，就是在宋朝末年靖康之變時，從東京逃難出來與父親失散，被鄰居閒漢卜喬賣入了妓院。不過，卜喬還不是專業的娼儈，宋人程洵的《尊德性齋小集》便記錄了娼儈兩面三刀的手法。

婺源人滕洙聽說某位境況敗落的士族女子因為家貧無奈，經娼儈運作，轉賣進私營妓院。滕洙想做做好事，將那良家女子從火坑裡救出來，就找到那個娼儈，表示願意以原價替女子贖身。娼儈表面上答應，其實準備趁機敲筆竹槓。像這樣利用人們的善良，滿足自己貪欲的情況，看來是自古就有。

滕洙幾番協商不果，便向官府起訴。這邊官府還沒出判決，那邊娼儈已經和妓院私下相商，偽造了一份轉賣契約，把價錢提高了好幾倍。結果官府判下來，成全了滕洙，卻又讓狡猾的娼儈多賺了好大一筆錢。

像這樣販良為娼一再轉賣、偽造合同以增身價的罪惡，竟然公然依靠「法律手段」解決，真是前所未聞的事。而說它「合法」，你難以想像，碰到這種情況，即使是地方官員也無能為力。

趙葵的《行營雜錄》記載，宋朝時曾歷任揚州、鎮江知府的豐有俊到臨安（杭州）來遊玩，偶而去逛青樓，意外發現有個故友的女兒也被賣入這裡，操著皮肉生涯。豐有俊不忍她流落風塵，想替她贖身。但錢不夠，便去找朋友、現任臨安府尹的王子佐借了一筆錢，替故友的女兒贖了身。借錢給豐有俊的王子佐正是臨安的父母官，卻無法透過行政或法律的手段救人，也只得拿錢出來贖人，可見這種販良為娼的行為已是得到官府默許的合法買賣了。

同樣，《武林舊事》記載：「沈遘，嘉中以禮尚知杭州，令行禁止。人有貧無以葬、孤不能嫁者，悉用公府錢為嫁葬者數百人。良家女賣入娼優者，悉以錢贖歸其父母。」這位沈知府對於那些買了良家婦女，卻是合法經營的妓院也無可奈何，只得採用經濟的手段出錢贖買。

旁聽這類刑事案件多少有些叫人心情不好，我們還是去聽聽民事案件，那裡正在審理一起離婚官司。什麼？宋朝也有離婚？你少見多怪了吧！離婚是婚姻的合法補充，恩格斯講的，宋朝人大概也懂這個道理。

哦，忘了介紹今天的地陪，東京八十萬禁軍教頭——豹子頭林沖！他也是今天這起離婚官司的當事人。

話說林沖受陷害刺配滄州，臨行時給妻子寫了一張休書：

東京八十萬禁軍教頭林沖，為因身犯重罪，斷配滄州。去後存亡不保。有妻張氏年少。情願立此休書，任從改嫁，永無爭執。委是自行情願，即非相逼。恐後無憑，立此文約為照。

林沖押個花字，打個手印，一場合法婚姻就宣告作廢了。

林沖休妻是因為愛妻，怕誤了妻子的青春，立了休書就可以讓妻子自由改嫁。其實，《水滸傳》中有好幾處講到宋代婦女改嫁的事。比如閻婆惜拿到了宋江私通梁山的把柄，也是要求宋江寫一紙文書，任她改嫁張三郎；還有潘巧雲，先是嫁了王押司，兩年前王押司身故，又改嫁楊雄，這是寡婦改嫁。

以前總以為宋代有程朱理學，餓死事小失節事大，宋代的婦女是不太容易、也不太敢改嫁的，但事實情況並非如此，倒是小說《水滸傳》的描寫更接近歷史的真相。

改嫁？宋朝比你想像中開放

宋代婦女改嫁其實比任何其他封建朝代來得更尋常，甚至連后妃貴婦中也有不少人有改嫁史。宋真宗的皇后劉氏，前夫是挑貨郎擔的，名叫龔美，是個四川人，劉氏跟著前夫載歌載舞賣藝叫賣，被當時的太子、後來的宋真宗看上了帶回宮中，改嫁後還居然做了母儀天下的皇后。

宋仁宗的曹后，先前曾嫁給一個叫李化光的人，因為李化光好神仙修煉，新婚之夜逾牆逃婚，曹氏被休回家，才被選秀進宮，後來也做了皇后。仁宗朝的宰相杜衍，曾隨母改嫁河陽錢氏；另一位更有名的范仲淹，其母也改嫁朱氏，那麼，范仲淹曾經叫朱仲淹了？不是，朱家管他叫朱說。

范仲淹與朱氏兄弟一同讀書，繼父和異姓兄弟待他一定不錯，范仲淹長大後，知道自己的身世，感激母親的撫養，拜別朱家，考中進士做了官，於是迎接母親到家中奉養，恢復了自家姓氏，用了後來通行的名字。

從范仲淹孤兒寡母的相互關係和生活實踐中我們可以看出：兒女對母親的改嫁通情達理，毫無怨恨，愛護尊重，生養死葬，惟恐不能盡心盡意。這樣的觀念似乎比今天的許多人還要進步。

其實，從法制上看，宋代的法律也並不完全禁止婦女改嫁。《宋刑統》規定：「諸居父母及夫喪而嫁娶者，徒三年。」夫喪馬上改嫁是要判三年有期徒刑的。但換句話說，過了居喪期的寡婦就可以再嫁。寡婦的居喪期原先規定為二年零三個月，宋哲宗時改為一百天，所以潘巧雲在王押司死了一年後再嫁楊雄，是完全合法的。

宋朝的法律又規定：「已成婚而夫移鄉編管，其妻願離者聽；夫出外三年不歸，亦聽改嫁。」移鄉編管就是因罪流放，林沖的情況就屬於這一種；還有一條法律規定：「若夫妻不相安諧」，女方可主動提出離婚申請。宋仁宗時，龍圖閣學士祖無擇的妻子徐氏，嫌丈夫醜陋，與自己不相般配，提出離婚，法律也支持了她的請求，所以潘金蓮是因為資訊不靈、不懂法律，否則倒也可以與武大郎好合好散，不致害人性命。

從真宗、仁宗兩朝皇后，以及范仲淹的事例我們可以看出，當時的社會輿論對改嫁的婦女並不歧視，宋代甚至有不少官員為他們已改嫁的母親請求恩封，也大多告准。另外，改嫁過的婦女如有某些符合道德規範的先進事蹟，仍然可以被推崇為「節婦」，樹立牌坊。在宋人的一些筆記資料中，就有不少節婦是改嫁婦女。宋朝的社會環境看來確實滿寬鬆的，怪不得湯因比老頭想活在宋朝了，我們印象中的禮教「吃人」，恐怕還是後世的事情。

宋朝人碰到什麼糾紛都會想到對簿公堂，看來還是講法制的。不過，如果這個糾紛是發生在同宗本族的人身上，那麼，也有可能在家族祠堂裡自行解決。宋朝的社會既是一個市民社會，也是一個宗法社會，宗族祠堂在某種意義上，具有跟公堂衙門一樣的權威。還記得前面的地陪范仲淹范老師嗎？在他的家族裡，族人發生了糾紛，都要到他老人家的牌位面前去講理，因為范仲淹創立了中國歷史上最有名的一個宗族祠堂——范氏義莊。

義莊模式創始人，范仲淹的圈地運動

走，我們去看看享譽彌久的范氏義莊！

范仲淹文武全才，做官做到了參知政事，相當於國務院副總理。但母親為生活所迫改嫁朱家的事，還是對他有較大的影響，大概是想起自己幼年時范氏家族中無人撫恤他、讓他寄人籬下的痛苦，皇祐二年（西元一〇五〇年），他在家鄉蘇州買了一千多畝地，設立了范氏義莊。

所謂義莊，就是一個人拿出自己的田地作為公產，養活同宗的族人或者贍養同族的貧苦人。范仲淹的這一千畝田地租給外人耕種，地租就拿來作為全族人的福利。

范氏義莊有明確的贍養撫恤章程。比如，凡是族人，每天可以領一升白米的口糧；每年冬天，每人領絹一匹，兒童減半；凡嫁女的領錢三十貫，娶媳婦的領錢二十貫。不鼓勵二婚、三婚，第二次娶親就不能再領了；參加科舉考試的可以領錢十貫，支持再接再厲不懈參加考試，第二次去參考，仍可領錢五貫。至於族人無片瓦可以安身的，義莊提供免費的經濟適用房，外加無息貸款。

按照這些規定，范氏家族中的人其生活基本需求均可得以保障，婚喪嫁娶等重大事項的經費也不用擔心。當然了，義莊也對族人的行為規範做了相應的規定。比如，不能偷砍祖墳及其附近的樹木、不能欺負佃戶、義塾學生不能在學舍飲酒作樂等等，歸納起來也可以看作是「三大紀律，八項要注意」。

范氏義莊設有專門的職業經理人、ＣＥＯ，以工作業績決定薪酬標準。比如，如能保證每個族人都領到月糧，就獎勵糙米二十石。ＣＥＯ有權處理義莊事務，不受他人干擾，董事會的個別董事（族中的族長尊老）也不能對他指手劃腳。但是，族人也有權告發義莊ＣＥＯ，後世通行的做法是到范仲淹的牌位面前講理，由公眾做出判斷。族人間有什麼糾紛，也都採用這種辦法。

范仲淹設立義莊，就是要在范氏家族內實行有田同耕、有飯同吃，從某種意義上說，帶有一些平均主義和共產主義的色彩，這當然跟儒家的大同理想也是相吻合的。事實上，范氏義莊的設立也是向政府備過案的，范仲淹的兒子范純仁就特地向宋英宗上奏，報告義莊設立情形，請求在政府立案，如有人損害義莊利益，請政府按國法處置，以保護義莊不受侵犯。宋英宗批准了他的請求，下令蘇州地方官准許備案，予以保護。

范氏義莊設立後，給全國、給後世都樹立了一個榜樣，直至一九四九年解放之前，中國農村中還存在著這一類大大小小的義莊組織。而范氏義莊之所以名氣最大，一則是因為他的設立人范仲淹名氣大，而且也是歷史上的第一個義莊組織；二則是因為范氏義莊竟然從宋朝開始，延續存在到了民國，是其他任何義莊所無法比擬的。

范仲淹故世後，他的二兒子、宰相范純仁和三兒子、尚書右丞范純禮又續增規條，將義莊維持了下去。宋金戰爭中，儘管義莊也遭到一些破壞，但南宋時范氏後人、左司諫侍講范之柔，又加以恢復整頓。以後，田畝時有損益，基金的盤子有大有小，到了清末宣統年間以及民國時期，還有田五千三百畝。

范仲淹在家族內部推行的一場共產主義實踐，居然延續了八、九百年！什麼叫傳統？什麼叫文明的積澱？這就是傳統，這就是文明的積澱。可惜這種傳統和積澱後來遭到了人為的破壞。

跑單幫，我們都去燕雲十六州

今天的最後一站來到宋遼交界的應州府，也就是今天的山西應縣，應州府的推官正在審理一樁邊貿糾紛案。

一位遼國的商人帶了一百餘件名貴皮裘，販運給宋朝應州的一位富戶，宋朝的富戶用大量的銅錢支付，他們的交易沒有在兩國規定的邊貿市場——榷場內完成，而是在富戶的家裡，因為他們是老朋友了，來往就像串親戚，喝著酒談著天就把生意做成了。這聽起來好像沒什麼問題，除了有點涉嫌逃漏稅外，整個交易一手交錢一手交貨，應該不存在什麼糾紛吧？

然而，就在這位遼國商人酒足飯飽，拉著一車銅錢回國去時，在邊境上卻被宋朝的邊防軍人給扣下了，交易雙方都被帶到了應州府衙門。

朋友可能要說了，補上稅不就得了，這有什麼大不了的！哎，事情還真沒這麼簡單！

原來，宋代與遼、西夏、金等北方國家都設有官府壟斷的榷場貿易。這種榷場貿易有利於防止邊境走私，增加國家稅收，互利互惠，安邊綏遠。但在榷場貿易中，雙方都有嚴禁出口的物品。例如宋遼邊貿，遼國方面嚴禁皮裘、糧穀和馬匹出口；宋朝方面卻嚴厲禁止硫磺等軍需物資，有關國家機密和朝政得失的書籍、錢幣、漆、鹽、米等關係國計民生的物資出口。簡單來說，貿易雙方只能採取最原始的以貨易貨方式，然後由兩國的榷場官員，根據貿易大小收取稅費，就算完成了合法交易。

在這次交易中，遼國商人私運遼國方面禁止出國的皮裘入關，而宋國富戶又將宋朝禁止出口的銅錢進行支付，雙方不僅涉嫌走私逃稅，而且交易的都是兩國明文規定的違禁物品，所以，麻煩可大了！最後，宋朝富戶的上千貫銅錢被沒收，人也被判充軍流配海南島，而遼國商人和他的皮裘則移送遼國有關部門查辦。

在今天看來完全合法的一樁生意，在那個時候居然惹出這麼大一個麻煩，相信團友們在咋舌之餘，還多少有些想不通：要緊商品禁止出口還說得過去，為什麼連錢幣都禁止出口？那還怎麼做生意！

各位忘了，我們剛來時要兌換貨幣那會兒，跟大家講的情況了嗎？大宋朝缺錢吶！由於經濟發達，商業繁榮，大宋朝的銅礦、鐵礦不夠鑄錢之用，所以經常鬧錢荒。而且宋朝的銅錢還大量流向契丹、女真和西夏等地。元祐四年（西元一〇八九年），蘇東坡的兄弟蘇轍出使遼國，回來之後上了一道箚子，記錄在遼國的所見情形：「臣等竊見北界別無錢幣，公私交易，並使本朝銅錢。沿邊禁錢條法雖極深重，而利之所在，勢無由止。本朝每歲鑄錢以百萬計，而所在常患錢少，蓋散入四夷，勢當爾也。」

原來，遼、金、西夏都沒有自己的貨幣，但他們有那個時代的「特別提款權」：大宋朝鑄錢大家用，宋朝的銅錢在充當國際貨幣呢！

說起錢的事，還要跟大家說個故事。據說趙匡胤當了皇帝後，曾積攢起一筆私房錢，稱為「封樁庫」。他南征北戰地討平了中原諸國，將戰利品都收入他的「封樁庫」裡，每年國家的財政積餘也都存入這個銀庫裡。做皇帝做得這麼節約，倒不是吝嗇貪財，他是想蓄滿五百萬緡錢後，去向契丹贖回被後晉石敬瑭割讓的燕雲十六州。

緡，原意是穿錢用的繩子，也用來代指成串的錢，一千文錢為一緡，五百萬緡就是五百億文錢，真不是一個小數目！

趙匡胤為什麼要不惜血本去贖回燕雲十六州呢？因為這燕雲十六州從戰略上來講，實在太重要了。從今天的版圖上看，十六州包括北京、天津、河北、山西的一大片土地，東西約六百公里，南北約二百公里，面積約十二萬平方公里，相當於三個臺灣大小。當年，石敬瑭甘心做契丹人的「兒皇帝」，將這十六州之地割讓給遼國，使得千餘年來中國人修築的萬里長城，到此失去了作用，因為敵人已經越過了它，進入中國本部。從十六州最南面的地方，到當時大宋朝的首都開封，五百公里間，一望平原，沒有一個險要的關隘可以阻擋敵騎，門戶完全洞開，契丹人隨時可以南下牧馬。所以趙匡胤一心想贖回這十六州之地。

可惜趙匡胤還沒有湊齊這筆鉅資就晏駕歸西了。宋朝的王闢之在《澠水燕談錄》裡記載了這件事，稱之為「太祖憾事」。

趙匡胤的繼任者宋太宗趙光義沒有哥哥那樣的耐心，他可不想用自己的錢去解決這個歷史問題。他也想收復燕雲十六州，但希望憑藉武力去收復，建立起漢武、唐宗那樣的武功偉業。

武將出身的趙匡胤儘管馬不停蹄、衣不卸甲地征服了中原之地，征澤潞、征揚州、平荊湖、滅後蜀、滅南漢、平南唐、平吳越，統一了中國本部，但卻不敢貿然向契丹稱兵，反而動起了「贖買」的念頭，實在是他太瞭解契丹的軍力了。契丹原是遊牧民族，全民皆兵，老百姓十五歲以上、五十歲以下都要服兵役，而且是自備馬匹甲仗。契丹的軍隊組織分為親衛軍、部族兵與屬國兵三大類，親衛軍是戰爭主力，據《遼史・兵衛志》所載，僅親衛軍中御帳親軍宮中騎兵，就有六十多萬，且都是精銳的壯丁。所以遼人戰鬥力甚強，非漢人所能及。

宋太祖是懂軍事的，他知道新興的宋朝決不是北方遼國的對手，所以才自甘屈辱，採取務實的政策，不敢和遼人啟釁，只派遣重兵扼守邊境，並存留一個北漢政權，作為宋、遼之間的緩衝地帶。像這樣強內虛外、沉潛向內是痛苦的，得有耐心，只有宋太祖懂得其中的道理。宋太祖在位的十多年，契丹也未大規模入侵，雙方邊境得以安寧。在開寶八年（西元九七五年），也就是宋太祖在位的最後一年，遼國景宗甚至遣使來媾和，宋亦遣使報聘。

可是這個和平局面，到了宋太宗時突然破裂。一介文士出身的趙光義不明白「兵者凶器」的道理，他對打仗本是外行，卻又不免好大喜功，看著中原的一統江山有些沾沾自喜、忘乎所以，於是連連挑起邊釁，與遼國開啟戰端。

從西元十世紀末到十一世紀初的二十年間，宋遼兩國一共發生了四次重大的戰爭。於是中國人家喻戶曉的楊家將登場了。不過，登場也沒有多久，很快就全軍覆沒了。與小說戲曲頗有出入的是，此戰中楊家第二代只有一個延玉在父親身邊，並且與父親一起壯烈犧牲；另外，楊業也不是撞死在李陵碑上，而是被俘後絕食三天，死於被押往燕京的途中。

宋遼之間的第四次重大戰爭，就是歷史上有名的澶淵之盟了。這場由戰爭而達成的和平，發生在宋真宗景德元年（西元一〇〇四年），中國歷史上第一個千禧年剛過不久。宰相寇準力排眾議，建議真宗御駕親征，甚至到了前方用木槌敲打替真宗皇帝抬橋的衛士，硬是把皇帝抬到了烽火第一線。

宋軍將士見到御駕一片歡呼，「聲聞數十里，氣勢百倍」，士兵個個爭先奮戰，在澶州城下打了一個勝仗，射死契丹大將蕭撻覽。其時，宋朝的幾十萬大軍也正向澶州集結。契丹人明白在戰場上孤軍深入恐難取勝，更怕腹背受敵，於是就提出與宋朝議和。這時，戰事正對宋軍有利，但宋真宗審時度勢，為了長久的安定，還是決定用財帛換取和平。歷史繞了一圈，又重新回到宋太祖制訂的方針上來。

經過雙方使臣往返商談，討價還價，終於訂立盟約。主要內容是：宋遼約為兄弟之國，遼主稱宋真宗為兄，宋真宗稱遼主為弟，並尊蕭太后為叔母；宋朝每年給遼國銀十萬兩，絹二十萬匹，作為歲幣——做大哥的倒貼一些也是應該，拿宋真宗的話來說就是「如漢主之賜匈奴故事」；雙方沿邊州縣各守邊界，十六州中原先由後周世宗柴榮收復的瀛、莫兩州，正式宣佈歸還宋朝，易州以北歸遼國所有，兩邊人戶不得交侵，逃亡越界的人雙方互相遣送；雙方於邊境開通「榷場」，也就是自由市場，進行經濟交流和商業活動。

據說宋真宗當時對派去談判的宋朝使臣曹利用，私下允諾的版本是歲輸一百萬兩，但宰相寇準有些捨不得，暗自告戒曹利用：超過三十萬兩，即斬汝首！最後成交是十萬兩，皆大歡喜，大宋朝還以為撈了個大便宜。

從客觀的角度來說，其實真是一個便宜！因為換來的是一百一十九年的遼宋和平。自八世紀中葉安史兵變以來，沉淪在混戰中，二百餘年的黃河以北大平原上的中國人民，初次得到了安寧。

從前我們看小說、戲曲，總以為大宋朝積貧積弱，苟且偷安。《楊家將》、《呼家將》之類的故事，更是讓我們相信宋朝的邊境總是烽火連天，幸虧有了英雄們不屈的抵抗，才使得漢民族不至於早早淪為外族的奴隸。其實這是一個歷史的誤區。

試想，如果沒有這一百一十九年的和平，宋朝的經濟、文化、科技、教育怎麼可能達到中國封建時代的巔峰？所以說，澶淵之盟還是應該得到積極評價的。

國際形勢複雜，宋朝活得很憋屈

那麼，離開楊家將的年代，大宋朝的國際形勢和周邊環境究竟怎麼樣呢？

一百一十九年的長期和平中，並不是沒有爭執。爭執經常發生，但都由談判解決。雖然北強於南，宋人常居於被壓迫的地位，但因契丹的作風較後來的女真寬和，所以宋朝還沒有遭到太嚴重的迫害。從宋真宗朝開始，遼國與宋國的關係總體還是友好的。

西元一〇二二年，宋真宗去世，契丹聖宗特地召集番漢大臣為中國舉哀，並遣使弔祭。遼興宗在世時，曾自繪肖像送給宋仁宗，要求與宋朝皇帝互贈肖像，以篤兄弟之情。後來興宗之喪，宋仁宗聞訃，也為之輟朝七日，並禁止沿邊地區開展一切娛樂活動；興宗之後，遼國道宗即位登基，特遣親貴蕭謨魯到宋朝來通報告知，宋朝則派大臣歐陽修前往祝賀。當時，遼國朝野久聞歐陽修的文名，集滿朝大臣熱烈祝宴，賓主氣氛十分融洽。

事實上，對於宋朝來說，最大的邊患不是來自契丹，而是來自黨項族的西夏。西夏以蕞爾一隅之地，自李繼遷抗命到李元昊稱帝，一直到北宋末年，與宋朝結戰了一百多年，使宋朝人力、物力的損失沉重，西北為之困敝，其為患之烈遠甚於北方的契丹。

楊家將的第三代楊文廣，就是在對西夏的作戰中脫穎而出的。當時，范仲淹宣撫陝西，楊文廣還是一個無名小卒，但范仲淹經與他交談後，大為歎奇，又知道他是名將之後，就將他收為部下。後來，楊文廣跟從大將狄青南征，協助大臣韓琦守邊，但其業績與祖輩、父輩已經不可同日而語。至於小說、戲曲中所謂的「楊宗保」，其實是個虛構人物，皮之不存，「穆桂英」當然也不存在了。

總之，楊家將的故事只是宋、遼爭戰短暫一幕中，劃過歷史天空的一道流星，並不如我們印象中的那樣，好像幾世幾代都在書寫著戰爭的血腥光榮。在離開楊家將的日子裡，宋朝的人民還是享受到了較長時期的和平。

歷史有時就是這麼荒謬。遼國因為強大，所以宋朝憚懼他三分，於是和平很容易就為雙方所接受，並且得到雙方的維護；西夏因為又窮又小，宋朝打心底看他不起，但又沒有力量徹底征服、徹底消滅他，對他始終沒有一個固定的國策，時攻時守，時和時戰，舉棋不定，反而造成一種尷尬的局面。這種局面，最終等到蒙古人來解決，成吉思汗滅掉了西夏國，只不過，宋朝也快玩完了。

從宋朝的軍事與外交來看，「穿鞋」的一直被周邊「光腳」的欺負，遼、金、西夏、蒙元先後讓大宋朝跪地求和賠銀子，但宋朝終於憑著小強般頑強的毅力與敵人周旋，同時，與敵人的敵人勾搭曖昧，拼掉了一個又一個敵人，直至自己也犧牲了。

這一節我們講大宋人民的國際環境，以上就是背景。按照今天的方寸，使用「國際」這個詞是不恰當的，因為這些「光腳」的兄弟今天也大多在中華民族的大家庭裡，算起來只能算人民內部矛盾；但在一千年前的宋朝人民看來，刀光劍影，你死我活，絕對是敵我矛盾了。再說，以宋朝人民的知識結構，如果有「國際」的概念，那麼也只有遼、金、西夏、蒙元這麼一些邦交國了。所以，我們還是用「國際環境」這個詞。

儘管有戰爭，但總也有和平。和平的時候，大家就要互開貿易、互通有無，根據澶淵之盟的約定，宋與遼互開榷場，這個榷場就是兩國人民互相做生意的自由貿易區。後來，宋與金、宋與元也都在邊境開了榷場，與西夏有沒有開榷場，史書上沒有明確記載，因為宋朝一直不把西夏當作一個平等的邦交國看待，所以雙邊貿易也開展不起來，但是陝西、寧夏一帶民間的走私貿易總還是不免的。

在宋朝，從事外貿生意的當然是極小一部分人，而且也以邊民為主，北方遊牧民族賣給宋朝人民的大多是牛羊皮革、馬驢牲口，宋朝人民賣出去的則有絲綢、茶葉、鹽巴等生活日常用品。雙方政府也經常干預自由貿易，有些物資被上升到了戰略的高度，就要被貿易禁運了，像宋朝曾經禁止自己的人民向遼、金出售食鹽，同時，也禁止自己的人民私下購買馬匹；遼、金兩國看到宋朝大量進口馬匹後，都被武裝到前線部隊裡去了，也曾下令禁止馬匹出口。一方貿易禁運，另一方就提抗議，就這樣，摩擦不斷，那個時候也沒有個世界貿易組織來調停，摩擦到一定程度就打仗。打到後來，再談判，再和平，再開貿易。宋朝人民就在這樣的國際環境下頑強地生存著。

除了邊境貿易之外，宋朝的另一個外貿對象來自海外。前面已經說過，宋朝的造船業已經達到前所未有的高度，由於陸地周邊環境的相對嚴峻，宋朝也更注重透過海運的海外貿易，這在南宋更加明顯。

如果說在陸地的邊境貿易中，由於國力不強，宋朝政府的話語權不是很響亮，但在海外貿易中，宋朝就不折不扣是個經濟強國的角色了。既然強大了，就免不了貿易保護和貿易壟斷，早在宋太宗太平興國元年（西元九七六年），宋朝廷就設立了榷易院，把全部外貿產品都收歸政府專賣，所有外國來的香藥寶貨到廣州、交趾、泉州、兩浙，不經官庫不得私自貿易，凡私自貿易價值超過一百文以上的就要論罪，超過一萬五千文則刺配海島。

宋朝初年時，對中國商人遠洋出海的控制已經較為嚴格，但對商船的出海口、停泊地等規定還不多。到了端拱二年（西元九八九年），則規定海外商貿一律須報兩浙市舶司批准。王安石變法後期，北宋又發起了一次大規模的外貿制度改革，全國只設廣州、明州（今浙江寧波）、杭州三個市舶司，所有外貿須在這三個市舶司進行。所以，宋朝的商人如果要開展海外貿易，只能到廣州、杭州、寧波來。

這樣的集權管理當然會使市場萎縮，但宋朝的皇帝堅信：天朝大國無所不有，對外貿易只是對海外蕃夷的法外開恩，這個恩開多大，自己說了算。宋朝終於沒有像威尼斯那樣，成為一個世界性的海上貿易強國，與宋朝君臣的眼界是有關係的。

從斷案講到了國際關係，就是為了讓大家能夠更加全面、直觀地了解當時的情況。馬上就要過節了，我們來得正是時候，下一章就要帶大家去感受一下大宋朝的節日氣氛。

第十四章

大宋人民沐浴在節日氣氛中

距離東京汴梁五、六百里外的水泊梁山，眾好漢剛剛排了座次，閒來無話。

漸近年末的一日，嘍囉們抓來一批從山下經過的行人，這幫人推了五輛車子，上面載了一些花燈。宋江他們一問，原來是萊州府解燈上東京的一行人，八、九個燈匠、兩個解差。東京汴梁要辦上元燈節，各地都有製燈進貢的任務，指標派下來，萊州府往年是三架，今年又多了兩架，所以備了五輛車子。一架燈就是一組燈，五架總共是九九八十一盞玉柵玲瓏九華燈。宋江叫取燈來看，於是燈匠們七手八腳將玉柵燈在忠義堂上掛起，安下四邊結帶，直垂到地，倒也給強盜窩增添了一份節日氣氛。

宋江就對眾頭領說了：「我生長在山東，不曾到京師。聞知今上大張燈火，與民同樂，慶賞元宵。自冬至後，便造起燈，至今才完。我如今要和幾個兄弟，私去看燈一遭便回。」

儘管軍師吳用再三勸諫，但宋江執意要去。於是梁山泊點起四路人馬，盡數化裝成百姓模樣，潛入東京去看上元燈會，於是引出「柴進簪花入禁院，李逵元夜市東京」的故事。因一場燈會的契機，宋江他們倒是成就了到李師師家走關係，求朝廷招安的任務。

無獨有偶，另一部反映宋朝士民生活的小說《金瓶梅》中，也多次寫到上元賞燈。整本一百回的《金瓶梅》，光是上元燈節就被描寫了四次，內容跨越了十六個回目，龐大的篇幅更是讓我們感覺到《金瓶梅》的作者，對於燈節的熱鬧有種幾近迷戀的情結。政和七年（西元一一一七年）元宵，妓女吳銀兒認西門慶第六房愛妾李瓶兒當乾娘，這一天也是西門慶加官求子之後的第一個上元節，是《金瓶梅》中關於燈節的第三次描寫。為了展示西門慶家歡慶的氣氛，書中描寫的篇幅以及熱鬧的場面，更是前所未有。

那麼，上元節究竟是個什麼節日，以至於兩部書的作者都這樣不惜筆墨地加以描寫呢？正好，馬上就要過年了，我們可以在這裡親身感受一下上元節的熱鬧！

上元節，大宋百姓心目中的第一節日

上元節也就是今天的元宵節，在正月十五，這一天可以說是宋朝人民最大的法定節日。上元賞燈儘管在唐朝就已成為習俗，但唐朝時並沒有將上元節定為法定節日，這個法定節日的誕生還是在北宋的初年。

建隆元年（西元九六〇年）的元夜，剛當了皇帝不久的趙匡胤登上了宣德門城樓，只見萬家燈火、簫鼓間作、士女歡會、車水馬龍，好一派繁榮盛世！宋太祖心情很好，特意問身旁的大臣李昉：人物比五代如何？李昉當然機靈，正是溜鬚拍馬的好機會，立即回答說：民物繁盛，比之五代數倍。趙匡胤聽了很高興，想想新成立的大宋朝剛剛平定了南唐、討定荊湘、四川，趙氏大旗迎風飄揚，也該好好慶祝慶祝了。那個時候國際上還不流行搞閱兵典禮，於是趙匡胤下令，以「年豐米賤無邊事」（收成好、物價低、西線無戰事）為由，特詔開封府在上元節時更放十八、十九兩夜，縱士民行樂。從此，上元節這個法定節日就在兩宋成為慣例。

如果說冬至、立春、除夕、元日，大家還都忙著各自過年，那麼到了上元節這一天，則是集體慶祝春節的一個高潮了。由於有了三天假期，遊樂的時間更充裕了，東京市民便將上元觀燈的習俗發揮到了極致，將東京汴梁佈置成一片燈海。

你看，大內宣德樓前搭起了山棚彩燈，各家各戶也都掛起了燈籠，有錢人家更是會用五色琉璃，甚至白玉製成各式各樣的燈籠，燈上繪製了山水人物、花卉翎毛等圖案。

蘇州製作的羅帛燈在宋代很走俏，其中有一款叫「萬眼羅」的燈籠，羅帛上剪出鏤空的百花等極其細巧的圖案，裡面放上一根蠟燭，燭火明滅，透出萬眼燈光。安徽新安製作的玻璃燈也很巧妙，燈籠的骨架用玻璃製成，點燃後明亮無骨，所以又叫「無骨燈」。

御街上有鰲山燈會，這是由宮裡出資搭建的，也算是整個燈會的中心吧。兩條草結紮成的龍盤旋在彩門上，中央是彩色絲綢搭起一座山形狀的鰲山，上面的燈籠都畫著神仙的故事，左右兩邊用彩絹結成文殊、普賢兩尊菩薩，鼇山的頂端還有流水潺潺而下。

這許多燈中，值得一說的是走馬燈。從科學技術發展史來看，它是現代燃氣渦輪機的萌芽，可是宋朝人民卻利用空氣受熱後上升、冷空氣下沉的原理，製作了走馬燈，不可不謂挖空了心思！

這一天的夜裡，連皇帝都不寂寞了，帶著後宮的嬪妃來到宣德樓上欣賞燈會、觀看民間藝人的各色表演。百戲藝人受了鼓舞，口裡高呼萬歲，表演得更加賣力，宣德樓上皇帝一聲「賞」，金錢如雨點般撒下……

我們今天的猜燈謎也是從宋朝開始的，估計是嫌光賞燈太單調了，要找一些助興的消遣。當然了，猜著了燈謎，你也是可以去領賞的，小到一隻燈籠，大到一貫銅錢，反正有你樂的！

由於有太祖皇帝「縱士民行樂」的最高指示，官府也就破例開放各項禁令，就連廣大婦女同胞也得到了解放。平時，她們三步不出閨門，談不上有什麼社會活動。到了上元燈節這一天，她們也可以隨同家人出外觀燈。於是懷春少女與王孫公子就在這一天上演了不少愛情故事。

東京有個姓張的書生，元宵夜到乾明寺看燈，在殿首上拾到一塊紅綃手帕，手帕上有一首詩，還附有一行小字：「有情者拾得此帕，不可相忘。請待明年正月十五夜在相國寺後門一會，車前有鴛鴦燈的就是。」

老套歸老套，但就是這樣老套路，在那個時代就足以叫人心驚肉跳了。我就納悶，那個掉手絹、扔手帕的少女也忒膽大，她怎麼知道撿到手帕的一定是個英俊郎君？而且還忒有耐心，約在一年後。好在才子佳人的佳話總是往好裡編的，張生果然耐心地等了一年，到了第二年的正月十五晚，有情人終於有了機會相見，於是他倆經過一番曲折，相約隱姓埋名，逃到蘇州白頭偕老。

這則宋人故事記錄在《永樂大典》裡，權當是宋朝上元節的一則社會新聞吧。更搞笑的社會新聞記載在《宣和遺事》裡。

東京元宵觀燈，風流天子宋徽宗一時心血來潮，下令遍賜御酒。一個婦女吃了御酒後，貪小把金杯藏了起來。那個時候沒有胸罩，也沒有手提包，不知道她藏在哪裡？反正是被發覺拿下了。

這下可好！案子發生在皇帝跟前。宋徽宗也就當餘興節目，親自審案了。不過，那個婦人也不簡單，生在今天她絕對是當辯護律師的料，她替自己辯護：我跟老公一起出來看燈，人群裡和他失散了。現在蒙皇上賜御酒，吃了下去面有酒色，雖然我們大宋朝不查酒駕，但是我不與夫婿同歸，還面帶酒色，怕回去被公婆怪罪，所以想把金杯拿回去做個憑證，告訴他們是皇帝賜酒，不能不喝。

你看！你看！看她說得多輕巧。不過，這位婦人倒也是個文藝女青年，據說她還當場做了一首〈鷓鴣天〉的詞：「月滿蓬壺燦爛燈，與郎攜手至端門。貪看鶴陣笙歌舉，不覺鴛鴦失卻群。天漸曉，感皇恩，傳宣賜酒飲杯巡。歸家恐被翁姑責，竊取金杯作照憑。」一首詞打動了徽宗皇帝這個文藝男青年，乾脆把金杯也賜給了她。各位，你們要是沒有這個文藝範兒，可千萬別去偷皇帝的金杯，要不然，我們大家吃不了兜著走。

儘管是法定的假日，也不是所有婦女都可以享受得到。一些古板的士大夫家裡，婦女仍被禁止出門。司馬光居洛陽時，正值上元節，他的夫人想出去看燈，可是司馬光卻板著臉說：「家裡有燈，何必出去看？」夫人只好說：「還想看一看遊人。」沒想到老先生的臉繃得更緊了：「我是鬼嗎？」

儘管有像司馬光這樣不解風情、不近人情的人在，但上元之夜總的來說，是不受任何約束的，要的只是開心，可以說就是大宋朝的狂歡節。

沒有節日？我們努力創造節日

說到過節，我們很榮幸地請到了這一站的地陪——張鎡，張約齋先生！張先生名氣沒有前面那些地陪大，但他跟陸放翁、楊萬里都是好朋友，在他們的詩詞中經常提到我們張先生。更難得的是，張先生是民俗專家，業餘的大宋朝「節日辦」主任，他曾經把一年四季的所有節日都做了概述，那真是「春有百花秋有月，夏有涼風冬有雪。」好了，還是把話筒交給專家，讓張約齋先生來介紹：

歡迎大家來到大宋朝！感受大宋朝的節日氣氛。我們大宋朝的勞動法和節日法的原則是：休息是為了更好地工作，當然，工作也是為了更好地休息。所以，我們千方百計為自己創造節日，創造歡樂祥和的氣氛。

你們剛才看的是東京汴梁的上元節慶，我們杭州臨安府的上元同樣如醉如狂。只要冬至一過，臨安城內就歌樂相聞，歌班舞隊不分晝夜地進行排練。橫貫全城長達四千米的天街上，大小茶館、店鋪都懸掛了各色彩燈，供人選購，時稱「燈市」。等到暮雲漸合，華燈初上，數十支樂隊便紛紛上街，獻歌獻舞，向行人討賞錢。天天如此，一直要持續到上元節。我的朋友、詞人——姜夔，姜白石有詩為證：

燈已闌珊月氣寒，舞兒往往夜深還。
只因不盡婆娑意，更向街心弄影看。

一個小姑娘跳舞討不到賞錢，顧影自憐地在夜深人靜的街頭孤芳自賞，這是姜老師喜歡的意境，我們看到的卻只有熱鬧。

春節一過，舞樂隊就帶著排練好的節目上街了，杭州城裡竟多至上百支隊伍。每夜天街鼓吹不絕，羅綺如雲，節日氣氛日濃一日。

正月十四起到十六日，官府免收公私稅賦三天，「以寬民力」。臨安京兆尹（相當於市長）還乘著小轎，由舞隊前後簇擁，綿延十餘里，簫鼓之聲相隨。隨從的官員則手提大布袋，沿途給小販小攤發賞錢，稱為「買市」。有人手托著裝有幾片薄梨、蓮藕的小盤，趁機討點外快，跟著市長的隊伍跑，剛剛在六部橋討過賞，又去鼓樓討賞，一而再再而三，居然都能如願以償，也算發筆小小的旺財。

十五上元之夜，元宵活動達到高潮。鳳凰山下，天街南北，華燈如晝，人山人海，爭看花燈、歌舞和雜藝。皇城南北門、朝天門、清河坊、官巷口、眾安橋等處，是全城最熱鬧的地方。所有酒樓茶館，競掛彩燈，鼓樂喧天。有「鍾馗捉鬼」、「麻姑獻壽」、「福祿壽禧」等人物燈，葡萄、楊梅等果品燈、仙鶴、神鹿等飛禽走獸燈。舞隊則扮演仕女、村童、走馬、鬼神等各種角色，邊舞邊唱。旱龍船、踢球燈、走高蹺夾雜其間。官巷口、蘇家巷一帶，以木偶戲著稱，班子多達二十四家。旦角木偶披花朵肩，戴珠翠冠，腰肢纖嫋，儼然美婦人。西子湖畔的行宮御苑，也在這一刻燈光相映，即便那些與紅塵隔絕的大小寺院，經不起塵世俗習的誘惑，也都張燈歡慶。

這樣的狂歡一直要持續到正月十七。那麼，狂歡過後該工作了吧？沒錯，立春到來的時候，太史局會打造一隻土牛，放在迎春殿上。然後由太常寺備樂，將這隻土牛迎出殿堂，皇帝親自拿著鞭子象徵性地對著土牛抽上一鞭，叫做「打春」：全國人民聽好了，大家都該工作了，一日之計在於晨，一年之計在於春！

不過，工作不了多久，大宋人民又要過節了。我已經說過了，我們的口號是：工作是為了更好地過節，過節也是為了更好地工作。

接下來的節日是寒食節、清明節。大宋朝規定寒食節和清明節一共有七天假期，等於是你們的國慶長假。寒食節裡家家戶戶要冷灶熄火，連皇宮也一樣，不能再生火煮飯，連燒鍋熱水泡茶喝都不行，據說這是為了紀念那個不言功、不求祿、不小心被晉文公燒死了的介子推。所以，在寒食節，宋朝人都要準備好幾天的食物，那個時候沒有超市，也沒有麵包速食麵，但是可以做麥糕、棗糕、南瓜糕。

過了兩天到清明節了，皇宮裡發動小太監燧木取火，誰先鑽出火來有獎勵，據說獎勵多的一次有五十兩金子呢！然後，皇帝會向他的大臣們「賜新火」，老百姓得不到賜火，但也知道自己怎麼取火，於是，京城一片炊煙。做了菜、吃了飯，大家就可以踏青、祭祖去了，總而言之，過好黃金周！

到了夏天，又要過端午節了。端午節這一天，宋朝的老百姓一家老小都要用香蘭草蒸煮過的熱水洗上一個澡。因為，五月在古人的眼裡是個「惡月」，五月五日端午更是一個「惡日」，蛇蟲八腳都要復甦爬出來了，所以要搞好個人衛生、洗個澡祛除晦氣。洗完澡後，男女老小都要在胳膊上繫一條五彩的繩子，稱為「百索」，這條繩子一定要在五月初一就準備下（街上到處都能買到），這一天繫上據說可以百毒不侵。然後，又要討來黃泥自己和泥捏泥塑人形，用艾做頭，用蒜做拳，塑成張天師的「艾像」放在門前，這可比今天買把菖蒲、艾草掛在門前複雜多了，當然也有趣多了。至於另外的賽龍舟、吃粽子、五黃，跟今天流傳下來的習俗大同小異。

不過，南宋的時候，端午這天中午，家家戶戶都要點上一炷香，使全城籠罩在嫋嫋縈繞的香雲中。整個五月的中午，天天香火不斷，整個城都變成了一座香城，不知此舉出自何典？大概焚香可以禳災去邪，至少驅除蚊蠅吧。宋朝人的衛生習慣還是不錯的。

再過些時日，年就過了一半了，大家又有些想念過年時集中過節的熱鬧，於是又有一堆節日等著大家了：七日七日的乞巧節、七月十五的中元節、八月十五的中秋節……

七夕節在今天被炒成了中國的情人節，那是商家在騙我們男同胞的錢。其實，宋代的七夕節一般都叫「乞巧節」，那是一個典型的女兒節（那個時候沒有三八婦女節）。這一天，大街小巷都在賣「磨喝藥」。磨喝藥可不是什麼藥，而是一種玩偶，一種公仔，這麼說吧，就是宋朝的芭比娃娃！磨喝藥是音樂之神、智慧之神，女兒家都要膜拜它。

這一天的晚上，有女兒的人家都要在庭院裡設案獻供、焚香祭拜，祈求自己的女兒心靈手巧，然後去抓隻蜘蛛放在盒子裡，第二天打開看時，結的網又圓又正，就叫「得巧」。當然了，沒出嫁的女兒們也都要拿出自己收藏的針線，對著月亮進行穿針孔的比賽，據說穿過了針孔就會有一雙巧手，所以這項活動就叫「穿針乞巧」。宋朝的小戶人家尤其重視對女兒的培養，女子必須具備良好的女紅手藝和庖廚伎藝，這幾乎已經成了宋代市民擇偶的一個基本標準。所以，那個時代的男人一般來說要比今天幸福得多。

七月十五是中元節，也叫盂蘭盆節。

鄆城縣公安局的科級幹部（當過刑偵隊隊長和監獄典獄長）朱仝，因為屢次循私舞弊、私放逃犯，被紀委拿下發配滄州以正國法。滄州市的一把手倒跟他投緣，叫他監外執行，讓他在自己府上帶孩子當奶爸。這一天，正是農曆七月十五盂蘭盆節，朱科長帶著小衙內（泛指官家子弟）到地藏寺裡去湊熱鬧，看人家點放河燈。

古代沒有聲光電器等高科技，搞來搞去也就只有看燈。上元節是看燈，中元節也是看燈，只不過，中元節的燈是千家萬戶在河裡放蓮花燈。在夜幕的背景下，萬盞蓮燈在河裡漂啊漂，也煞是好看。

本來朱科長帶著小衙內看燈也沒惹著誰，不料，卻叫梁山泊的李逵拐帶並綁架了小衙內，甚至還殘忍地撕了票。朱科長在滄州市的幸福生活就這麼被活生生地破壞了！大家都是混黑社會的，有這麼搞的嗎？朱科長咽不下這口氣，要找綁匪李逵拚命，被梁山上一幫黑道弟兄最終勸住，大家也批評李逵：盂蘭盆節可是戒殺生的，你黑小子作惡也不看看時候！

故事打住，就此不表。那麼，這盂蘭盆節究竟是個什麼節日呢？

盂蘭盆節就是傳說中的鬼節，每年農曆七月十五，也叫中元節。據說這一天地獄門大開，地府放出全部鬼魂讓他們來人間接受親屬和世人的祭饗，於是家家戶戶門口要擺上供案放上果品食物，寺廟裡也要做法事超度，還有一項就是放河燈，據說是超度亡靈的，這些河燈漂啊漂的，最終要漂到地獄裡去。中國文化推崇祖先崇拜，講究陰陽兩界的互動，這些大多是在宋朝形成傳統的。

好了，過完中元節，馬上迎來中秋節。但願人長久，千里共嬋娟。看看《夢粱錄》是怎麼描繪中秋節的：

八月十五日中秋節，此日三秋恰半，故謂之中秋；此夜月色倍明於常時，又謂之月夕。此際金風荐爽，玉露生涼，丹桂香飄，銀蟾光滿，王孫公子，富家巨室，莫不登危樓，臨軒玩月；或開廣榭，玳筵羅列，琴瑟鏗鏘，酌酒高歌，以卜竟夕之歡。

注意：危樓不是危房建築，而是高樓。如果你們家有女兒，那麼這一夜最好在高樓上焚香拜月，這樣她就可以長得跟嫦娥一樣美麗。

這一夜，皇宮裡照例要舉行賞月宴席，京城六品以上的官員都會受到邀請，很多平時沒有機會見到皇帝的小官員，在這一天也可以有幸一睹龍顏。

大宋朝人民熱愛過節，一年四季都有節慶，忙著給自己放假。據統計，宋代城市裡一年居然要過七十多個大大小小的節日，真是「良辰美景奈何天，賞心樂事誰家院」！

剛才跟大家說過，張約齋先生把春夏秋冬四季中的每一季，都按孟、仲、季這樣的輩份來排序，正月叫孟春，二月仲春，三月季春……我們現在還經常說的仲夏就是五月，仲秋當然就是八月了。在張先生的筆下，每個月都有節日、有活動，挑個最平常、最想不出節日的孟夏四月來說，什麼「南湖放生」、「芙蓉池賞新荷」、「滿霜亭觀橘花」、「芳草亭鬥草」……天天都有，生活過得有滋有味。怪不得沒有人肯去收復中原、迎還聖駕了。

宋朝沒有專門制定假日的單位，用不著為了調休幾天把大家弄得七顛八倒，所有的傳統假日大凡都是沿襲秦漢，所以宋朝的制定假日辦公室主任其實應該是秦始皇。但是，宋朝的節假日一點不比現在少。除了天文曆法規定的時令節日，大家還搬出菩薩神仙來做幌子，搞出許多宗教性節日，而且從上到下都非常熱衷。六月六日是崔府君的生日、六月二十四日是灌口二郎神的生日……朝廷照例也都下發公文，要求組織慶祝。

宗教人物的生日要慶祝，皇帝的生日當然也不能落下，照例都是國家的慶典節日：太祖二月十六日生，這一天就叫長春節；太宗十月十七日生，叫乾明節；真宗皇帝十二月二日生日，就叫承天節……這些日子統統放假，真是「皇帝萬萬歲，小民日日醉」。

略微有些尷尬的是宋徽宗的生日。這位皇帝是五月初五端午節生的，我們前面說過，古代迷信認為五月五日是個忌日，這一天出生的人對父母不利。這樣的迷信當然不足為信，春秋時的孟嘗君、西漢的王鳳、東漢的胡廣、晉朝的王鎮惡都是五月五日生的，但徽宗皇帝卻十分迷信，登上皇位後就把他的生日改為十月十日，定為天寧節。這一改倒也好，大宋的人民在端午節外又多出一天節日。

喜大普奔！

第十五章

宋朝旅遊紀念品，非精美無以用

各位團友，度過了令人印象深刻的宋朝狂歡節後，我們的穿越時光宋朝深度自由行也即將宣告結束，感謝大家對宋朝文明的孜孜追求，也感謝大家對導遊我的配合和支持！在此之前，有團友提議，是不是要給大家一點自由購物時間，我知道大家平時參團旅遊最反感導遊帶著購物，但這趟到了宋朝，情況不一樣。

宋朝有什麼精美的旅遊紀念品值得我們帶回去？各位團友恐怕還都是有興趣的。但是，說實話，對於團友的提議，導遊我卻有些犯難了。要知道，宋朝的東西講究的是「非精美無以用」，無論是宋朝的字畫、瓷器、文房用品，哪一件搬回到今天可都是國寶啊！我們真應該利用這剩下的時間去見識一下這些國寶級的器物，但我不知道這樣的「時光販運」算不算文物走私，好在今天的地陪可是一言九鼎的人物，算不算都由他說了算！

好了，隆重推出這次旅行的第三位皇帝地陪——宋徽宗趙佶！

一個皇帝和他所宣導的「文化軟實力」

西元二〇〇八年四月二十日，香港，藝流國際拍賣公司春季拍賣會。

一幅流落臺灣民間的書法珍品《臨唐懷素聖母帖》正在競拍中。

「八千萬，八千萬港幣！」

「九千萬！」

「一億！一億港幣！」競拍師唾沫橫飛，興奮不已。

「一億兩千八百萬，一億兩千八百萬港幣！一億兩千八百萬一次，一億兩千八百萬兩次，一億兩千八百萬三次！成交！」

經過三十多回的競價，隨著競拍師手中木槌的落下，這幅書法旋即創下了當時中國書畫作品在全球拍賣市場上的最高成交紀錄。

而它的作者就是宋代的徽宗皇帝趙佶。

論起宋徽宗在書畫方面的造詣，恐怕只有前朝的王羲之和後世的唐伯虎可以比擬，而他對皇家畫院的推動，更是為中國書畫創造了一個黃金時代。

中國的畫院最早創設於晚唐五代，宋太祖一統天下後，也即刻建立了翰林圖畫院。事實上，不只太祖，北宋的許多皇帝，如太宗、仁宗、神宗、哲宗均有繪畫的藝術修養，而到了徽宗手裡，畫院便不僅僅是供養畫家的地方，還建制設學，成了名副其實的皇家美術學院。根據《宋史・選舉志》的記載，當時這所學院有一套課程計畫和教學方法，還有一定的招生制度、考試制度，以及寄宿安排等。宋徽宗還創造性地將繪畫作為科舉升官的一種考試方法，將書畫家的地位提高到中國歷史上最高的位置。

每次考試都非常有意思，宋徽宗一般都親自命題，而他又很喜歡用唐人詩句做題目，刺激出許多新的創意佳話。如題目為「山中藏古寺」，許多人畫深山寺院飛簷，但得第一名的沒有畫任何房屋，只畫了一個和尚在山溪挑水；如「踏花歸去馬蹄香」，你如果花團錦簇地畫上一簇簇鮮花，畫得累死也不入他的法眼，得第一名的只畫了一群蝴蝶追逐著飛奔的馬蹄，畫面上不出現一朵花卻占盡風流！凡此種種，這些都極大地刺激了中國畫意境的發展。

畫院的招生對象可以是士大夫出身的「士流」，也可以是民間畫匠畫工而來的「雜流」，入選的授職位，分畫學正、藝學、祗候、待詔等級，沒有取得職位的都稱為畫學生。據說畫家創作時須先呈上一個初步的稿子，徽宗會不時來審查指導，他這位「博導」通過了，才可以加工完成。

宋徽宗對教學也非常嚴格，親自去當「教授」，他命人每隔十天將宮廷所藏的名畫兩幅，押送到畫院供大家臨摹學習，又要求畫家們深入觀察寫生。有一次，宣和殿的荔枝結果，恰好有一隻孔雀在荔枝樹下，徽宗便命眾畫家各顯神通。畫作一一呈上，徽宗卻搖搖頭說：「孔雀登高，必先舉左腳，看看你們的畫，都畫成了先抬右腳。」眾畫家開始還將信將疑，反覆觀察後發現果然如此，於是大為歎服。

還有一次，一位少年新進畫了一幅月季，宋徽宗大加褒賞，眾人還有些不以為然：不就一幅不入流的月季花嗎，我們的梅蘭竹菊哪一張比不上他！宋徽宗卻自有道理，他說：「月季確實不是名貴的花，卻很少有人能畫好，因為月季每月開一次，但是在四季朝暮，花蕊葉片都是不同的，這幅畫畫的是春天日中時的月季，跟真的月季一點兒都不差，所以要重賞。」如此細緻的觀察和嚴格的要求培養了一大批成就斐然的畫家。兩宋時期的著名畫家，如范寬、李唐、劉松年、蘇漢臣、馬遠、夏珪都誕生於那個時期，宋代繪畫成為中國繪畫史上的一個高峰。

畫《千里江山圖卷》的少年天才王希孟也是畫院的學生，他幾次把畫呈送給徽宗，開頭畫得並不怎麼好，但徽宗卻發現他是個可造之才，便親授技法，使他不到半年便畫出了這幅山水名畫，那時，他才十八歲。著名的《清明上河圖》，也和這位書畫皇帝不無干係。張擇端完成這幅歌頌太平盛世的歷史長卷後，首先將它呈獻給了宋徽宗。宋徽宗因此成為此畫的第一位收藏者。作為中國歷史上書畫大家的宋徽宗酷愛此畫，用他著名的「瘦金體」書法，親筆在圖上題寫了「清明上河圖」五個字，並鈐上了雙龍小印（今佚）。

宋徽宗自己也創作了不少傳世的作品，今天仍在市面上可以看到的也有二十多幅，如《池塘秋晚圖》、《柳鴉圖》、《雪江歸棹圖》、《聽琴圖》等，都是今天各大博物館的鎮館之寶和各大拍賣市場的頂級寵品。宋徽宗本人在其創作的書畫上，使用一個類似拉長了的「天」字的花押，據說其中的寓意是象徵著「天下第一人」，這也是中國歷史上最出名的花押之一，如果說還有之二，那恐怕也只有明末八大山人的「哭之笑之」花押，堪與之比擬了。

宋徽宗吹彈、書畫、聲歌、詞賦無不精擅。在詩詞方面也有造詣，他曾親自編纂自己的作品成一冊《宣和宮詞》，可惜早已佚失，否則一定可以將乾隆御制詩比下去的。而他在書法上的成就，突出地表現在他獨創的「瘦金體」書法上。從他傳世的《千字文卷》等書法作品來看，他的「瘦金體」鋒利清秀、簡潔典雅，每一個字都細瘦、挺拔，筆劃舒展、遒麗，在轉折處，都明顯可見刻意的藏鋒、露鋒，運轉提頓的痕跡保留下來，形成橫畫收筆帶鉤，豎畫收筆帶點，撇似匕首，捺如切刀，豎鉤細長而內斂，連筆似飛而乾脆等特點，看了他的書法，會讓你驚訝，一個帝王可以愛美到這種程度！

宋徽宗在藝術方面的天賦是全方位的。有人說故宮博物院的第一任院長應該是宋徽宗，因為在一千多年前，他就有了文物收藏的專業，還發動了一場「整理國故」的運動：把皇家收藏的各類精品分門別類，編纂成書，《宣和畫譜》、《宣和書譜》、《宣和博古圖》、《宣和睿覽集》、《大觀茶論》……沒有他主編的這些圖書，恐怕就沒有今天的古玩行業！

有關宋徽宗在藝術方面的天賦與成就，你或多或少早已知道一二，但你也許不知道，其實，宋朝的皇帝有很多都有藝術家潛質，也不僅是宋徽宗，他的第九個兒子、南宋的開國皇帝宋高宗，也是一個造詣很深的藝術家，精通詩詞音樂，擅長書法、繪畫，並精於鑑賞。宋高宗的傳世畫作《蓬窗睡起圖》，用筆精工，設色雅妍，有極高的專業水準，拿到今天美院裡評個教授綽綽有餘。而宋高宗的書法，早年學黃庭堅，後轉學米芾，再追摹王羲之、王獻之父子，後世評價他的書法「天縱其能，無不造妙」。

用今天的話來說，宋朝的皇帝們大多都是極會享受生活的性情中人，無論在怎樣困難的條件下，他們都會做著精緻的夢。在國力不是很強盛的情況下，他們用文化打造了宋朝在後世心目中的軟實力。而在他們的推動下，追求生活的精緻也就成了宋朝一個時代的風尚，宋朝也成了中國歷史上文化藝術最為昌盛的時代，瓷器、玉器、銅器、漆器、書法、繪畫、造紙、印書，無不盡善盡美，達到後世不可企及的高峰。今天評論古玩的人，都以宋代生產的器物為最高水準，認為其最為精妙，這真不是過譽之詞。

宋朝的玉器瓷器，擱在今天樣樣都是國寶

今天的中國人喜歡玩玉，這個全民普及的風氣其實也是從宋朝開始的。宋朝之前，玉是作為禮器，王室諸侯士大夫把玉當作美德的象徵，每個人從頭到腳都有一系列的玉佩飾，所謂「君子無故，玉不去身」。而到了宋朝，世俗化傾向開始抬頭，玉的實用價值和美術價值得到充分體現，可謂「禮」性大減，「玩」味大增。這個時期，人們追求美學上的朴質無華、平淡自然的情趣韻味，而這種追求恰恰得了玉的真諦，可以說，從宋朝開始，玉器才真正接近現實生活、真正進入尋常百姓家。

相傳宋徽宗嗜玉成癖，那可真是玉不離身啊！而宋朝民間也出現一大批雕玉琢玉的手藝工匠，宋代話本《碾玉觀音》裡的主人公崔寧崔待詔，就是這麼一位手藝精湛的玉雕師，他替郡王韓世忠雕了一塊玉觀音獻給皇上，連皇帝都讚譽有加。玩玉的人都知道，從宋朝開始，形成了專琢花鳥形和宗教題材的玉件，這既是平民化世俗生活的要求，也跟宋朝繪畫中花鳥、人物畫的發展密不可分，而這兩種題材的玉件，至今仍是中國人把玩的主體。

宋朝的玉器存世不多，像今天故宮博物院收藏的北宋花形鏤雕玉佩、南宋玉荷葉

杯都是國寶級的藏品。而宋朝的瓷器更是開創了中國瓷器史的巔峰時代，今天仍為我們稱頌的「五大名窯」都是誕生在那個時期。宋代的瓷器無論在質料、顏色、裝飾、做工等方面都有神奇的造詣，在我國陶瓷史上可謂登峰造極，數百年來人們都以宋瓷為楷模。雖然經過元、明、清各代帝王的極力摹仿，但還沒有能超過宋瓷的，宋瓷的精妙程度可想而知。

宋瓷的顏色大都是敷單彩釉，表面顯示出各種各樣的細碎花紋，也有表面平滑沒有碎紋的，其顏色或純正或駁雜，有各種不同的色彩，如白色、青色、藍灰色、鮮紅色、暗紫色及各種窯變色；至於宋瓷表面的裝飾則有了劃花、繡花、印花、錐花、堆花、暗花、法花、嵌花、釉裡紅、兩面彩、釉裡青等多種手段，可以說，後世瓷器的種種裝飾基本上都在這裡了，無非是在此基礎上花樣翻新，無出其右。

那麼，這些裝飾究竟是怎麼回事呢？

劃花就是凹雕，在瓷器表面用刀刻上圖案；繡花則是用針刺成圖案，像刺繡那樣；印花是用印模在瓷器表面印出圖案；錐花就是用錐子鑿上圖案；堆花就是用筆蘸上泥，在瓷器表面堆成圖案；暗花就是平雕，用刀在瓷器表面刻去一層，使有花紋的地方稍微薄一點，看起來好像沒有花紋，但對著光線一照，花紋就出來了；法花就是在瓷器表面凸堆起圖案；嵌花則是先另外刻好花紋，然後嵌入瓷器表面；釉裡紅就是釉下有紅色花紋的瓷器；兩面彩則是指瓷器的內外有同樣的花紋，拿著它對著陽光看，就可以見到兩面有完全相同的花紋；而釉裡青更是宋代瓷器製作技術中最重要的發明：用阿拉伯人販來的顏料，如蘇門答臘的蘇泥、檳榔嶼的勃青、印度的佛頭青等，在薄質的泥坯上畫上花紋，再施一層薄釉，瓷器燒成後呈現出美麗絕倫的青花。釉裡青開創了從來沒有燒製過的先例，後來的元青花就是在這個基礎上產生的。

宋瓷講究的是細潔淨潤、色調單純、趣味高雅，表現為對神、趣、韻、味的追求和彼此的呼應協調，從而形成一代美學風尚，宋朝為我國的陶瓷美學開闢了一個新的境界，如鈞瓷的海棠紅、玫瑰紅；燦若晚霞、變化如行雲的窯變色釉、汝窯「汁水瑩潤如堆脂」的質感；景德鎮青白瓷的色質如玉；南宋官窯和龍泉窯中粉青、梅子青多層厚釉「巧奪天工」的翠綠晶潤。高溫色釉工藝的高度成就，使瓷器的釉層不再單純是器皿的保護層，而且賦予了它獨立的美學價值。它們的儀態和風範，成為後世長期追捧的榜樣，至今猶令我們為之流連和傾倒。

有一個故事，說是後周世宗柴榮曾經創設了一種瓷器，用其姓名命名稱為「柴窯」。這種瓷器青如藍天、亮如明鏡，薄如薄紙，聲如響磬，釉質滋潤細膩，顏色精妙絕倫。周世宗很喜歡這種瓷器，他的宮中用的都是這種瓷器，而他本人對這種瓷器還有一個著名的評價是「雨過天青雲破處，這般顏色作將來」。

等到趙匡胤篡奪了後周的江山後，看著滿宮的柴窯瓷器，不時觸動他對世宗的歉疚之情，他下令將全部柴窯瓷器統統毀掉。所以，柴窯在今天只是一個傳說，你如果某一天在古玩市場看到一件神祕的柴窯瓷器，可以明確告訴你：一定是假的，人家設局等著斬你呢！就是得到一塊柴窯碎片，你也發財了！

不過，趙匡胤並不是光破壞不建設，他毀掉了柴窯，但是在兩宋時期又湧現出中國瓷器史上的五大名窯：定、汝、官、哥、鈞。

定窯有南北之分，最初的定窯設在河北定縣，所以用地名命名，到了金人南侵，河北定縣淪陷了，定窯也被摧毀。宋室南渡後，就在江西景德鎮開設瓷窯，完全用定窯的方法燒製瓷器，稱為「南定」。景德鎮出產的影青、青白釉瓷器透過泉州、廣州兩大商港開通全球好易購，一時間風靡世界。據說荷蘭、葡萄牙商人最早將這些瓷器販售到歐洲，價格堪與黃金相比。據南宋宗室趙汝適所著《諸蕃志》記載，宋代的瓷器遠銷全球五十多個國家，日本、高麗、印度、南洋、歐洲，甚至還到了非洲的坦尚尼亞。看過電視上打撈南海一號的新聞嗎？告訴你，這還只是冰山一角！

定窯瓷器質地很薄，並且有光澤，以色白而滋潤為正宗，質地好的雪白似粉，所以又有「粉定」的說法。定瓷燒製時都是倒著放置，所以上邊口沿處沒有釉，罩上銅圈作裝飾以掩飾。定瓷的裝飾花紋以劃花為最好，繡花為最差。

宋朝人認為定瓷有芒口，也就是白色的光澤太刺眼，於是又在河南汝州建青色瓷器窯，這就是汝窯。汝窯瓷器將瑪瑙碾碎製成釉，釉汁晶瑩潤澤，像堆起來的油脂，顏色和傳說中的柴窯瓷器差不多，以淡青為主，也有豆青、蝦青、茶葉末等顏色。釉汁中有棱眼及蟹爪紋，其底部有芝麻花一樣細小的掙釘為上品。

汝瓷的釉質最厚，而且大多凝聚在瓷器的上部，像融化的膏脂一樣不流淌凝結在半途。當時的人認為這種釉汁不均勻的瓷器很美觀，所以很看重汝瓷。據說，現今流傳下來的宋朝汝窯真品，全世界只有六十五件！

官窯的創設始於宋徽宗。這位藝術家皇帝親自在汴京設置瓷窯，燒製專供宮廷使用的瓷器，稱為「官窯」。官窯出產的瓷器，其胎和釉都像紙那麼薄，而且表面有開片，以冰裂紋為最佳。官窯存在時間不長，所以真正的北宋官窯瓷器存世的當然很少。金人佔領開封後，毀壞了這個瓷窯。後來，南宋又讓修內司衙門負責燒製官窯，修內司的衙門位在今天杭州鳳凰山腳下，後世稱之為「修內司官窯」，或者叫「南宋官窯」。這種瓷器足色如鐵，器口上仰，釉汁下流，所以器口上的釉質極為稀薄，且帶著淡淡的紫色，稱為「紫口鐵足。」

五大名窯中的哥窯則屬於民間窯瓷。相傳浙江龍泉有姓章的兩兄弟都是瓷器工匠，哥哥燒的叫「哥窯」，又叫「琉田窯」；弟弟燒的叫「弟窯」，又叫「龍泉窯」。這兩個窯都是民窯中的佼佼者，所製瓷器的品質可以與官窯瓷器相媲美，紫口鐵足也很像官窯，其中以表面有碎紋的最有名，有的上面有斷紋數百條，稱為「百圾碎」，又叫「千峰翠色」。

最後來講講鈞窯。河南禹縣從前稱鈞台，宋時稱鈞州，宋代初年在這裡開窯燒瓷，稱為鈞窯。鈞窯的瓷器與其他各窯很好區別，因為其他的窯都是單純顏色的瓷器，而鈞窯所燒制的瓷器五色斑斕，光彩奪目，其中最著名的有玫瑰紫、海棠紅、茄皮紫等，相傳以紅如胭脂色的為最好，明代的祭紅就是受了它的影響而製成的。鈞窯的產量有嚴格限制，據說每年只出產三十六件精品全球限量發行，宋朝多少年歷史，你算一算就知道有多少產量了。

花了那麼多口舌來介紹宋玉、宋瓷，其實宋玉、宋瓷都十分金貴，真正的精品、限量版並不是每個人都有能力擁有的。今天的ＬＶ、愛馬仕包尚且不是每個人都用得起，何況國寶級的宋玉、宋瓷了？到博物館去看看，了解一下就可以，要想去古玩市場淘寶，那麼吃虧的一定是你！

一頁宋版值一兩黃金。那麼，文房四寶呢？

宋朝的文化昌明，造紙和印刷術也在當時世界穩居第一。宋朝人崇尚文化，流行刻書，像開封、臨安等地都有不少的刻書坊，還出現了像畢升這樣大師級的人物。宋朝以前的圖書多以卷軸形式出現，而到了宋朝才有我們今天熟悉的線裝書。宋朝的線裝書紙墨精良、版式疏朗，字體圓潤而做工考究，只可惜宋版圖書流傳至今的已經十分稀少，所以圖書收藏界有「一頁宋版抵得上一兩黃金」之說。

宋版書如此金貴，宋朝的文房四寶也備受後世追捧。古代的「時尚話語權」完全操縱在文化人手中。既然是文人當家，那麼時尚用品當然首推文房用具。

「文房」這個詞最早見諸文獻是在南北朝時期，當時專指國家典掌文翰的地方，相當於今天的檔案館，端著一副高嚴的架子。到了唐代，「檔案館」開放，人人家裡建「檔案館」，於是文房就演繹成了文人的書房。那個吟哦「春花秋月何時了」的南唐後主李煜，便在他的書房裡收藏了不少的書畫，所有的藏品都押上「建業文房之印」，他這一招也被後世文人學去，於是有了藏書印、藏書票之類的東西。

古人說玩物喪志，但因為話語權在文人自己手中，所以對文人的玩物就另有說法了。「文房器具，非玩物等也。古人云：筆硯精良，人生一樂。」（高濂《遵生八箋》）。陸游的詩〈閑居無客所與度日筆硯紙墨而已戲作長句〉當中提到：「水復山重客到稀，文房四士獨相依」。可見至少從宋代起，筆、墨、紙、硯這四種主要的書寫和繪畫工具，已經超越了它們的基本功能，成為文人文化中具有象徵意義的核心元素，甚至被文人雅士視作個性化的朋友。

【筆】

就像今天的蘋果電腦、萬寶龍鋼筆是時尚人士的最愛，古人的書寫工具是毛筆，一支好的毛筆當然是一個文化人的首選。

在宋朝，安徽宣城製筆名家諸葛氏家族，是當世製筆的第一高手。家族的代表人物諸葛高創制了一種廣受歡迎的無心散卓筆，筆頭雖然只有半寸長，但紮進筆管裡的毫毛卻足有一寸之長。正因為這樣，根基極為扎實牢固，使用起來筆力持久，不禿不散，「一枝可敵他筆數枝」。不僅如此，它還不同於生毫所製的毛筆那樣生硬。據祕笈記載，諸葛高在筆做成之後，要把它放進飯甑裡去蒸一斗米飯熟的時間，待取出之後，再懸掛在水甕上好幾個月，然後才投放市場。蘇東坡特別喜歡用這種筆書寫，在《東坡題跋》卷五中，把諸葛筆譬作了「內庫酒、北苑茶」。

今天我們說毛筆首推湖筆，其實湖州的毛筆要到元明之後才異軍突起。你去問問蘇東坡，他一定不知道湖筆為何物。

【墨】

毛筆不比現代的鋼筆、自來水筆，它必須有墨、硯相配套。古人用的墨是由碳素單質（煙、煤）與動物膠相調合，並摻以貴重香料、金箔等，經和劑、蒸杵等工序加工而成的，特別是桐煙、漆煙墨等，加入了麝香、冰片、樟腦、珍珠等十幾種貴重原料，產品尤為稱著。

人工製作的墨是從魏晉時代開始的，曹操本人就是個墨收藏家，根據陸雲寫給陸機的信中講到，「曹公藏墨數十萬斤。」魏晉南北朝時期誕生了王羲之、王獻之、鐘繇等一批著名的書法家，以及顧愷之、陸探微、張僧繇等著名畫家，「工欲利其事必先利其器」，這些書畫大家對墨的嗜好都有一種本能的癡迷，王羲之就自言「一日不聞墨香，三天不知食味」。可見，書畫業的發展直接影響了墨的演進。

據蘇東坡的兒子蘇過回憶，蘇東坡當年被貶海南，百無聊賴之際，也曾在家裡自己製墨。不過，蘇東坡的製墨技藝顯然不如韋誕，墨沒製成，還險些把整棟房子都燒掉了。但是蘇東坡的名氣大呀，很快，在杭州等地出現了打著他的旗號的所謂「蘇式名墨」，這也算古代的「不實廣告」吧。

今天我們知道，墨首推徽墨。而徽墨的生產始於南唐，其開創者是五代十國的奚超、奚廷珪父子。奚家原居河北易水，世代以製墨為名。由於後晉將燕雲十六州割讓給契丹，奚氏便舉家南遷。奚超途經黃山一帶，為當地白練之奇、松樹之妙姿所吸引，並且發現皖南的松煙品質超群，尤其適合做墨，便留在歙州，以皖南古松為原料，又改進了搗松、和膠等技術，創製出「豐肌膩理、光澤如漆」的徽墨。

到了奚廷珪繼承父業後，他孜孜不倦於墨源的開拓和傳統技藝的改進，經過多次試驗，發現桐油煙和漆煙的品質遠勝於松煙，是製墨的頭等原料。奚廷珪又創造了「兌膠法」，即反覆和膠，有時多達四次，稱為「四和墨」。在配方中，他又試著把金箔摻進墨團捶打，製成的墨寫起字來閃閃發光又不褪色。這一番技術革新的成功讓奚廷珪大受鼓舞，他乾脆又將麝香、冰片、丁香等貴重香料一起摻進墨中，使得墨錠鬱香常存、不蛀不腐。

南唐後主李煜酷愛書法繪畫，手下人將一盒奚廷珪製作的精墨獻給他，李後主打開一看愛不釋手，立即把他寵信的文人近臣召進宮來一起評墨。當內侍在硯臺上放上水，輕輕研墨時，一股甜甜的幽香由淡變濃，彌漫屋宇，令人精神一爽。李後主親自提筆試墨，他持筆蘸墨，只覺墨汁潤澤，不膠不澀，揮筆作書，墨落紙上，烏黑放光，不浸不暈。李後主大喜，當即召奚廷珪擔任墨務官，並賜國姓，他們所製的墨也被稱為「李墨」、「廷珪墨」。

「廷珪墨」好在哪裡？來看看古人的記載。南唐文人徐鉉、徐鍇兄弟使用的廷珪墨，長不過一尺，筷子粗細，日寫五千字，用了十年才磨盡，平時這兄弟倆還利用這塊墨尺堅挺的邊刃裁紙，連裁紙刀都省掉了。

宋人范正敏《遁齋閒覽》記載，有人不小心將一錠廷珪墨掉入了池中，以為墨落入水中一定不能再用了，也就沒去打撈。過了三年，因一件金器掉入池中，這才找人打撈，結果連墨一同撈了上來，意外的是，這錠墨居然「光色不變，表裡如新」，於是廷珪墨「置之水中，三年不變」的口碑立刻流傳開來。

奚廷珪改叫了李廷珪，他生產的墨獲得了「落墨如漆，萬載存真」的美譽，大部分被藏於宮廷，少數大臣可以因賞賜而得到，民間極為罕見。但也就是這個「落墨如漆」的美譽，使得這麼精貴的廷珪墨被暴殄天物地當作墨漆用了一回。大宋一統天下，南唐政權「歸為臣虜」，廷珪墨被作為戰利品運回汴京，據說在一次修繕開封相國寺門樓時，竟成車成車地將墨改制成漆，揮霍糟蹋殆盡。幾經消磨，到了北宋中後期，已經出現了「黃金易得，李墨難求」的情形。據說詞人秦觀曾得到李廷珪殘墨半錠，當時的製墨名家潘谷見到後，竟至下拜道：「真李氏故物，我生再見矣！」

廷珪墨雖然已成奇貨，但是徽州的製墨產業卻保留下來，到了宋代形成了「徽人家傳戶習」以及「新安人例工製墨」的盛況。宋代的「供御墨」同樣聞名於世，其中的「龍香劑」更是歷代收藏家追求的瑰寶。宋代的製墨名家大量湧現，吳滋所造之墨「滓不留硯」，曾得宋孝宗犒賞緡錢二萬的獎勵；潘谷更被世人譽為「墨仙」，潘谷所製的「東庭樞閣」、「松丸」、「狻猊」、「犀角盤雙龍」等墨在當時就被稱為「墨中神品」，即使是同潘谷相識的蘇軾、黃庭堅，得到一錠半錠潘墨也都視若珙璧。

潘谷鑒別墨的能力也極高，墨只要經他手一摸，便知精粗。據說，有一次黃山谷將自己所藏之墨請他鑒定，他著墨囊一觸，便告訴黃山谷：此李承晏之軟劑，今不易得。又拿一囊說，此谷二十年前造者，今精力不及，無此墨也。潘谷為人豪爽，不拘小節，晚年因酒醉落井而死，蘇東坡還特地寫下「一朝入海尋李白，空看人間畫墨仙」的詩句悼念他。

宋人喜歡比茶、比墨，蘇東坡說：「近世，人好蓄茶與墨，閒暇輒出二物較勝負。」他還講了兩個人的故事：蔡君謨老病不能飲茶，卻喜歡「烹而玩之」；呂行甫好藏墨而不能書，則「時磨而小啜之」。

【硯】

相較於筆、墨、紙這樣的消耗品而言，硯更是一種耐用的文房用具，因此也就有些固定資產的意味，所以備受珍重。

漢代劉熙《釋名》：「硯，研也，研墨使和濡也。」在筆、墨、紙、硯文房四寶中，硯的壽命最長，出生最早，先筆而生，伴墨而長。今天收藏界有一句名言，叫「硯必宋唐」，即好的硯臺都產在唐朝、宋朝！

宋朝的名硯有端硯、歙硯、洮硯、澄泥硯四種，其中尤以歙硯和澄泥硯最受歡迎。

歙硯的石質像冬瓜皮一樣堅老滯手，能感覺到一層雪白而糙手的瓜霜，「索索有芒」，紋理卻又像絲綢一樣柔美。好的歙硯，硯堂上的紋路如長眉並列，巧如琴弦，被稱為眉紋歙硯。蘇軾鍾愛歙硯，對歙硯稍有瞭解的人都知道「瓜膚谷理」出自蘇軾對歙硯的評價。他在《孔毅甫龍尾硯銘》中寫道：「澀不留筆，滑不拒墨。瓜膚而谷理，金聲而玉德。」前面八個字概括了用硯的感覺和好處，後面十個字分別從摸、看、聽、賞四個方面總結了歙硯的質理優點。言簡意賅，形象傳神，被歷代文人奉為鑒賞歙硯的權威標準。除蘇軾外，歐陽修、黃庭堅等人都是追捧歙硯的粉絲。黃庭堅在《硯山行》一詩中寫道：「日光燦燦飛金星，碧雲色奪端州紫。」硬是把端硯給貶了下去。

澄泥硯產地有青州、虢州、絳州等，都是以泥為原料，用水淘去雜質和砂粒，再模刻成型，最後火燒成硯。

澄泥硯「取之於泥，成之於火」，品質高低不像石硯那樣，取決於坑口和自然石質，而取決於人為的生產工藝。但由於端硯、歙硯等優質石硯的迅速普及，燒泥成硯的工藝日漸式微。真正的澄泥硯到宋以後就失傳了，歐陽修在《硯譜》中就發出感歎：「虢州澄泥硯唐人品硯以為第一，而今人罕用矣。」據說，宋代大書法家米芾就喜歡用澄泥硯，他的傳世作品《研山銘》在今天的拍賣市場屢屢拍出天價，而刻有這篇銘文、幫助米芾創作了無數天價藝術品的那方古硯，如果能面世上拍，成交價一定是天價中的天價。

【紙】

筆、墨、硯的使用最終還得落到紙上，因此，文房四寶中的紙才是最後的落腳地。紙是東漢時期太監蔡倫發明的，作為中國古代的四大發明之一，早已為世人所熟知。文人重視用紙，在唐有薛濤箋，在宋有澄心堂紙。

北宋的王晉卿曾經寫信給蘇東坡說，我一天到晚購買你的書法，近來又用三縑換來了兩張字。你如果有新作，就應該送我一些，省得讓我再破費了。蘇軾於是就用澄心堂紙、李承宴墨，寫了在黃州時做的〈黃泥坂詞並跋〉一百多字送他。

這裡，蘇東坡為了送王晉卿書法，除了用上好的李承宴墨，更用了名滿天下的澄心堂紙，可見友情的深厚。

說到澄心堂紙，這是五代南唐時池州、歙州一帶所特製的一種品質優異的宣紙，深得南唐後主李煜的寵愛。這種紙堅潔如玉，密薄瑩細，即使是五十尺一幅的長紙，也從頭到底勻薄如一。澄心堂本是南唐烈祖李升節度金陵時，晏居、讀書的地方。後來，李煜設局監造名紙，以供宮中御用，就襲用了澄心堂的名字。到了北宋之時，還有好些南唐澄心堂紙留存，據說歐陽修撰《新五代史》用的就是澄心堂紙。他還曾將澄心堂紙送了一些給好友梅聖俞，梅聖俞得紙後，高興得當即吟下了「滑如春冰密如繭，把玩驚喜心徘徊」這樣的詩句，接著詩人又筆鋒一轉繼續吟道：「江南李氏有國日，百金不許市一枚。」可見這種御用紙的珍貴。

北宋末年，擅長書畫的徽宗皇帝也愛用這種紙寫詩作畫，可惜其時所剩已不多，所以皇帝也用得很節省。今天上海博物館所藏《蘆雁柳稚圖》等兩幅作品，就是徽宗用澄心堂紙畫成的。

澄心堂紙之所以上乘，是以用水的寒冷為其特色，先要把楮皮料浸在寒冷的溪水中，然後在舉簾、蕩漿的過程中，所需之水都要用冰塊融成。正因為這樣，才能使所製的紙緊密細潔，有如白玉。至於具體的做法，因為早已失傳，所以北宋以後，雖有潘谷在歙州所造的仿澄心堂紙，以及清乾隆年的仿澄心堂紙，可卻僅僅是空仿其名，品質已經不可同日而語。

說了那麼多宋朝的名牌貨，大家口袋裡的銅錢銀子畢竟有限，恐怕也只能心嚮往之而實不能至，就到此為止吧。

同樣到此為止的，還有我們這一段的愉快旅程。天黑請閉眼，等你一覺醒來，你會發現又回到了五彩斑斕卻又霧霾濃重的二十一世紀。臨行之際，請讓導遊我送上一首歌：《夢醒時分》。

Fantastic 13

一起去看宋朝的活色生香

原書書名——一起去看宋朝的活色生香
原出版社——新世界出版社有限责任公司
作者——陳華勝

封面・內頁插畫——袁燕華
企劃選書——劉枚瑛
責任編輯——劉枚瑛
總編輯——何宜珍
行銷業務——闕睿甫、石一志
版權——黃淑敏、吳亭儀、翁靜如
總經理——彭之琬
發行人——何飛鵬

法律顧問——元禾法律事務所　王子文律師
出版——商周出版
臺北市中山區民生東路二段141號9樓
電話：(02) 2500-7008　傳真：(02) 2500-7759
E-mail：bwp.service@cite.com.tw
發行——英屬蓋曼群島商家庭傳媒股份有限公司城邦分公司
臺北市中山區民生東路二段141號2樓
讀者服務專線：0800-020-299　24小時傳真服務：(02)2517-0999
讀者服務信箱E-mail：cs@cite.com.tw
劃撥帳號——19833503　戶名：英屬蓋曼群島商家庭傳媒股份有限公司城邦分公司
訂購服務——書虫股份有限公司客服專線：(02)2500-7718；2500-7719
服務時間——週一至週五上午09:30-12:00；下午13:30-17:00
24小時傳真專線：(02)2500-1990；2500-1991
劃撥帳號：19863813　戶名：書虫股份有限公司
E-mail：service@readingclub.com.tw
香港發行所——城邦(香港)出版集團有限公司
香港灣仔駱克道193號東超商業中心1樓
電話：(852) 2508 6231傳真：(852) 2578 9337
馬新發行所——城邦(馬新)出版集團
Cité (M) Sdn. Bhd. (458372U) 11, Jalan 30D/146, Desa Tasik, Sungai Besi,
57000 Kuala Lumpur, Malaysia.
電話：603-90563833　傳真：603-90562833
行政院新聞局北市業字第913號

美術設計——copy
印刷——卡樂彩色製版印刷有限公司
經銷商——聯合發行股份有限公司　新北市231新店區寶橋路235巷6弄6號2樓
電話：(02)2917-8022　傳真：(02)2911-0053

2018年（民107）01月04日初版　Printed in Taiwan　定價350元　**城邦**讀書花園 www.cite.com.tw
2020年（民109）07月31日初版5刷

ISBN 978-986-477-365-7
商周出版部落格——http://bwp25007008.pixnet.net/blog

國家圖書館出版品預行編目(CIP)資料

一起去看宋朝的活色生香 / 陳華勝著. -- 初版. -- 臺北市：商周出版：家庭傳媒城邦分公司發行，
民107.01　344面；14.8*21公分. -- (Fantastic；13) ISBN 978-986-477-365-7 (平裝)
1.社會生活 2.生活史 3.宋代　635　106021946